国家自然科学基金面上项目："人力资本强度与公司财务行为：基于科创板IPO公司的证据"（基金号：72272165）

市场化改革
与中国式 IPO 定价

宋顺林 ◎ 著

中国财经出版传媒集团

经济科学出版社
Economic Science Press

·北 京·

图书在版编目（CIP）数据

市场化改革与中国式 IPO 定价/宋顺林著. －－北京：
经济科学出版社，2024.10
ISBN 978 － 7 － 5218 － 5719 － 1

Ⅰ.①市… Ⅱ.①宋… Ⅲ.①股票价格－研究－中国
Ⅳ.①F832.51

中国国家版本馆 CIP 数据核字（2024）第 060579 号

责任编辑：王　娟　徐汇宽
责任校对：靳玉环
责任印制：张佳裕

市场化改革与中国式 IPO 定价

SHICHANGHUA GAIGE YU ZHONGGUOSHI IPO DINGJIA

宋顺林　著

经济科学出版社出版、发行　新华书店经销
社址：北京市海淀区阜成路甲 28 号　邮编：100142
总编部电话：010 － 88191217　发行部电话：010 － 88191522
网址：www.esp.com.cn
电子邮箱：esp@esp.com.cn
天猫网店：经济科学出版社旗舰店
网址：http://jjkxcbs.tmall.com
北京季蜂印刷有限公司印装
710×1000　16 开　17 印张　240000 字
2024 年 10 月第 1 版　2024 年 10 月第 1 次印刷
ISBN 978 － 7 － 5218 － 5719 － 1　定价：68.00 元
（图书出现印装问题，本社负责调换。电话：010 － 88191545）
（版权所有　侵权必究　打击盗版　举报热线：010 － 88191661
QQ：2242791300　营销中心电话：010 － 88191537
电子邮箱：dbts@esp.com.cn）

前　　言

在书的前言部分，我主要向读者说明四个问题：一是为什么要出版这么一本书；二是书中的主要内容是什么；三是有哪些人需要感谢；四是怎么与我联系交流。

一、出版动机

在资本市场的演变历程中，IPO市场化改革始终是关键的焦点议题。新股定价作为该改革的核心环节，持续吸引着市场各方的广泛关注。随着全面注册制改革的推进，以信息为核心的理念逐渐确立，这使得新股定价问题变得尤为关键。投资者对新股定价的合理性，不仅直接关联到注册制改革的成效，而且对资本市场的资源配置效率产生深远影响。正确的定价机制能够促进资金流向价值创造的领域，从而推动整个市场的健康发展。

我有幸自2012年起涉足新股定价问题的研究。本书汇集了我在过去十年间关于IPO定价问题的研究成果，选择在此时出版，主要是出于两方面的考量。

首先，本书的目的在于系统性地梳理和总结我在IPO市场化改革与新股定价领域的研究心得。这不仅为学术界同仁、政策制定者和市场实践者提供了一份全面而深入的参考资料，而且有助于深化对注册制前后新股定价机制变迁的理解。尽管书中的多数研究是在注册制实施前完成的，但所提出的理论和实证分析对于理解当前注册制下的新股定价依然具有指导意义。例如，《中国式IPO定价：一个文献综述》一文，深入总结了IPO定价的经典理论，并系统梳理了结合中国制度背景的新股定价领域的重要研究，不仅可以为注册制背景下的新股定价提供重要启示，也可以为后续的相关研究提供宝贵参考。

其次，本书也是对我多年研究历程的一次反思与总结。它不仅记录了我在新股定价研究领域的学术足迹，也为后续研究者提供了丰富的资料和启发性的思考。通过将这些研究成果汇集，我希望能够为 IPO 市场的改革和资本市场的发展贡献一份力量，并激励自己进一步在这一领域的深入探索。

二、内容简介

本书深入探讨了首次公开发行（IPO）市场中的新股定价问题，分为上、中、下三篇，每篇聚焦于不同的主题和研究视角。

上篇：新股定价：制度与文献

《IPO 市场化改革：共识与分歧》一文探讨了 IPO 市场化改革过程中形成的共识和出现的分歧。

《中国式 IPO 定价：一个文献综述》一文回顾了新股定价中的经典理论，并梳理了基于中国制度背景的新股定价领域的重要文献。

中篇：IPO 首日回报率：构成与成因

《中国的 IPO 首日回报率：抑价还是溢价?》一文讨论了中国 IPO 首日回报率的构成，将首日回报率区分为 IPO 抑价与 IPO 溢价两部分，并初步探讨了两部分的成因。

《投资者情绪、承销商行为与 IPO 定价——基于网下机构询价数据的实证分析》一文探讨了投资者情绪和承销商行为如何影响 IPO 定价。

《投资者情绪如何影响股票定价? ——基于 IPO 公司的实证研究》一文探讨了投资者情绪如何影响 IPO 公司股票定价。

《平衡的艺术：承销商定高价行为的理论解释和实证检验》一文分析了承销商在定价过程中定高价的动机和行为，以及其对新股价格的影响。

下篇：新股投机：现象与解释

《IPO 定价管制、价值不确定性与投资者"炒新"》一文探讨了 IPO 定价管制对投资者"炒新"行为的影响，以及价值不确定性在其中的作用。

《首日价格管制与新股投机：抑制还是助长?》一文研究了首日价格管制政策对新股投机行为的影响，分析了管制措施的实际效果。

《新股投机泡沫：现象和原因》一文深入剖析了新股投机泡沫的产生机

制和背后的经济逻辑。

三、致谢

本书汇集了我及我的合作者的研究成果，包括已发表的论文和工作论文。在此，我要特别感谢我的合作者们，他们对这些论文的成功完成做出了不可或缺的贡献。他们是：唐斯圆、易阳、谭劲松、王彦超。

同时，我要对会计学院的领导们表达我的感激之情，包括孟焰院长、袁淳院长和吴溪院长、刘俊勇书记、王彦超副院长、孙健副院长等。在研究过程中，他们不仅提供了支持和帮助，还为我们营造了一个充满学术活力的环境。

我还要感谢在中央财经大学 12 楼的小伙伴们，陈运森、肖土盛、郑登津、梁上坤、江轩宇、陈玥等，他们在学术探讨和日常生活中给予了我极大的鼓励和支持。

对于中央财经大学提供的中央高校基本科研业务费专项资金资助，我表示衷心的感谢，这对我们的研究工作至关重要。同时，我也要感谢经济科学出版社的王娟等编辑团队，他们的专业编辑工作使得本书得以顺利出版。

特别感谢曹奥臣和赵宇佳两位博士生，他们在书稿校对工作中付出了辛勤的努力。

最后，我要向我的妻子表达最深的谢意，感谢她一直以来的理解和支持。同时，我也要感谢我的孩子们，他们的欢声笑语为我的研究之路带来了无尽的欢乐和动力。

四、交流

鉴于学术探索的复杂性和本人水平有限，书中或许存在不足或疏漏之处。作者诚挚欢迎广大读者提出宝贵的批评与指正，也期待与感兴趣的读者就相关学术议题进行深入交流。您可以通过以下方式联系作者：

电子邮箱：songsl@ cufe. edu. cn.

邮寄地址：北京市海淀区学院南路 39 号中央财经大学会计学院主教学楼 10 层，邮编：100081。

宋顺林

2024 年 5 月

目　　录

上 篇

新股定价：制度与文献

IPO 市场化改革：共识与分歧[*]

摘要：本文基于发行资格、发行定价和发行节奏三条主线，从制度变迁和文献回顾两个角度讨论 IPO 市场化改革的共识和分歧。主要发现如下：第一，中国过去实施的渐进式 IPO 市场化改革总体上是成功的。第二，近年来，注册制改革进展缓慢；同时，核准制的问题日益突出。第三，监管层对定价市场化改革仍举棋不定，但文献上定价管制的弊大于利已成共识。第四，证监会对企业上市时机的控制，导致部分公司基本面受损且大量优质公司流向海外市场。在这些发现的基础上，本文认为，为促进资本市场的健康发展，现阶段亟须快速、全面地推进 IPO 市场化改革。本文文末还展望了未来的研究方向。

一、引　　言

IPO^① 管制是中国资本市场实现以下两个近期目标的"拦路虎"：一是将高科技公司带回 A 股；二是增加 A 股在国际重要指数中的权重（Cong et al.，2018）。近年来，注册制改革被寄予厚望。注册制改革无疑是中国资本市场目前最为重要和最受瞩目的改革，其重要性不亚于股权分置改革，一定程度上决定了中国资本市场的未来走向。虽然监管层多次表示要坚持新股发行市场

＊　论文原文信息：宋顺林：《IPO 市场化改革：共识与分歧》，载《管理评论》2021 年第 6 期。该文初稿完成于 2018 年初，论文的相关讨论为注册制改革提供了理论依据，对注册制以后的 IPO 改革亦有启示。

①　首次公开发行（initial public offering，IPO）是指一家公司首次向公众投资者出售股票并在证券交易所上市的过程。

化改革方向，但改革之路异常曲折，时而进展缓慢，有时甚至"开倒车"。早在 2013 年末，证监会就将注册制改革提上了议程，但几年光阴飞逝，注册制进展甚微。注册制改革是新股发行审核方式的转变，本质上是市场准入的市场化改革，但是发行定价的市场化改革要远早于市场准入改革，却至今仍未完成，甚至出现倒退。新股发行市场化改革面临的阻碍是什么？是理念分歧，抑或是利益博弈，或兼而有之。无论如何，理念上形成改革共识是顺利推进市场化改革的必要条件。

有鉴于此，本文探讨新股发行市场化改革过程中的共识和分歧。目的是，一方面明确共识，以坚定改革信念；另一方面明辨分歧，以确定研究方向，通过更多的相关研究将分歧转化成共识。本文从制度变迁和文献回顾两个角度展开讨论。制度变迁的视角可以明确目前面临的问题，而文献回顾可以为这些问题提供答案或启发。新股发行市场化改革虽然涉及很多方面，但可以概括成三大主线：一是准入资格方面的市场化，决定公司是否有资格上市；二是发行定价方面的市场化，决定公司以什么价格发行；三是发行节奏方面的市场化，决定企业什么时候可以上市。本文主要围绕这三条主线展开讨论。

本文的主要发现总结如下：第一，中国过去实施的是渐进式的 IPO 市场化改革，现有研究发现，这种渐进式的改革总体上是成功的。第二，发行资格市场化改革方面，从历史变迁看，虽然改革一直向前推进，但目前注册制改革进展缓慢，关于注册制是否适合中国资本市场也还存在分歧。从文献回顾看，发行资格管制引发了诸多问题，包括优质公司流失、财务粉饰上市、上市过程寻租等。尤其是近年来，优质科技公司逃离 A 股、进行海外上市的问题越来越突出。第三，发行定价市场化改革方面，从历史变迁看，监管层对市场化改革仍然举棋不定。从文献角度看，定价管制总体上弊大于利，虽然可能有助于限制发行价格过高的问题，但会导致诸如新股定价效率低、寻租、盈余管理和投资者"炒新"等问题。第四，发行节奏市场化方面，从历史变迁看，监管层一直保留了对 IPO 节奏的控制，有时甚至不惜暂停 IPO。但是，关于 IPO 暂停的必要性，实务界一直争议不断。从文献角度看，IPO 暂停只能起到短期提振市场的作用，中长期效果不明显。此外，政府对 IPO

节奏的控制，尤其是不定期的 IPO 暂停，导致上市成本上升并增加了发行时间的不确定性，对部分 IPO 公司的基本面造成负面影响，并且可能引发一些优质公司逃离 A 股。本文认为，为促进资本市场的健康发展，现阶段亟须快速、全面地推进 IPO 市场化改革。此外，文末指出了未来研究方向。

本项研究的意义主要体现在两个方面：第一，通过对新股发行市场化改革共识与分歧的梳理，可以为新股发行体制改革提供重要参考信息；第二，通过对 IPO 管制相关文献的回顾和改革实践的讨论，可以指明 IPO 领域未来值得研究的相关话题，使未来的相关研究更具实务相关性。本文余下部分安排如下：第二部分讨论新股发行资格市场化改革的历史变迁与相关文献，第三部分讨论新股发行定价市场化的历史变迁与相关文献，第四部分讨论新股发行节奏市场化的历史变迁与相关文献，最后为结论及展望。

二、新股发行资格市场化改革

（一）历史变迁

中国民营企业上市的积极性很高，成功登录 A 股是很多企业家的梦想，但"上市难"的问题始终困扰着企业家，企业上市首先面临发行资格管制这道"拦路虎"。从新股发行资格管制的历史变迁来看，中国的发行体制可分为三大阶段（见表 1）：2001 年 3 月前的审批制、2001 年 3 月至今的核准制以及正在筹划的注册制。

表 1　　　　　　　　　　新股发行资格管制变迁

项目	2001 年 3 月前		2001 年 3 月至今		未来
发行制度	审批制		核准制		注册制
具体方法	1993 年 4 月~1996 年 12 月：额度管理	1997 年 1 月~2001 年 3 月：指标管理	2001 年 3 月~2004 年 1 月：通道制	2004 年 2 月至今：保荐制	注册制

项目	2001 年 3 月前		2001 年 3 月至今		未来
特征： 谁决定 上市资格	地方政府、中央主管部委	地方政府、中央主管部委	承销商、发审委	承销商、发审委	承销商、投资者
制度利弊： 好处	有效控制股票发行规模	提高上市公司的规模和质量	减少行政干预、兼顾额度控制	促进竞争、加强保荐人责任	减少寻租、资源流失
制度利弊： 弊端	上市公司规模较小、质量欠佳	捆绑上市、关联交易	券商竞争受限、缺乏质量重视	寻租、资源流失	虚假披露、投资者不成熟

资料来源：笔者整理。

审批制是指中国股票市场初期，为了平衡社会经济关系，采用行政计划的办法分配股票发行的额度或指标的方式（曹凤岐，2014）。审批制下，地方政府或行业主管部门根据分配的额度或指标推荐企业发行股票，中央主管部委负责审批。额度管理有效控制了股票发行规模，但会导致地方政府选择推荐小企业，以争取让更多的企业有机会上市。为解决"撒胡椒粉"式的上市问题，1997 年后开始实施"控制额度，限报家数"的指标管理。但是，指标管理会产生新的问题，可能会导致捆绑上市，上市公司关联交易频繁（邓建平等，2007）。

2001 年 3 月，由时任证监会主席周小川签发的《上市公司新股发行管理办法》，标志着新股发行实现了从审批制到核准制的转变。核准制取消了指标和额度管理，减少了地方政府和中央主管部委对 IPO 过程的干预，加强了承销商和证监会的权力。核准制下，发行资格的决定权转移至承销商和证监会，承销商负责尽职调查并推荐发行人，证监会及其组织的发行审核委员会负责审核发行人信息披露的真实性、对拟上市公司质量进行实际性判断并决定是否核准发行。核准制的实施可划分为两个阶段：2004 年 2 月 1 日前的通道制和 2004 年 2 月 1 日后的保荐制。通道制是指证监会给每家券商下达通道（一个通道代表能同时推荐一家企业），证券公司将拟推荐企业逐一排队，按序推荐，所推荐企业每核准一家才能再报一家。通道制下，券商重视通道资源的利用，但缺乏对上市公司质量的足够重视，并且券商之间缺乏竞争动力。保荐制与通道制类似，最大的差别在于引进了保荐制度，加强了保荐机构和保荐代表人的职责，促进了券商之间的竞争。

保荐制从实施至今已超十载，为注册制改革打下了坚实基础。保荐人制度源于英国，目前主要应用于英国、加拿大、中国香港等国家和地区的创业板市场。与英国等国家不同的是，中国实际上执行的是"双保荐"制度，保荐中介的职责由（保荐机构）和保荐代表人（保代）个体共同承担。保荐制下，实际上相当于将之前的通道权交给了保代，保代的权力很大，但是考试制度限制了保代的供给，导致保代成为众多券商争夺的稀缺资源、保代在发行证券上市后离职的现象频繁发生（易阳等，2016）。此外，保荐制也加大了保荐机构和保代的责任。据统计，2004 年至 2014 年，共 24 人次保荐机构和 77 人次保荐代表人受到了证监会或重或轻的监管处罚，共涉及 25 个保荐机构（其中 12 个保荐机构多次被罚），处罚的原因按频次从高到低依次为尽职调查、文件制作、利润下滑和定价内幕等（陈运森、宋顺林，2018）。作为核准制的核心，保荐制将新股发行向市场化改革推进了一大步，也为注册制打下了坚实的基础。但是，保荐制没有完全起到保证新股质量的作用，保荐制实施十年来，先后出现了绿大地、胜景山河和万福生科等多个造假案例。

发审委制度在新股发行过程中，尤其是核准制阶段发挥着非常重要的作用。发审委制度本质上是以专家或精英代替投资者进行审核和价值判断，以保护中小投资者的利益。从历史沿革来看，发审委制度主要经历了以下三个阶段：发审委初设阶段（1993 年 6 月至 1999 年 9 月）、发审委条例阶段（1999 年 10 月至 2003 年 12 月）和新发审委制度实施阶段（2003 年 12 月至今）。在此过程中，证监会逐渐完善了发审委制度，提高了发行审核工作的透明度。在核准制下，发审委需要对发行申请人进行实质审查，既要行使行政权力又要进行价值判断。但是，从证监会颁布的各类文件来看，发审委的审核重点也在不断调整，总体的方向是简化发行审核过程、强化中介机构责任，将监管理念从进行实际性判断转变为以信息披露为中心。

核准制下，寻租和财务包装问题仍然层出不穷。在此背景下，2012 年初，"IPO 不审行不行？"的问题引起了财经评论家的广泛讨论。① 支持和反对的观点都有，但更多声音是：IPO 仍需要审，关键是如何审、审什么。2013 年末通过的《中共中央关于全面深化改革若干重大问题的决定》将股票发行注册制改革提上了议程。② 该决定引起了市场对注册制的广泛讨论。2015 年 12 月，人大常委会授权国务院在实施股票发行注册制不受现有《证券法》的约束，实施期限为两年。不过，截至目前，注册制任重道远。

在注册制进展缓慢的背景下，证监会也尝试另辟蹊径。2018 年 3 月 30 日，证监会发布《关于开展创新企业境内发行股票或存托凭证试点的若干意见》，让中国存托凭证（CDR）成为大型红筹企业回归 A 股市场的一种方式。CDR 主要是为了拓展 A 股投资者的投资渠道、提高 A 股市场的公司质量，但是，BAT（百度、阿里巴巴和腾讯）等公司通过 CDR 登录 A 股市场时，其高速成长期或已经过去。并且，A 股向来有"炒新"的传统，该制度的实际效果如何存疑。目前，由于市场和宏观环境的原因，CDR（中国存托凭证）的发行工作已暂缓。此外，2018 年 11 月 5 日，习近平主席在中国国际进口博览会开幕式的主旨演讲中提出，将在上海证券交易所设立科创板并试点注册制。随后，证监会负责人就设立科创板并试点注册制答记者问时指出，科创板是完善基础制度、放松企业的盈利要求。但是，注册制的具体执行仍有不确定性。

从制度变迁历史看，中国实施的是一种渐进式市场化改革。过去十几年，通过减少地方政府对 IPO 资格筛选过程的干预，加强中介机构的权力和责任，并通过将审核权力从证券管理部门转移到更为透明的发行审核委员会，新股发行制度实现了由政府到市场的逐渐过渡。毫无疑问，过去渐进式的市场化改革取得了重要成果，但这一改革目前还未完成。发行资格审核权力最终要让渡给投资者，才算真正的市场化。遗憾的是，近年来，注册制执行进展缓慢。

---

① 据财经媒体报道，此问题由前证监会主席郭树清提出。虽然有人质疑郭树清是否发过问，他本人也澄清没有问过这样的话，但这个问题还是引起了很多的讨论，说明大家对这一问题的关注。
② 全国人大常委会于 2015 年 12 月 27 日下午表决通过《关于授权国务院在实施股票发行注册制改革中调整适用〈中华人民共和国证券法〉有关规定的决定》。此决定的实施期限为两年，决定自 2016 年 3 月 1 日起施行。

但是，注册制也不是完美无缺，也可能产生新的问题，例如虚假披露和投资者不成熟。差公司可以通过虚假披露伪装成好公司，而即使有完善的信息披露，还需要"聪明的投资者"识别公司的好坏。所以，注册制的核心是信息披露，基石是成熟的投资者。监管层和承销商的主要职责是对信息披露进行形式审核，而不是实际性审核、不对公司作价值判断（曹凤岐，2014；李文莉，2014；周友苏和杨照鑫，2015）。[1] 此外，投资者不成熟并不能成为拖延实施注册制的借口，因为注册制是终点，而不是起点。监管层可以实施渐进式改革，平稳地从核准制过渡到注册制，必要时也可以进行试点（例如，曹凤岐，2014；李文莉，2014；顾连书等，2012）。鉴于目前优质公司加速流失的形势，注册制的推进事不宜迟，最优策略是"又快又稳"。

（二）文献回顾

　　本部分主要基于文献回顾，讨论核准制的两大基石——发审委和承销商在新股上市资格审核中的作用。

　　很多学者研究了发审委制度的积极作用和消极作用。相对而言，现有文献对发审委制度的积极作用讨论较少。根据公共利益理论，政府进行管制的目的是弥补市场机制的不足，以维护公共利益。具体到股票市场，公共利益的观点认为，政府进行发行资格管制的目标是保护投资者的利益，因为市场存在信息不对称，投资者没有能力鉴别公司的好坏。施蒂格勒（Stigler，1964）研究发现，与1934年美国证监会成立之前相比，证监成立之后，新股上市后的市场表现并没有明显更好。他推测，政府管制在排除特别差的公司的同时把特别好的公司一起排除掉了，所以总体上并没有起到保护投资者的效果。不过，卡塔尼奥（Cattaneo，2015）等基于意大利市场的证据表明，政府通过加强证券市场的管制，提高了IPO公司的生存率。祝继高和陆正飞（2012）的研究表明，中国证监会虽然在权益融资方面依然会照顾国有企业，

---

　　① 不过，也有学者认为，实际审核与形式审核的差别只是流行的误解，注册制虽然是以信息披露为核心，但并不等于不进行实质审核。但是，据我们所知，美国证券监管的基本思路是买者自负原则加上充分信息披露。我们相信，美国的注册制应该不会进行实际性审核。

但是能够保证盈利能力好的企业更有可能被批准上市。冉茂盛和黄敬昌（2011）的研究表明，由于发审委在审核中考虑了企业进行盈余管理的可能性，如果一个企业的盈余管理程度越高，则越难通过发审委的审核。但是，艾伦（Allen，2018）等发现，从盈利和股价表现来看，A 股公司不仅比海外上市的中国公司差，而且比未上市的中国公司差，表明证监会并没有选出最优秀的公司。他们认为，这是造成中国经济与 A 股市场表现相背离的重要原因。

现有文献从多个方面研究了现有发行制度的弊端。第一，优质资源流失问题。斯蒂格勒（1964）指出，虽然证监会可能排除了一些差公司进入股票市场，但也可能了排除了很多的好公司。例如，最近十几年，一批优秀的互联网公司，包括阿里巴巴、腾讯、京东、百度、搜狐、新浪等，纷纷在美国或中国香港上市。互联网公司海外上市有多种原因，其中最主要原因是交易所的规则对新兴公司不利，新兴科技公司往往有低盈利、业务不够成熟以及高无形资产比例等特征（Cong et al.，2018）。居奇比尔梅兹（Güçbilmez，2014）发现，A 股的创业板开通后（2009），规模较大且有风险资本持股的公司更倾向于在美股上市。

第二，上市公司盈余管理问题。证监会设立盈利门槛以及发审委看重盈利能力的直接后果是，上市公司为了获得稀缺的上市资格而进行盈余管理（甚至财务造假），地方政府和中介机构甚至也成为上市公司造假的帮凶，这方面的实证证据较多。哈莫尼（Aharony，2000）等很早就关注了中国 IPO 市场的盈余管理问题。他们的研究发现，非保护行业的 IPO 公司在上市前通过应计项目进行了财务包装，导致上市后业绩出现下滑。后续研究表明进一步支持了 IPO 公司的盈余管理行为，方式包括应计盈余管理和真实盈余管理。此外，皮特罗斯基和张（Piotroski and Zhang，2014）发现，政府官员有动机在即将离任前推动本地企业上市，这些公司上市后的市场表现更差。地方政府通过政府补贴、税收优惠等方式帮助当地公司粉饰业绩、支持当地公司上市是普遍现象。

第三，寻租问题。大量研究一致表明，企业通过各种途径（高管、承销商、审计师、私募股权等）取得的政治联系，都可以提高通过监管层审批的概率。由于会计师事务所在发审委名单中的比重较大，其在寻租中的作用较受关注。很多研究都一致表明，事务所被聘请为发审委成员有助于提升事务所的市场份额和审计收费，聘请发审委事务所有助于提高民营企业通过发审会的概率。[①]

第四，上市资格管制还会导致投资者炒作垃圾股，不利于推广价值投资、提升资本市场效率。李（Lee，2018）等发现，上市资格的管制导致壳资源价值飙升（30 亿~40 亿元），垃圾股炒作之风盛行。

除了发审委外，还有一些学者研究了承销商在 IPO 中的作用。核准制下，保荐机构在上市资源筛选中担负了重要职责。但遗憾的是，关于保荐机构（承销商）的职责定位问题，现有文献讨论非常少，只有在保荐制度实施之初博得少许关注。国外的研究表明，承销商声誉机制是其发挥鉴证作用的基石。高声誉机构往往意味着更高的公司质量、发行价格和长期市场表现。而在中国，IPO 公司财务造假和上市后业绩变脸现象层出不穷，表明承销商声誉机制约束力量有限。中国承销商往往更注重自己的短期利润，而不是长期声誉。原因可能是，中国承销商的市场份额不完全取决于执行质量，其所有权背景、政治关系等发挥着重要作用。并且，由于中国承销商的主要工作不是销售股票，而是帮助企业通过发审委的审核，市场声誉显然不是最为重要的。柳建华等（2017）发现，在投资者保护水平较差的地区，承销商声誉甚至与盈余管理程度正相关。[②] 在中国独特的发行制度下，承销商的职责定位以及如何加强承销商声誉机制的有效性仍然值得探讨。

综上所述，现有文献发现，发审委并不能保证筛选出最优秀的公司，并且还会产生优质资源流失、财务粉饰以及权力寻租等诸多问题。此外，由于承销商声誉机制有效性的不足，承销商在中国资本市场的鉴证作用有限。

---

① 关于发审委在 IPO 中的作用，主要是寻租还是声誉信号，现有研究还有分歧（陈辉发等，2012；谭劲松等，2013）。

② 不过，陈运森和宋顺林（2018）利用承销商声誉受损（监管处罚）的外生事件证明，承销商声誉机制在中国仍然一定程度有效。

三、新股发行定价市场化改革

（一）历史变迁

中国发行定价制度的变化可以划分为两大阶段：询价制之前和询价制之后。询价制之前通常采用固定市盈率的定价方法，即所有上市公司的发行价都由固定的市盈率倍数（如 15 倍）乘以公司的每股收益确定。该方法简单省事，其弊端是发行价不能反映公司未来的前景，不符合"质优价高"的市场规律。询价制通过向机构投资者询价获取需求信息、确定发行价格，是一种市场化的定价机制。询价制的好处是提高新股定价效率，使得新股发行价更能反映公司的品质，弊端是可能出现发行价过高的情况。但是，在中国，询价制并不能完全等同于市场化定价，关键还是取决于监管层是否对新股定价进行管制。

如表 2 所示，根据是否实施定价管制，本文将发行定价制度的两大阶段细分为七个阶段：询价制之前的 REG1 ~ REG3 阶段和询价制之后的 REG4 ~ REG7 阶段。虽然某些阶段的定价管制并没有明文规定，本文仍然可以通过箱形图（Bot Plots）清楚地展示定价管制的结果。如图 1 所示，第一阶段，定价管制很严，发行市盈率可选的范围很窄；第二阶段明显放开了定价管制，发行市盈率选择的范围放宽；第三阶段发行市盈率范围明显收窄；第四阶段询价制实施初期很明显没有完全放开市盈率管制；第五阶段的定价市场化改革比较彻底，发行市盈率的范围放宽，很多公司的发行市盈率甚至超过了 50 倍，最高达到 150 倍；第六阶段和第七阶段发行市盈率范围重新收窄，明显实施了发行价格窗口指导；尤其是，第七阶段重新回归到第一阶段的严格管制模式下。我们重点对询价制后的几个阶段进行说明。

表2 发行价格管制变迁

项目	询价制之前			询价制之后			
REG	1	2	3	4	5	6	7
定价方法	固定市盈率	累计投标定价	固定市盈率	询价制	询价制	询价制	询价制
定价管制	<15倍PE	无	<20倍PE	<30倍PE	无	<同行业PE	<23倍PE

注：REG表示定价机制所处的阶段。REG1：1999.2.11之前，REG2：1999.2.11～2001.11.6，REG3：2001.11.6～2004.12.31，REG4：2004.12.31～2009.6.11，REG5：2009.6.11～2012.4.28，REG6：2012.4.28～2014.3.21，REG7：2014.3.21～2019.2.22。
资料来源：笔者整理。

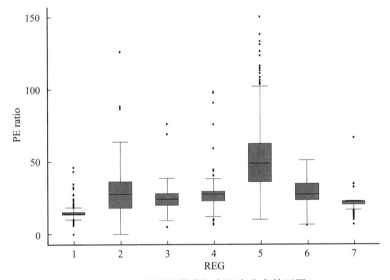

图1 不同定价阶段发行市盈率分布箱形图

注：箱形图主要包含五条线，从上到下分别是上边缘、75分位数、中位数、25分位数、下边缘，上下边缘线外为异常值。REG阶段的定义与表2一致。
资料来源：笔者绘制。

第四阶段（REG4）：2004年末至2009年6月，证监会借鉴国外成熟市场的经验，推出了更加市场化的定价制度——询价制。迄今，询价制在中国实施已超十载。但是，在很长时间内，中国的询价制仍然具有很强的行政干预色彩。在实施询价制之初，虽然正式的文件中证监会没有对发行价格设定上限，但是在实际操作中A股主板市场却很少有公司发行市盈率超过30倍。

这一阶段的询价制显然没有完全市场化，监管层对发行价实施了较为隐秘的窗口指导。①

第五阶段（REG5）：2009 年 6 月至 2012 年 4 月，证监会实施了询价制第一阶段改革，淡化了行政指导，实现了真正意义上的新股市场化定价。2010 年 11 月的询价制第二阶段改革坚持了第一阶段改革的市场化方向，并进一步改善了询价机制和询价信息披露。市场化的询价制虽然降低了 IPO 首日回报率，但与此同时也提高了新股的"破发"（跌破发行价）风险。在 2011 年市场低迷的情况下，近七成新股上市后不久便跌破发行价，将近 1/4 的新股首日"破发"。在此期间，三家公司还因询价机构不足而被迫中止发行。与此同时，市场化定价期间，承销商和发行人利用信息优势高价发行新股，引发了创业板的"三高"（高市盈率、高发行价、高超募额）现象。很多投资者和市场评论员将新股"破发"和创业板的"三高"归咎于缺乏监管的市场化定价机制，对市场化发行制度进行口诛笔伐。实际上，新股"破发"在英国、美国、中国香港等成熟市场都是常态。中止发行使得一些公司在市场低迷时暂停发行，被动选择延后择机发行，这并不是什么坏事，实际上反而增强了市场的自发调节功能。

第六阶段（REG6）：在市场舆论的压力下，2012 年 4 月，证监会实施了询价制第三阶段改革，重新对发行价格启动管制。新的指导意见要求，新股发行市盈率高于同行业公司平均市盈率 25% 的公司进行补充披露信息，并且证监会有权考虑补充披露信息等相关情况后要求发行人及承销商重新询价。此阶段证监会虽然形式上没有强制设定发行市盈率上限，但实际上通过"补充披露规定"限定了发行价格上限。2013 年 11 月，监管层进一步坚定了市场化定价的改革方向，放开了发行定价管制，但要求发行人和主承销商预先剔除申购总量中报价最高的部分，剔除的申购量不得低于申购总量的 10%。除了 10% 的明文规定外，证监会还对发行定价实施了窗口指导。

第七阶段（REG7）：2014 年 6 月后，新股发行的市盈率不能超过 23 倍

---

① 与原来的明文设定市盈率上限不同，窗口指导一种温和的、劝谕式、非强制性的管制方式，但实际效果是一样的，为了不节外生枝，顺利拿到证监会的批文后，发行人一般不敢超过监管的指导市盈率。

PE，新股发行明确重新回到管制时代，询价制名存实亡。

此外，询价制改革除了定价管制政策的变化之外，在询价对象资格、网上网下配售政策（包括回拨机制）、机构投资者锁定政策、询价信息披露等方面也进行了一系列小改革。值得一提的是，为了防控新股炒作，自 2012 年开始监管层对新股二级市场首日定价也进行了一系列管制。但真正对二级市场交易机制产生重要影响的是 2013 年 12 月实行的"新规"。该规定要求"连续竞价阶段，有效申报价格不得高于发行价格的 144% 且不得低于发行价格的 64%"，导致很多新股的首日涨幅都定格在 44% 左右，上市后出现"连板"现象（连续涨停）。

从发行定价市场化的历史变迁看，从固定市盈率到询价制，通过向投资者询价的方式决定新股的发行价，新股定价理论上实现了从政府到市场的过渡。询价制实施之初，监管层采用了渐进式的改革方式，暂时保留了对发行价格的窗口指导。遗憾的是，在实施彻底市场化的询价制改革失败之后，监管层重新对新股定价进行了严格管制，这时的询价制本质上相当于固定市盈率，询价制已名存实亡。历史上，印度、韩国、马来西亚等国家都实施过定价管制，但最终都走向了市场化的定价方式（Chen et al., 2018）。目前，监管层对新股发行定价的市场化改革还举棋不定，没有放开定价管制的迹象。此外，最近几年，监管层对新股上市首日的价格管制越来越严厉，现在的制度相当于对新股首日实施了 44% 的涨停板制度。虽然这一新的制度起到了适得其反的作用，但目前仍没有得到纠正。

（二）文献回顾

以往一些文献评估了 IPO 市场化改革的成败，这些研究多从 IPO 定价效率的角度来分析，研究结论大多支持了中国 IPO 市场化改革的有效性。周孝华等（2006）发现，相比审批制，核准制大大提高了 IPO 定价效率，表现为新股的发行价更能反映公司未来的成长能力。王海峰等（2006）发现，在询价制定价方式下，IPO 抑价率降低，但同时抑价率的方差也随之变小。刘志远等（2011）、张峥和欧阳珊（2012）、田利辉（2010）等的研究都发现，放松定价管制能够降低 IPO 抑价、提高新股定价效率。并且，张峥和欧阳珊（2012）还发现，定价管制放松后，新股发行价与反映公司质量的财务特征变量相关度增强。田利辉等（2013）以 1993~2010 年的上市公司为样本，系统评估了中国过去渐进式 IPO 市场化改革的成败，研究发现，随着新股供给额度和定价管制的逐渐放松，IPO 抑价逐渐降低、新股定价效率显著改善。据此，他们认为，中国政府主导的新股发行制度渐进式改革是十分成功的。

更多的研究关注的是 IPO 定价管制可能导致的问题，这些问题包括：第一，定价效率降低问题。现有文献一致表明，定价管制降低了 IPO 定价效率，造成了中国居高不下的 IPO 首日回报率。

第二，寻租问题。虽然在大多数时间段，监管层都对新股发行设定了市盈率上限，但很多时候政府并没有明文规定市盈率管制的标准，而实行的是窗口指导，这就为寻租留下了空间。弗朗西斯等（Francis et al.，2009）、李和周（Li and Zhou，2015）的研究均发现，政治联系有助于民营企业提高发行价格。于富生和王成方（2012）研究了定价管制对国有股权与 IPO 抑价关系的影响，结果显示，随着政府定价管制程度的提高，国有股权比例与 IPO 抑价正相关关系显著减弱，甚至转向负相关关系。原因是，在定价管制下，国有股权较高的企业更可能通过政治联系突破定价管制的限制，以较高的价格发行。

第三，高成长公司流失问题。王冰辉（2013）的研究发现，在定价管制下，成长性较高的公司不愿意进行 IPO，而会选择推迟上市，待成长性实现后、盈利水平更高时才上市。成长性高的可能选择去海外上市，交叉上市的公司也大多选择先在海外上市，然后才回归 A 股市场。这些结果说明，中国特殊的 IPO 定价制度可能使得 A 股市场成为一个低成长性市场。

第四，中介机构声誉机制失效问题。王兵和辛清泉（2009）、陈俊和陈汉文（2011）均发现审计师声誉机制有助于降低 IPO 抑价，改善新股定价效率。但是，发行价格受到管制时，新股不需要通过聘请高质量审计机构传递公司质量的信号，使审计师声誉机制的发挥受到限制。

第五，盈余管理问题。上市盈利要求导致上市公司为了满足盈利要求进行盈余管理（Aharony et al.，2000），而发行价格的市盈率管制可能导致上市公司为了募集更多的资金进行盈余管理（Chen et al.，2018）。

第六，投资者"炒新"问题。宋顺林和唐斯圆（2017）发现，新股发行定价管制会增大新股二级市场的价值不确定性，导致更高的二级市场 IPO 溢价（股价高估）；投资者倾向于"炒作"发行上市前价值不确定性更大的新股，这些新股的二级市场 IPO 溢价更高。

最近，也有一些文献研究了最新的询价制市场化改革引发的问题。一是三高"问题"。新股定价市场化的直接后果是"三高"问题，即高发行价、高发行市盈率和高超募资金。其根源是发行价过高，究其原因，俞红海等（2013）研究发现，询价制度改革后，由于制度安排不合理，使得参与询价的机构投资者之间过度竞争，导致 IPO 定价过高。虽然承销商也有动机防止发行价过高，但总体上承销商更愿意发高价（例如，邵新建，2013；宋顺林和唐斯圆，2016）。市场化定价机制下，中国承销商更愿意选择发高价的原因是发高价面临的激励和约束机制不平衡（宋顺林，2019）。此外，在发行价格较高的情况下，承销商可以利用分析师报告托市，防止上市后的股价跌破发行价。

二是公平问题。刘志远等（2011）认为，询价制度第一阶段改革后（2009 年新股发行制度改革），新股定价效率明显提高，但是更可能引发中小投资者的"赢者诅咒"。机构投资者由于有信息优势，而更可能避免市场化定价导致的"赢者诅咒"问题。

此外，关于新股首日交易价格管制的效果，市场关注不多，目前相关研究也很少。张卫东等（2018）的实证结果表明，新股首日涨停板制度导致了更高的首日回报率。宋顺林和唐斯圆（2019）利用 2014 年的新股首日涨停板制度，研究发现，新股首日交易价格管制不但不能抑制投资者"炒新"，反而会助长新股投机行为，表现为新股上市后的 IPO 溢价、换手率和波动率都明显提高。

综上所述，现有文献发现，IPO 市场化改革总体上是成功的，虽然新股定价市场化也会产生一些问题，但定价管制的问题更多。两害相权取其轻，总体上 IPO 定价管制弊大于利。

四、发行节奏市场化

(一) 历史变迁

IPO 停摆 (或称暂停) 是指证监会根据市场形势等原因, 为了稳定市场而进行的一种行政管制行为。如表 3 所示, 迄今, IPO 历史上已经历 9 次暂停, 暂停时间从 3 个月到 14 个月不等。暂停的主要原因是市场形势不佳, 股票指数大幅下挫。监管层通常在市场形势不佳时适时推出重要改革, 如 2004 年的询价制改革、2005 年的股权分置改革和 2012 年的新股财务大审查。从 IPO 暂停时间分布来看, 有四次都发生在最近 10 年, 说明 IPO 暂停未来仍可能作为稳定市场的一种手段。

表3 历史上 9 次 IPO 暂停

暂停时间	空窗期	暂停原因
1994 年 7 月 21 日至 12 月 7 日	5 个月	市场大跌
1995 年 1 月 19 日至 1996 年 6 月 9 日	5 个月	市场大跌
1995 年 7 月 5 日至 1996 年 1 月 3 日	6 个月	市场大跌
2001 年 7 月 31 日至 11 月 2 日	3 个月	国有股减持 & 市场大跌
2004 年 8 月 26 日至 2005 年 1 月 23 日	5 个月	市场大跌 & 询价制改革
2005 年 5 月 25 日至 2006 年 6 月 2 日	1 年	市场大跌 & 股权分置改革
2008 年 12 月 6 日至 2009 年 6 月 29 日	8 个月	金融危机 & 市场大跌
2012 年 11 月 3 日至 2014 年 1 月 16 日	14 个月	市场大跌 & 证监会财务大审查
2015 年 7 月 4 日至 11 月 6 日 (宣布重启)	5 个月	股灾 & 市场大跌

资料来源: 笔者整理。

市场各方对于该不该实施 IPO 停摆制度存在很大争议。支持方的主要观点是: 过多过快地发行新股会对市场造成较大冲击, 市场形势较差时应该暂停 IPO 业务。而反对方的主要观点是：IPO 停摆是行政管制，破坏了新股发行的市场化改革。反对方的观点无疑是成立的，IPO 暂停的任意性违背了市场化原则，成熟的资本市场虽然也有救市行为，但从未选择 IPO 暂停的方式。此外，在成熟资本市场，市场有自动调节功能，在市场行情较差时，IPO 数量和 IPO 首日回报率都较低（Ritter，1984）。关于支持方的观点，救市是否有助于改变市场的走势，则难以评估。

除了较为极端的 IPO 暂停外，证监会也对 IPO 发行的节奏进行管制。在现行的发行体制下，企业不能完全自主地选择上市时机，政府控制了股票发行节奏。从上市流程来看，企业递交上市申请后，需要通过发审委的审批并拿到批文。监管层可以通过对发审会召开时间以及批文发放时间的控制掌控新股的发行节奏。图 2 描述了 IPO 月度发行数量与上证指数 1990～2017 年的趋势图。从图中可以看出，IPO 发行数量与市场形势有非常明显的相关关系，这种关系不是因为企业择时导致的，而是因为证监会根据市场形势对发行节奏的控制。

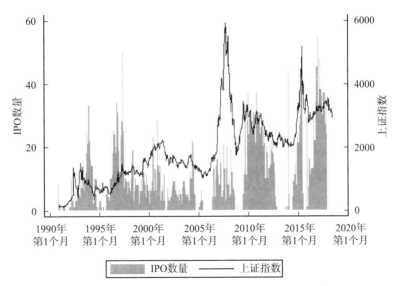

图 2　IPO 月度发行数量与上证指数（1990～2017 年）

资料来源：笔者整理。

从实践来看,虽然目前证监会使用 IPO 暂停会越来越谨慎,但从未承诺未来不进行 IPO 暂停,对 IPO 发行节奏的控制也从未松动。

(二) 文献回顾

关于 IPO 暂停能否稳定市场价格,虽然市场人士争议很激烈,但严谨的实证研究很少。史等 (Shi et al., 2017) 研究发现,无论是发行当日,还是上市当时,规模较大的 IPO 确实会导致市场价格短期下降,但 IPO 对市场价格的影响只是暂时性的。李等 (Li et al., 2018) 研究发现,IPO 即将上市的预期 (审批通过) 也能影响已有上市公司短期的股价。宋顺林和辛清泉 (2017) 则研究了 IPO 暂停对上市公司基本面的影响。研究发现,IPO 暂停可能会导致新股发行的隐性成本 (财经公关、机会成本等) 攀升,最终导致新股上市后大股东资金占用和股利发放水平都显著更高,而会计业绩和市场表现显著更差,表明 IPO 暂停会损害上市公司的基本面。丛和豪厄尔 (Cong and Howell, 2018) 认为,IPO 暂停导致已通过核准的公司推迟上市,公司不能及时融资以及不确定性增加,进一步导致公司的创新活动大幅降低 (以专利数量和质量度量)。贾等 (Jia et al., 2017) 认为,由于香港市场的上市效率较高,一些优质内地公司可能逃离 A 股而去上香港上市。他们发现,规模更大、盈利更佳的非国有企业更可能在香港上市,并且这些香港上市的公司大多未曾申请在 A 股上市。

五、结论及未来研究展望

本文根据发行资格、发行定价和发行节奏三条主线,从制度变迁和文献回顾两个角度讨论 IPO 市场化改革的共识和分歧。通过回顾历史和文献,我们认为,为促进资本市场的健康发展,现阶段亟须快速、全面地推进 IPO 市场化改革。鉴于优质公司逃离 A 股的严峻形势,IPO 市场化改革事不宜迟。同时,IPO 市场化改革不仅仅是增加新股发行数量,而需要从发行资格、发行定价以及发行节奏三个方面统筹安排，全面推进。此外，策略上，淡化注册制改革的概念、制定改革路线图和进行渐进式改革，或许能够减少改革的阻力并稳定投资者的预期。

通过回顾，我们还发现了一些文献和实践之间的断裂，这为后续研究提供了难得机会。主要有以下几个方面：第一，虽然研究发行资格管制负面后果的文献已有不少，但关于注册制负面后果的研究还很少。根据本文的观点，注册制的本质是将发行资格的审核权力交给投资者。但是，现有文献很少探讨投资者是否具备识别优质公司的动机和能力，以及如何培养投资者的这些能力。第二，关于发行定价管制负面经济后果的相关研究不少，未来的研究方向可以更多集中于定价市场化改革所带来的问题，包括定价过高问题、托市问题等，以在推进市场化改革时着力控制这些问题，防止重蹈市场化改革失败的覆辙。此外，现有研究对最近出现的首日价格管制研究较少，并且大部分研究都忽视了新股二级市场定价和一级市场定价之间的关联。第三，目前关于发行节奏管制的文献相对较少，主要是利用政府管制理论解释中国特有的热销市场现象。关于发行节奏管制的利弊，还需要未来研究来补充。最后，发行资格、发行定价和发行节奏这三个方面的管制是相互联系的，在实施改革中需要统筹安排。例如，发行数量供给管制，可能导致市场化定价下新股发行价格过高。市场化改革不彻底，可能会导致意想不到的后果。现有文献很少考虑不同管制之间的相互关联，这应是未来研究的一个重点。

参考文献

[1] 蔡春、李明、和辉：《约束条件、IPO 盈余管理方式与公司业绩——基于应计盈余管理与真实盈余管理的研究》，载《会计研究》2013 年第10 期。

[2] 曹凤岐：《推进我国股票发行注册制改革》，载《南开学报（哲学社会科学版)》2014 年第2 期。

[3] 陈辉发、蒋义宏、王芳：《发审委身份公开、会计师事务所声誉与IPO 公司盈余质量》，载《审计研究》2012 年第1 期。

［4］陈俊、陈汉文：《IPO 价格上限管制的激励效应与中介机构的声誉价值——来自我国新股发行市场化改革初期的经验证据（2001—2004）》，载《会计研究》2011 年第 12 期。

［5］陈运森、宋顺林：《美名胜过大财：承销商声誉受损冲击的经济后果》，载《经济学（季刊）》2018 年第 1 期。

［6］陈运森、郑登津、李路：《民营企业发审委社会关系、IPO 资格与上市后表现》，载《会计研究》2014 年第 2 期。

［7］邓建平、曾勇、何佳：《利益获取：股利共享还是资金独占?》，载《经济研究》2007 年第 4 期。

［8］杜兴强、赖少娟、杜颖洁：《"发审委"联系、潜规则与 IPO 市场的资源配置效率》，载《金融研究》2013 年第 3 期。

［9］高庆福：《我国证券市场保荐人制度发展研究》，载《经济体制改革》2004 年第 2 期。

［10］顾连书、王宏利、王海霞：《我国新股发行审核由核准制向注册制转型的路径选择》，载《中央财经大学学报》2012 年第 11 期。

［11］胡旭阳：《审核参与、知识溢出与 IPO 审计市场份额》，载《审计研究》2015 年第 2 期。

［12］黄亮华、谢德仁：《IPO 前的业绩压力、现金流约束与开发支出会计政策隐性选择》，载《南开管理评论》2014 年第 6 期。

［13］黄琼宇、程敏英、黎文靖，等：《上市方式、政治支持与盈余质量——来自中国家族企业的证据》，载《会计研究》2014 年第 7 期。

［14］蒋大兴：《隐退中的"权力型"证监会》，载《法学评论》2014 年第 2 期。

［15］李敏才、刘峰：《社会资本、产权性质与上市资格——来自中小板 IPO 的实证证据》，载《管理世界》2012 年第 11 期。

［16］李文莉：《证券发行注册制改革：法理基础与实现路径》，载《法商研究》2014 年第 5 期。

［17］刘煜辉、熊鹏：《股权分置、政府管制和中国 IPO 抑价》，载《经济研究》2005 年第 5 期。

［18］刘志远、郑凯、何亚南：《询价制度第一阶段改革有效吗》，载《金融研究》2011 年第 4 期。

［19］柳建华、孙亮、卢锐：《券商声誉、制度环境与 IPO 公司盈余管理》，载《管理科学学报》2017 年第 7 期。

［20］逯东、万丽梅、杨丹：《创业板公司上市后为何业绩变脸?》，载《经济研究》2015 年第 2 期。

［21］冉茂盛、黄敬昌：《首次公开发行、盈余管理与发审委审核》，载《证券市场导报》2011 年第 3 期。

［22］邵新建、薛熠、江萍，等：《投资者情绪、承销商定价与 IPO 新股回报率》，载《金融研究》2013 年第 4 期。

［23］沈朝晖：《流行的误解："注册制"与"核准制"辨析》，载《证券市场导报》2011 年第 9 期。

［24］宋顺林、唐斯圆：《IPO 定价管制、价值不确定性与投资者"炒新"》，载《会计研究》2017 年第 1 期。

［25］宋顺林、唐斯圆：《投资者情绪、承销商行为与 IPO 定价——基于网下机构询价数据的实证分析》，载《会计研究》2016 年第 2 期。

［26］宋顺林、唐斯圆：《新股首日价格管制与新股投机：抑制或助长》，载《管理世界》2019 年第 1 期。

［27］宋顺林、辛清泉：《新股发行隐性成本与上市后业绩表现——基于 IPO 停摆外生事件的经验证据》，载《经济学（季刊)》2017 年第 4 期。

［28］宋顺林：《平衡的艺术：承销商定高价行为的理论解释和实证检验》，载《中国会计评论》待刊出。

［29］谭劲松、孔祥婷、易阳：《会计师事务所发审委身份与 IPO 客户质量——基于寻租假说与声誉假说的实证研究》，载《中国会计与财务研究》2013 年第 2 期。

［30］田利辉、张伟、王冠英：《新股发行：渐进式市场化改革是否可行》，载《南开管理评论》2013 年第 2 期。

［31］田利辉：《金融管制、投资风险和新股发行的超额抑价》，载《金融研究》2010 年第 4 期。

[32] 王冰辉:《价格管制与 IPO 时机选择》,载《经济学(季刊)》2013 年第 2 期。

[33] 王兵、辛清泉:《寻租动机与审计市场需求:基于民营 IPO 公司的证据》,载《审计研究》2009 年第 3 期。

[34] 王海峰、何君光、张宗益:《询价制与承销风险实证研究》,载《金融研究》2006 年第 5 期。

[35] 王克敏、杨国超、刘静,等:《IPO 资源争夺、政府补助与公司业绩研究》,载《管理世界》2015 年第 9 期。

[36] 易阳、宋顺林、谭劲松:《保荐代表人频繁离职是"荐而不保"的体现吗——基于中国 IPO 市场的证据》,载《中国会计评论》2016 年第 1 期。

[37] 于富生、王成方:《国有股权与 IPO 抑价——政府定价管制视角》,载《金融研究》2012 年第 9 期。

[38] 俞红海、刘烨、李心丹:《询价制度改革与中国股市 IPO "三高"问题——基于网下机构投资者报价视角的研究》,载《金融研究》2013 年第 10 期。

[39] 张卫东、苏鑫、陈辉,等:《涨幅限制影响 IPO 抑价了吗?》,载《管理评论》2018 年第 1 期。

[40] 张峥、欧阳珊:《发行定价制度与 IPO 折价》,载《经济科学》2012 年第 1 期。

[41] 周孝华、赵炜科、刘星:《我国股票发行审批制与核准制下 IPO 定价效率的比较研究》,载《管理世界》2006 年第 11 期。

[42] 周友苏、杨照鑫:《注册制改革背景下我国股票发行信息披露制度的反思与重构》,载《经济体制改革》2015 年第 1 期。

[43] 祝继高、陆正飞:《融资需求、产权性质与股权融资歧视——基于企业上市问题的研究》,载《南开管理评论》2012 年第 4 期。

[44] Aharony J. , Lee C. J. , Wong T. J. , Financial Packaging of IPO Firms in China. Journal of Accounting Research, Vol. 38, No. 1, 2000, pp. 103 –126.

[45] Allen F. , Qian J. , Shan C. , et al. , Dissecting the Long – Term Per-

formance of the Chinese Stock Market. Working Paper, 2018.

［46］Carter R. B. , Dark F. H. , Singh A. K. , Underwriter Reputation, Initial Returns, and the Long – Run Performance of IPO Stocks. The Journal of Finance, Vol. 53, No. 1, 1998, pp. 285 – 311.

［47］Carter R. , Manaster S. , Initial Public Offerings and Underwriter Reputation. The Journal of Finance, Vol. 45, No. 4, 1990, pp. 1045 – 1067.

［48］Cattaneo M. , Meoli M. , Vismara S. , Financial Regulation and IPOs：Evidence from the History of the Italian Stock Market. Journal of Corporate Finance, Vol. 31, 2015, pp. 116 – 131.

［49］Chen C. , Shi H. , Xu H. , The IPO Underwriting Market Share in China：Do Ownership and Quality Matter? Journal of Banking & Finance, Vol. 46, 2014, pp. 177 – 189.

［50］Chen J. , Ke B. , Wu D. , et al. , The Consequences of Shifting the IPO Offer Pricing Power from Securities Regulators to Market Participants in Weak Institutional Environments：Evidence from China. Journal of Corporate Finance, Vol. 50, 2018, pp. 349 – 370.

［51］Cheung Y. , Ouyang Z. , Tan W. , How Regulatory Changes Affect IPO Underpricing in China? China Economic Review, Vol. 20, No. 4, 2009, pp. 692 – 702.

［52］Cong L. W. , Howell S. T. , Listing Delays and Innovation：Evidence from Chinese IPOs. Working Paper, 2018.

［53］Cong L. W. , Lee C. M. C. , Qu Y. , et al. , Financing Entrepreneurship and Innovation in China：A Public Policy Perspective. Working Paper, 2018.

［54］Ding Y. , Yu F. , Hua Z. , Last Minute Deals：Rent Seeking in IPO Market. Working Paper, 2015.

［55］Fernando C. S. , Gatchev V. A. , Spindt P. A. , Wanna dance? How Firms and Underwriters Choose Each Other. The Journal of Finance, Vol. 60, No. 5, 2005, pp. 2437 – 2469.

［56］Francis B. B. , Hasan I. , Sun X. , Political Connections and the

Process of Going Public: Evidence from China. Journal of International Money and Finance, Vol. 28, No. 4, 2009, pp. 696 – 719.

[57] Güçbilmez U. , Why Do Some Chinese Technology Firms Avoid Chinext and Go Public in the US? International Review of Financial Analysis, Vol. 36, 2014, pp. 179 – 194.

[58] Huyghebaert N. , Xu W. , Bias in The Post – IPO Earnings Forecasts of Affiliated Analysts: Evidence from A Chinese Natural Experiment. Journal of Accounting and Economics, Vol. 61, No. 2 – 3, 2016, pp. 486 – 505.

[59] Huyghebaert N. , Xu W. , What Determines the Market Share of Investment Banks in Chinese Domestic IPOs? China Economic Review, Vol. 34, 2015, pp. 150 – 168.

[60] Jia W. , Pownall G. , Zhao J. , Avoiding China's Capital Market: Evidence from Hong Kong – Listed Red – Chips and P – Chips. Working Paper, 2017.

[61] Lee C. M. C. , Qu Y. , Shen T. , Gate Fees: Shell Values and Regulatory Risk in Chinese Equity Markets. Working Paper, 2018.

[62] Li G. , Zhou H. , Political Connections and Access to IPO Markets in China. China Economic Review, Vol. 33, 2015, pp. 76 – 93.

[63] Li Y. , Sun Q. , Tian S. , The Impact of IPO Approval on the Price of Existing Stocks: Evidence from China. Journal of Corporate Finance, Vol. 50, 2018, pp. 109 – 127.

[64] Liu Q. , Tang J. , Tian G. G. , Does Political Capital Create Value in the IPO Market? Evidence from China. Journal of Corporate Finance, Vol. 23, 2013, pp. 395 – 413.

[65] Piotroski J. D. , Zhang T. , Politicians and the IPO Decision: The Impact of Impending Political Promotions on IPO Activity in China. Journal of Financial Economics, Vol. 111, No. 1, 2014, pp. 111 – 136.

[66] Ritter J. R. , Investment Banking and Securities Issuance. Handbook of the Economics of Finance, Vol. 1, 2003, pp. 255 – 306.

[67] Ritter J. R. , The "Hot Issue" Market of 1980. Journal of Business,

Vol. 57，No. 2，1984，pp. 215 – 240.

［68］Shi S. , Sun Q. , Zhang X. , Do IPOs Affect the Market Price？ Evidence from China. Journal of Financial and Quantitative Analysis，Vol. 53，No. 3，2017，pp. 1391 – 1416.

［69］Stigler G. J. , Public Regulation of the Securities Markets. The Journal of Business，Vol. 37，No. 2，1964，pp. 117 – 142.

［70］Tian L. , Regulatory Underpricing：Determinants of Chinese Extreme IPO Returns. Journal of Empirical Finance，Vol. 18，No. 1，2011，pp. 78 – 90.

［71］Yang Z. , Do Political Connections Add Value to Audit Firms？ Evidence from IPO Audits in China. Contemporary Accounting Research，Vol. 30，No. 3，2013，pp. 891 – 921.

中国式 IPO 定价：一个文献综述[*]

摘要：本文首先整理了国外 IPO 定价的重要理论，并探讨了这些理论对中国 IPO 定价现象的解释力；其次梳理了中国 IPO 定价领域的新近文献，并讨论了现有文献的不足；最后总结并展望了注册制下未来的研究方向。本文的主要观点如下：第一，由于制度背景的差异，基于美国市场的新股定价理论并不能完全照搬到中国市场；第二，现有文献表明，政府管制、社会关系和投资者行为等理论对中国新股定价现象有重要解释力；第三，IPO 定价领域的研究存在很多结论不一致的情况，主要源于核心概念界定不清晰、变量度量不准确以及制度背景考虑不足三方面原因；第四，展望未来，研究注册制下的"四新"问题（新问题、新场景、新数据和新视角），具有重要的理论和现实意义。

一、引　　言

IPO 定价是国外公司财务领域的经典话题，迄今已经积累了非常丰富的理论和实证文献。但是，该主题对于目前中国资本市场的发展仍然极具现实意义，原因主要体现在两个方面。一方面，新股定价是注册制的关键环节，IPO 定价的研究可以为提升新股定价效率提供参考。注册制的本质是市场化，实际上是由市场、投资者来决定发行（陈见丽，2019；曹凤岐，2020）。注

———————
　* 论文原文信息：宋顺林：《中国式 IPO 定价：一个文献综述》，载《中央财经大学学报》2022 年第 1 期。论文对新股定价理论和文献的梳理为后续相关研究提供了重要参考，对注册制以后的新股定价问题亦有启示。

册制下，投资者的定价能力变得更为重要。注册制必将对新股定价提出新的挑战，也对 IPO 定价的研究产生了新的需求。另一方面，IPO 抑价一直是很多重要研究的检验场景，对 IPO 定价的研究可以为准确界定和度量 IPO 抑价提供参考。而中国普遍存在的新股二级市场定价高估增加了 IPO 抑价的度量难度①。对 IPO 抑价的准确界定和度量都需要深化基于中国制度背景的 IPO 定价研究。

鉴于 IPO 定价问题的重要性，国外已有多篇研究对相关领域的文献进行了综述②。但是，中国新股定价的制度背景与美国存在较大差异，这些差异不仅表现在新股定价的正式制度上，包括定价管制（王冰辉，2013）和新股配售权，而且表现在新股定价所处的制度环境（非正式制度）上，包括关系文化和投机氛围。这些差异导致中国的 IPO 定价现象与美国大相径庭，本文称之为中国式 IPO 定价，考虑中国特色制度背景的研究则称之为中国式 IPO 定价研究。近几年来，国内的学者在 IPO 定价领域进行了不少探索。但是，在梳理相关研究时，我们发现如下几个问题：第一，现有文献虽然经常借鉴国外的相关理论，但由于对中国的制度背景考虑不足，对国外理论的重要性（解释力度）认识不够、对某些研究问题的重视不够；第二，基于中国制度背景的 IPO 定价研究，取得了一些成果，但缺乏对这些成果的系统梳理；第三，现有文献经常存在对同一结果的解释不一致或研究结论不一致的情况，主要源于概念界定不清晰、变量度量不准确和制度背景考虑不充分。

有鉴于此，笔者认为，在科创板、创业板注册制相继实施之际，有必要回顾中国式 IPO 定价的相关文献。本文系统地梳理了国外 IPO 定价的重要理论，并回顾了我国 IPO 定价的重要文献。具体而言，本文首先整理了基于美国市场的 IPO 定价相关理论，并基于与美国的对比，梳理了中国 IPO 定价的

---

① 介绍 IPO 定价相关的理论和文献之前，有必要说明的是，国外文献通常将 IPO 首日回报率（IPO initial return）等同于 IPO 抑价（IPO underpricing），两个概念可交替使用，其前提是新股二级市场定价较为理性。只是，这一前提在中国并不适用，但大部分研究仍以 IPO 首日回报率度量 IPO 抑价，仅少部分研究将 IPO 首日回报率划分为 IPO 抑价（一级市场发行定价低估部分）和 IPO 溢价（二级市场首日定价高估部分）两部分。

② 较具代表性的有两篇，一是 IPO 领域资深学者杰伊·里特（Jay Ritter）及其合作者 2002 年对新股上市动机、定价和分配研究的综述，二是 IPO 领域青年学者亚历山大·永奎斯特（Alexander Ljungqvist）2007 年对 IPO 抑价研究的综述。

制度背景，在此基础上讨论了国外定价理论在中国的重要性。其次回顾了中国 IPO 定价领域的新近文献①，主要包括中介机构声誉与 IPO 定价效率的关系，以及政府管制、社会关系、投资者行为与 IPO 定价效率的关系，在文献回顾的基础上，本文还讨论了现有文献的不足和改进方向。最后总结全文并展望了 IPO 定价的未来研究方向。

与国外以往综述相比，本文的创新之处是考虑了中国的制度背景，聚焦于中国特色的 IPO 定价相关研究。本文的研究贡献主要体现在以下四个方面：第一，梳理了 IPO 定价相关理论，并基于中国的制度背景讨论了其在中国的适用性，以促进现有研究更好地使用这些理论；第二，整理和回顾了中国式 IPO 定价相关文献，以便于政策制定者更好地利用这些研究成果；第三，指出了现有文献的不足和改进方向，以使未来的研究更具准确性和实务相关性；第四，展望了注册制下 IPO 定价的研究方向，以为后续的研究提供启示。

本文余下部分安排如下：第二部分梳理国外 IPO 定价的相关理论，第三部分介绍中国新股定价的制度背景，第四部分回顾中国式 IPO 定价的新近文献，最后为结论及展望。

二、国外新股定价理论

IPO 文献有三个经典命题：新股短期抑价、新股长期表现欠佳和热销市场。其中，最受关注的还是 IPO 抑价问题。最早关注 IPO 抑价这一现象的先驱包括斯托尔和柯利（Stoll and Curley，1970）、洛格（Logue，1973）等。伊博森（Ibbotson，1975）针对 IPO 抑价提出了多种可能的解释，随后学者们建立了很多正式的模型解释 IPO 抑价。相关理论较多，使用时难免出现误用，在中国的制度背景下尤其如此。为此，我们系统地梳理了解释 IPO 抑价的重

---

① 由于篇幅限制，本文并没有试图整理所有 IPO 定价相关文献，而是主要基于以下两个标准选择文献：（1）主要梳理 2010 以后国内外会计与财务重要期刊的 IPO 定价相关研究；（2）根据讨论需要，重点关注具有中国特色的 IPO 定价研究。文献来源于平时对重要期刊相关论文的关注和积累，并以 Google 学术和知网的搜索作为补充，最后根据讨论的需要进行分类整理。

要理论（见表1）。我们认为，这些理论按是否假设参与人理性，主要可分为信息不对称理论和行为金融理论。信息不对称理论按信息不对称产生的来源，又可以进一步分为"赢者诅咒"理论、信号传递理论、信息显示理论和代理理论。行为金融理论，按不完全理性产生的来源，又可以进一步分为前景理论、不完全调整理论和异质信念理论等。后文简要介绍这些理论的主要观点。

表1   IPO 抑价相关理论

理论名称	理性假设	代表文献	主要观点
"赢者诅咒"理论	是	洛克（Rock，1986）	投资者之间存在信息不对称，为弥补非知情投资者的信息风险，新股需要抑价发行
信号传递理论	是	布斯和史密斯（Booth and Smith，1986）	发行人比投资者拥有更多企业价值的信息，为传递高质量的信号，需要聘请高声誉的承销商※
信息显示理论	是	邦弗尼斯特和斯宾尼（Benveniste and Spindt，1989）	投资者拥有比发行人更多股票需求的信息，为了吸引投资者显示信息，需要抑价发行
代理理论	是	巴伦（Baron，1982）	承销商比发行人拥有更多新股市场需求的信息，需要授权承销商处理定价事宜并抑价发行
价格稳定假说	是	路德（Ruud，1993）	IPO 抑价并不一定是发行人有意抑价，也可能是承销商价格维稳后的结果
权衡假说	是	蒂尼奇（Tinic，1988）	抑价发行有其他诸多好处，如吸引资本市场关注、减少诉讼风险等
前景理论	否	达克伦和里特（Loughran and Ritter，2002）	发行人考虑到首日价格上涨带来的收益，并不会因 IPO 抑价而不满
不完全调整理论	否	亨利（Hanley，1993）	由于承销商不完全理性，往往询价阶段对新信息调整不充分
异质信念理论	否	米勒（Miller，1977）	异质信念和卖空限制下，新股的股价更能反映乐观投资者的意见
博彩偏好理论	否	格林和黄（Green and Hwang，2012）	博彩偏好导致投资者对新股定价过高

续表

理论名称	理性假设	代表文献	主要观点
有限注意理论	否	达等（Da et al.，2011）	新股吸引了投资者短期的注意力，导致短期定价过高、长期价格反转

注：※理论上，承销商负责证券承销，而保荐人负责保荐，但 A 股企业 IPO 时，一般由保荐机构担任主承销商。本文主要用承销商一词代表保荐机构（主承销商）。

（一）基于完全理性假设的理论：信息不对称理论及其他

新股发行中主要参与方包括发行人、承销商和投资者，信息不对称理论假设其中一方比另一方拥有更多信息，或者一类投资者比另一类投资者拥有更多信息。信息不对称产生的信息摩擦使得均衡状态下需要抑价发行，并可能导致承销商故意抑价发行新股。

1. 投资者之间的信息不对称："赢者诅咒"理论。

洛克（Rock，1986）的模型假定知情投资者比非知情投资者更有信息优势。当新股发行价较低时，知情投资者踊跃认购，非知情投资者能认购到的新股较少；而当新股发行价较高时，知情投资者选择不参与认购，非知情投资者能认购到的新股较多，这就是"赢者诅咒"现象。非知情投资者因其信息劣势面临额外风险，为了弥补其信息风险，发行人必须给予新股一定的折扣，以吸引他们申购新股。贝蒂和里特（Beatty and Ritter，1986）基于 Rock 模型同样的逻辑，论证了新股的价值不确定性与 IPO 抑价正相关。

2. 发行人与投资者之间的信息不对称：信号传递理论。

由于发行人对自身经营状况及发展前景等信息更了解，从而比投资者更清楚公司的内在价值，投资者面临经典的"柠檬问题"①。解决"柠檬问题"的一种方式是，发行人通过聘请高声誉的承销商或审计师等方式传递信号（例如，Booth and Spindt，1986；Cater and Manaster，1990；Titman and True-

---

① 柠檬问题是经济学中的一个术语，由经济学家乔治·阿克洛夫（George Akerlof）于 1970 年提出。柠檬问题描述的是信息不对称的市场现象。在存在柠檬问题的市场中，卖方对产品的质量拥有比买方更多的信息。由于买方难以准确判断产品质量，他们往往只能根据市场上的平均价格来判断产品的平均质量。

man，1986），降低公司的价值不确定或投资者之间的信息不对称①。另一种方式是，发行人上市时抑价发行传递高质量的信号，上市后通过再融资等其他方式收回信号传递成本（Welch，1989；Allen and Faulhaber，1989）。

3. 承销商与投资者之间的信息不对称：信息显示理论。

该理论假设投资者（作为一个整体）比承销商知道更多股票价格或需求的信息（Benveniste and Spindt，1989）。承销商可以通过自主分配权诱导投资者显示关于股票需求的信息。为了诱使投资者说真话，承销商需要一定程度地抑价发行，否则投资者说真话就无利可图了（激励不相容）。

4. 发行人与承销商之间的信息不对称：代理问题。

巴伦（Baron，1982）认为，发行人与承销商存在利益冲突，作为风险厌恶者的承销商有动机减少努力程度，并利用其信息优势抑价发行。在信息劣势的情况下，发行人的最优策略仍然是授权承销商定价并接受一定程度的抑价。承销商的代理问题还可能表现为，将高抑价的新股分配给关联机构投资者或关联上市公司高管以获取佣金业务收入或潜在的投行业务收入（Loughran and Ritter，2002）。

5. 其他基于理性的理论。

除了信息不对称理论之外，其他基于理性的理论还有：第一，价格稳定假说。该假说认为，由于法律上允许承销商在新股上市后采取价格稳定措施，导致我们实际观察到的新股跌破发行价的情况较少，表现为 IPO 抑价（Ruud，1993）。第二，权衡假说。该假说认为，承销商或发行人有意降低 IPO 抑价是为了规避潜在的诉讼风险（例如，Tinic，1988；Hughes and Thakor，1992）、节省营销支出（Habib and Ljungyvist，2001）、提高分配新股的自由度以获得控制权收益或监督收益（例如，Brennan and Franks，1997；Stoughton and Zechner，1998）、吸引资本市场投资者的关注和产品市场消费

---

① 布斯和史密斯、卡特和马纳斯特（Carter and Manaster）的模型和实证都得出了类似的结论，但他们的理论分析过程是有差异的，布斯和史密斯认为，发行人可以聘请高声誉承销商对发行价格进行鉴证，保证发行价格与公司质量对等，以降低发行人和投资者之间的信息不对称，最终降低 IPO 抑价。而卡特和马纳斯特认为，低风险发行人（价值不确定性低）可以通过聘请高声誉承销商显示低风险的信号（公司质量鉴证），从而降低投资者之间的信息不对称（因为这个信号是所有投资者都能看见的），最终降低 IPO 抑价。

者的关注（Chemmanur, 1993; Demers and Lewellen, 2003）等目的。

（二）基于不完全理性假设的理论：行为金融理论

IPO 首日回报率代表的不一定是一级市场抑价（IPO 抑价），也有可能是二级市场高估（IPO 溢价）。例如，普尔那南达和斯瓦米纳坦（Purnanandam and Swaminathan, 2004）的研究表明，IPO 公司发行价平均被高估 14% ~ 50%（根据不同的配对标准）。根据行为金融理论，发行人、承销商和投资者都可能不完全理性。发行人或承销商的不完全理性导致他们能够接受抑价发行，而投资者的不完全理性导致新股上市后的短期定价过高。

1. 发行人不完全理性：前景理论。

根据前景理论，同幅度的损失带来的负效用比获利带来的正效用大（Kahneman and Tversky, 1979）。洛克伦和里特（Loughran and Ritter, 2002）认为，在 IPO 的情境下，获利还是损失取决于发行人锚定的参照点，不完全理性的发行人的参照点应该是初始的发行价格区间的中位数。发行人倾向于将首日上涨导致的损失（相对于发行价）和收益（相对于参照点）进行加总，由于总的收益是正的，发行人并不会因 IPO 抑价而不满。

2. 承销商不完全理性：不完全调整理论。

不完全调整理论认为，由于承销商的不完全理性，询价阶段的价格调整对新信息（如整体市场的公共信息）反映不充分，导致 IPO 抑价，并且询价阶段的价格调整幅度往往与 IPO 首日回报率显著正相关（例如，Hanley, 1993; Bradley et al., 2001）。

3. 投资者不完全理性：投资者行为理论。

投资者行为理论认为：第一，投资者信念差异：投资者情绪或投机。米勒（Miller, 1977）较早利用异质信念理论解释 IPO 抑价问题。该理论认为，投资者对新股的意见分歧较大，在卖空限制下，新股的股价往往更能反映乐观投资者的意见或情绪，股价因此被高估。近期的研究表明，投资者情绪可能是影响二级市场 IPO 溢价的重要因素（Ritter and Welch, 2002; Dorn, 2009; Cornelli et al., 2006）。更进一步，永奎斯特等（Ljungqvist et al.,

2006)、德里安（Derrien，2005）分别建立模型，阐述了投资者情绪对一级市场新股定价的影响机理。除了投资者情绪外，投资者信念差异还会通过作用于投机行为影响新股定价。沙因克曼和熊（Scheinkman and Xiong，2003）的理论模型可以用来解释投资者为何偏好新股投机。新股的价值不确定性大，投资者对新股的意见分歧往往较大，投机者越有机会将新股以更高的价格卖给更傻的投资者。第二，投资者偏好差异：博彩偏好。博彩偏好，即投资者偏好具有博彩性质的股票，高估那些有较低概率获得高收益的股票的价值。巴尔贝里斯和黄（Barberis and Huang，2008）利用博彩理论解释股价现象。他们的分析暗示，在一个拥有博彩偏好投资者的市场，IPO 上市时股价可能会被高估并获得较低的长期回报。原因是，IPO 公司通常是新兴公司，他们的很大一部分市场定价来自未来高增长预期。第三，有限理性：投资者注意力理论。该理论认为，投资者注意力是稀缺资源，能够影响股票的价格。达等（Da et al.，2011）利用搜索量指标度量投资者的注意力，研究发现，搜索量指标可以用来解释新股的短期抑价和长期表现低迷的现象。

三、中国新股定价的制度背景

1994～2004 年，美国式询价制（book-building）在全球范围内的新股定价中变得越来越流行，而拍卖制逐渐被各国市场抛弃（Sherman，2005）。美国上市公司的发行定价一般流程是：发行人和承销商确定发行价格区间——通过路演向机构投资者搜集新股需求信息——确定最终发行价。在此过程中，券商有较强的自主定价权[①]。2004 年以后，中国证监会借鉴美国等成熟市场的经验，开始使用询价制进行新股定价。询价制下，新股定价的一般流程是初步询价——累积投标（中小板和创业板可以不进行）——最终定价。初步询价阶段，承销商向机构投资者询价获得新股需求信息；最终定价阶段，发

---

① 以微软（MSFT）为例，承销商最初确定的发行价格区间是 16～19 美元，路演后的价格被提升到 21 美元（同时发行股份也增加了 14.8%），上市首日股价涨到了 27.75 美元，首日回报率达到了 32%。

行人和承销商参照询价对象的报价结果确定发行价格①。在此过程中，券商的定价权相对有限。虽然中国式询价制与美国式询价制看起来类似，但本质上仍存在较大差异，这些差异不仅表现在新股定价的正式制度上，包括定价管制和新股配售权，而且表现在新股定价所处的制度环境（非正式制度）上，包括投机氛围和关系文化。这些差异也会导致基于美国的 IPO 定价理论的解释力在中国有所不同。与此同时，随着中国资本市场注册制改革的推进，一些理论的重要性也将发生变化。具体说明如下：

第一，与美国式询价制相比，中国式询价制对新股发行价有较严格的管制。如图 1 所示，中国自 2004 年实施询价制后，新股一级市场定价总体上经历了管制—市场化—管制—市场化和管制并行四个阶段。在询价制实施之初，虽然证监会在正式的文件中没有对发行价格设定上限，但是在实际操作中，A 股主板市场却很少有公司发行市盈率超过 30 倍，政府对新股定价实施了窗口指导（一种温和的、劝谕式、非强制性的管制方式）。询价制第一阶段改革（2009 年 6 月）淡化了行政指导，实现了真正意义上的新股定价市场化。但是，由于新股大面积"破发"（跌破发行价）和创业板"三高"（高发行价、高市盈率和高超募）问题的突出，在市场舆论的压力下，证监会在询价制第三阶段改革（2012 年 4 月）加强了定价管制。2014 年 3 月后，新股定价彻底重回管制时代，监管层规定新股发行市盈率不能超过 23 倍，绝大多数公司都选择在 23 倍的"监管红线"上发行。自此，中国的询价制本质上是一种

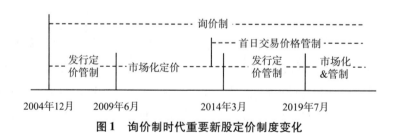

图 1 询价制时代重要新股定价制度变化

---

① 以森马服饰（002563）为例，初步询价阶段，机构投资者报价加权平均值为 59.8 元，承销商最终确定的发行价为 67 元（上调近 7 元），首日收盘价为 62.11 元，IPO 首日回报率为 -7.3%。

固定市盈率定价。2019 年 7 月后，科创板、创业板相继实施注册制，新股定价进入市场化与管制并行的时代。

此外，近年来，监管层开始加强对新股首日交易价格的监管，尤其是 2013 年 12 月开始的新股"首日涨停板"制度对新股上市后的定价产生了重要影响。该制度规定新股首日有效申报价格不得高于发行价格的 144%，导致新股首日交易暗淡，新股上市后连续涨停板（市场称之为连板）。在定价管制的情况下，询价的重要性大大降低，信息不对称理论的解释力度也会相应大大减弱。与此同时，定价管制理论对中国的新股定价有重要解释力。但是，随着注册制的推行，新股定价越来越市场化，信息不对称理论对 IPO 抑价的解释力将再次变得重要。

第二，与美国式询价制相比，中国式询价制下承销商没有新股配售权。根据谢尔曼（Sherman，2005）的研究，IPO 询价制区别于 IPO 拍卖制的核心特征是承销商拥有新股配售权力，即承销投行可以决定新股的分配对象和分配数量。但是，根据监管要求，中国的承销商并没有真正的新股配售权，只能对有效报价者进行同比例配售或随机抽签配售。因此，即使是市场化定价阶段（2009～2013 年），中国的询价制本质上是一种报价高者得之的 IPO 拍卖定价制。由于制度背景不同，一些基于美国市场的理论不再适用于中国市场。例如，由于中国的承销商没有新股配售权，信息显示理论不再成立，承销商刻意降低发行价的代理问题较弱。值得指出的是，科创板注册制创新性地推出了券商跟投制度，这使得券商有动机压低发行价，发行人和承销商之间的代理问题将对新股定价产生影响。

第三，与美国市场相比，中国的新股定价中，社会关系发挥着不一样的作用。美国是契约型社会，承销商和机构投资者保持长期关系主要是为了合作共赢，即承销商获得定价信息、机构投资者获得优先配售机会。中国是关系型社会，社会关系在各种交易中占据重要地位（Wong，2016）。新股定价中，各主要参与方主要是利用关系获取短期利益，如承销商利用与机构投资者的关系获得高价发行机会、机构投资者利用与承销商的关系获得新股定价信息以提高中签概率。无论新股定价制度如何改变，预计关系等非正式制度仍将对中国新股定价现象有较强解释力。

第四，虽然美国市场也有"炒新"行为，但中国市场的新股炒作更为严重。中国 A 股市场投资者结构不合理，市场交易的参与主体仍然以个人投资者为主。据上交所披露，机构投资者交易占上交所比重仅为 12%，自然人交易占 86%。与投资结构相关联的是，A 股市场价值投资并不普遍，投机氛围较浓（宋顺林等，2015）。中国股票市场历来有"炒新"（新股）和"炒小"（小市值）的传统（韩立岩和伍燕然，2007）。很多新股同时兼备"新和小"两大特征，迎合了个人投资者的炒作需求。个人投资者的行为对新股二级市场的定价有重要影响，而新股二级市场的新股定价一定程度上能够向一级市场传导（宋顺林和唐斯圆，2016）。短时间内，中国资本市场还难以改变以个人投资者为主导的局面，预计行为金融理论仍将对新股定价有很强的解释力。

值得指出的是，上述提及的中国式询价制的四个特点并不是割裂的。由于投资者不成熟，政府出于"父爱主义"或其他目的对新股定价进行管制，而在政府的庇护下，市场缺乏对新股进行合理定价的能力，导致一旦政府放开定价管制，新股定价就会出现各种乱象。这一逻辑很大程度上决定了中国新股定价制度的演变。此外，由于关系文化盛行，监管层不敢放开承销商新股配售权，这又会导致我国的新股定价并非是完全市场化的方式（宋顺林，2019）。

四、中国式 IPO 定价文献综述

在 IPO 定价领域，国内已经积累了非常丰富的文献，但缺乏整理。这部分内容主要梳理中国 IPO 定价的相关研究，尤其关注具有中国特色的 IPO 定价研究。我们将现有文献划分为四类。第一类，主要借鉴国外的信息不对称理论，检验中国制度背景下的中介机构对 IPO 抑价（或 IPO 首日回报率）的影响；第二类，主要研究中国的正式制度（管制）如何影响 IPO 定价；第三类，研究非正式制度（关系）如何影响 IPO 定价；第四类，借鉴国外的行为金融理论，考察中国制度背景下投资者行为对 IPO 溢价（或 IPO 首日回报率) 的影响。

(一) 信息不对称理论与新股定价效率

这部分研究主要借鉴国外的信息不对称理论, 分析中国的中介机构在降低信息不对称和传递积极信号中的作用。早期的研究主要关注审计师和承销商的信号传递作用, 最近一些研究则较为关注风险投资的信号作用和媒体的信息中介作用。

1. 审计师的信号作用。

根据信息不对称理论, 高声誉的审计师能够向外部投资者传递高质量发行公司的信号, 从而降低 IPO 抑价。但是, 我国的一些研究发现, 价格管制和国有股权都会降低审计师声誉的发挥 (陈俊和陈汉文, 2011; 王成方和刘慧龙, 2014)。甚至, 胡丹和冯巧根 (2013) 基于询价制度市场化改革后 (2009 ~ 2011 年) 的数据发现, 高声誉的审计师反而提高了 IPO 抑价。

2. 承销商声誉的信号作用。

根据承销商声誉的信号传递假说, 高声誉的承销商能够向外部投资者传递高质量发行公司的信号, 从而降低 IPO 抑价。然而, 来自中国的证据发现, 承销商声誉对 IPO 定价没有显著影响, 并没有支持承销商的信号传递假说 (郭泓和赵震宇, 2006; 郭海星等, 2011)。并且, 邵新建等 (2013) 研究发现, 市场化定价阶段, 承销商声誉提高了而不是降低了 IPO 抑价。最近, 郑建明等 (2018) 研究发现, 外资参股承销商所承销 IPO 的抑价率显著小于境内承销商。

3. 风险投资的信号作用。

根据风险投资的信号假说, 风险投资能够传递发行公司质量的信号, 有助于降低 IPO 抑价。中国一些学者研究了风险投资的信号传递功能, 但是大部分研究没有发现风险投资降低 IPO 抑价的证据, 甚至发现风险投资提高了 IPO 抑价 (杨其静等, 2015; 陈工孟等, 2011; 蒋健等, 2011)。不过, 张学勇和廖理 (2011) 研究发现, 外资和混合型背景风险投资支持的公司 IPO 抑价率较低。

4. 媒体的信息发现和情绪传递功能。

媒体报道可能通过两个途径影响 IPO 首日回报率，一是媒体报道通过信息传递功能降低发行人和投资者的信息不对称，从而降低 IPO 抑价；二是媒体报道通过影响投资者情绪，影响新股二级市场的交易价格，从而提高 IPO 抑价。汪昌云等（2015）及汪昌云和武佳薇（2015）研究发现，媒体报道或媒体负面报道降低了 IPO 抑价，但是，黄俊和陈信元（2013）及权小锋等（2015）研究发现，媒体报道显著提高了短期的 IPO 抑价，但降低了 IPO 长期表现。熊艳等研究发现，媒体报道提高了一级市场定价效率（降低 IPO 抑价），但降低了二级市场定价效率（首日换手率）。

（二）政府管制与新股定价效率

定价管制对新股定价有直接影响。早期的研究均发现，政府的管制措施（主要是价格管制）提高了 IPO 首日回报率、降低了 IPO 定价效率（刘煜辉和熊鹏，2005；Cheung et al.，2009；Tian，2011），而放松定价管制能够降低 IPO 首日回报率、提高新股发行效率（刘志远等，2011；张峥和欧阳珊，2012；田利辉等，2013）。并且，定价市场化改革后，新股发行价与反映公司质量的财务特征变量的相关度增强（刘志远等，2011）。

但是，最近的研究表明，放开管制也会引发一些新的问题。俞红海等（2013）研究发现，询价制度改革后，由于制度安排不合理，使得参与询价的机构投资者之间过度竞争，导致 IPO 定价过高，并产生了 IPO "三高" 问题（高发行市盈率、高发行价、高超募）。并且，在承销商没有新股配售权且承销商的承销费与募集资金挂钩的制度安排下，承销商有较强的动机提高发行价，他们可能在最终定价阶段调高发行价，导致新股发行价格显著高于询价阶段的机构报价水平，新股定价过高（邵新建等，2013；宋顺林和唐斯圆，2016；宋顺林，2019）。

此外，现有研究还发现，对发行定价的管制还会导致新股的价值不确定性得不到有效释放，助长了投资者对新股的投机行为（宋顺林和唐斯圆，2017）。尤其是，在发行定价管制和首日交易价格双重管制的背景下，新股投机十分严重，表现为首日回报率超高、上市后短期内的换手率和波动率都显著较高（魏志华等，2019；宋顺林和唐斯圆，2019；唐斯圆和宋顺林，2020）。此外，新股投机导致的股价泡沫还会影响新股解禁时的市场反应，进而加剧市场波动风险（张劲帆等，2020）。

（三）关系文化与新股定价效率

中国是关系型社会，利益相关者的关系对新股定价有重要影响，在市场化定价的背景下尤其如此。新股定价过程中，不仅承销商的社会关系对定价有影响，发行人的社会关系，以及中介机构的社会关系，甚至投资者之间的社会关系都对定价有影响。

1. 承销商的政治联系或社会关系。

陈等（Chen et al.，2017）研究发现，有政治关联的承销商能够提高发审委的通过率，但是会损害公司的长期市场表现，对短期 IPO 抑价无影响。朗姆库等（Rumokoy et al.，2017）发现，处于网络中心的承销商能吸引更多机构投资者参与，并且倾向于抑价发行新股。该结果说明，网络中心代表的可能是承销商声誉，而非政治联系。邵新建等研究了承销商和其他承销商分析之间的关系如何影响新股定价。他们发现，与承销商关系密切的分析师通过选择发布高估式报告，能够有效煽动个体投资者的过度乐观情绪，使情绪泡沫影响新股价格。

2. 承销商和机构投资者之间的社会关系。

罗等（Luo et al.，2015）研究发现，与承销商关系密切的机构投资者更可能参与询价，并且报价更为乐观，提高了新股定价水平，表明承销商可能利用自己的关系网络提高新股发行价。同时，承销商可以将发行定价的敏感信息泄露给机构投资者，帮助他们重点参与收益率较高的新股发行项目（孙淑伟等，2015）。陈信元等（2016）则从更积极的角度解释承销商和机构投资者之间的关系，认为他们的社会联系具有互惠性，促进了公司 IPO 过程中的信息传递，机构投资者得以投资优质企业，承销商也因此获得高额承销收入。

3. 询价机构投资者之间的社会关系。

俞红海等（2013）研究发现，询价机构之间过度竞争导致发行价过高。而郑凯等（2017）研究发现，询价对象整体关联程度越高，IPO 定价越低，表明询价对象也可能利用自己的关系网络联合起来降低新股发行价。

4. 发行人的政治联系或社会关系。

弗兰西斯等（Francis et al.，2009）及李和周（Li and Zhou，2015）的研究均发现，发行人的政治联系（高管或其投资人的关系）有助于民营企业提高发行价格。但是，陈等（Chen et al.，2015）发现，国有企业比民营企业 IPO 抑价更高，尤其是中央控制的企业。该结果说明，国有企业的政治联系更可能是政府干预。而于富生和王成方（2012）研究发现，产权性质与 IPO 抑价之间的关系受定价管制影响。在定价管制下，国有股权较高的企业更可能通过政治联系突破定价管制的限制，以较高的价格发行。此外，孙等（Sun et al.，2018）研究了高管与保荐代表人社会关系的影响，实证结果表明，如果保荐代表人与 IPO 公司高管存在社会关系，那么该公司的抑价率显著更低，上市后 3 年内的市场业绩表现得更好。高管和承销商的关系似乎发挥了积极的鉴证作用。

5. 审计师的社会关系。

陈运森等（2014）发现，拥有审计师发审委社会关系与 IPO 短期抑价显著正相关，这是由于发审委关系欺骗了二级市场的投资者，导致新股上市后估值过高。而杜和赖（Du and Lai，2017）发现中介机构（审计师或律师）与发审委的关系与 IPO 抑价显著负相关。他们把这一结果解释为一级市场的投资者不认可发审委关系，认为这种关系是传递了公司质量的不良信号。

（四） 投资者行为与 IPO 定价效率

近年来，很多研究借鉴国外的行为金融理论解释中国超高的 IPO 溢价，本文按理论最早用于解释 IPO 现象的先后顺序进行介绍。

1. 投资者信念差异：投资者情绪或投机。

首先，一些研究基于意见分歧（diverge of opinion）理论，从投资者情绪或投机角度解释中国的IPO首日回报率。朱等（Zhu et al.，2015）、俞红海等（2015）及宋顺林和王彦超（2016）均发现，投资者情绪或投机对IPO首日回报率（或IPO溢价）有显著影响，并且新股价值不确定性越大，投资者情绪对IPO首日回报率的影响越强。不过，俞红海等及宋顺林和王彦超认为意见分歧代表的是公司价值的不确定性，而朱等（2015）认为意见分歧代表的是公司的信息环境。

其次，宋顺林和唐斯圆（2016）利用机构投资者报价的独特数据，研究了投资者情绪对一级市场新股定价的影响，研究发现，投资者情绪与IPO溢价和IPO首日回报率均显著正相关，与以往研究一致。但是，投资者情绪越高时，询价阶段的机构投资者报价越高，投资者情绪与IPO抑价显著负相关。这说明投资者情绪不仅能影响二级市场的定价，也能影响一级市场机构投资者的报价行为。

最后，最近一些研究借助中国特有的报价数据研究了询价过程中机构投资者意见分歧对新股定价的影响。李冬昕等（2014）研究发现，中国询价机构的报价存在较大差异性，表明机构报价过程中意见分歧较为严重。进一步研究表明，询价机构报价差异性越大、意见分歧越严重，一级市场IPO定价过高问题就越突出，但是机构报价差异性与IPO首日收益呈显著负相关，表明投资者意见分歧已通过询价机构报价的方式提前反映到IPO定价中。但是，曹等（Cao et al.，2015）以类似的样本发现了完全相反的结论，即机构投资者询价阶段报价的分歧越大，首日回报率越高，原因可能是意见分歧对新股上市后的价格影响更大。

2. 投资者偏好差异：博彩偏好。

最近一些研究利用博彩理论解释中国的IPO定价之谜。汤伟和徐立恒研究发现，博彩特征每增加一个标准差，首日涨幅显著提高5.5%。但从长期来看，博彩特征越强的公司，长期表现越差。王等（Wang et al.，2018）同时考虑了投资者的博彩特征（预期收益右偏分布）和损失规避（预期收益左偏分布），研究发现，预期收益左偏和右偏分布均能影响IPO首日回报率，甚至左偏分布的影响更大，说明损失规避行为对IPO定价有重要影响。

3. 有限理性：投资者注意力理论。

最近也有一些研究利用投资者注意力理论解释中国的 IPO 定价之谜。宋双杰等的研究发现，IPO 前个股网络搜索量对于市场热销程度、首日超额收益和长期表现有较好的解释力和预测力，它可以解释首日超额收益的 23%，长期累积收益率的 10% 以上。罗琦和伍敬侗（2017）发现，一级市场的投资者关注能够提高发行价，而二级市场的投资者关注能够提高首日交易价格。

除了借鉴国外的行为金融理论研究 IPO 定价问题外，最近有不少文献评估投资者行为在解释中国新股定价现象中的重要性。即使在成熟市场，新股首日价格都可能被高估（例如，Purnanandam and Swaminathan，2004；Ritter and Welch，2002）。在投机氛围浓厚、个人投资者占主导的中国市场，投资者行为的解释力理应更强。较早的研究已经意识到了行为解释对中国 IPO 首日回报率的重要性（例如，韩立岩和伍燕然，2007；江洪波，2007）。最近，一些研究采用随机前沿分析法，尝试评估中国的 IPO 首日回报率的构成到底是由一级市场发行价过低（IPO 抑价）还是二级市场定价过高所致（IPO 溢价）。他们的研究一致表明，在中国，IPO 溢价占 IPO 首日回报率的主要部分（例如，刘煜辉和沈可挺，2011；邹高峰等，2012；黄顺武等，2017）。宋等（Song et al.，2014）则利用可比公司法和分析师预测价格度量的内在价值，同样发现，中国的 IPO 首日回报率中 IPO 溢价占主要部分。具体而言，样本期间，首日回报率为 66% 时，IPO 抑价和 IPO 溢价各占 14% ~22% 和 44% ~53%。上述结果表明，要解释中国超高的 IPO 首日回报率，更需要从基于不完全理性的投资者行为理论入手。

尽管行为理论对于解释中国的 IPO 首日回报率之谜非常重要，但很少有研究探究如何约束投资者的非理性行为。一个例外是，宋顺林和肖土盛（2014）的研究发现，新股上市后的价格往往远远高于分析师对新股的预测价格，以分析师预测价格法估计的 IPO 溢价越高，IPO 后长期市场表现更差，意味着投资者并没有听从分析师的估值建议，没有证据表明分析师的定价预测能够限制投资者的非理性情绪。

（五）现有文献的不足

通过上述文献梳理，我们发现，关于投资者行为和政府管制对 IPO 首日回报率的影响，现有研究的结论较为一致。相对而言，关于承销商、风险投资和新闻媒体等中介机构在 IPO 定价中的作用，大多并未取得一致结论。关于社会关系在 IPO 定价中的作用，部分研究也未取得一致结论。原因可能是研究中介机构在 IPO 抑价中的作用时，需要准确界定 IPO 抑价的概念、精确度量 IPO 抑价以及考虑中国的制度背景，而部分现有研究在这些方面还有不足，具体讨论如下。

1. 重要概念界定模糊的问题。

国外文献通常以 IPO 首日回报率度量 IPO 抑价，并且经常在论文中交替使用这两个概念，国内文献也基本沿袭了这个做法。但是，IPO 首日回报率与 IPO 抑价两者在内涵上是有很大不同的。IPO 首日回报率是新股上市首日的收益率，而 IPO 抑价顾名思义是指发行人或承销商有意抑制发行价，使新股发行价低于新股的内在价值。很显然，两者等价的前提是新股首日的交易价格等于新股的内在价值。在美国，二级市场投资者较为理性，将 IPO 抑价等同于 IPO 首日回报率相对合理。但是，在中国，新股首日的价格往往大幅高于公司的内在价值，再将 IPO 首日回报率等同于 IPO 抑价就不再合理。在中国，IPO 首日回报率可以分解为两部分，IPO 抑价和 IPO 溢价，IPO 抑价是指一级市场发行价格低于公司合理价格的部分，而 IPO 溢价是指二级市场首日收盘价高于公司合理价格的部分。

由于很多变量同时影响新股发行价和新股上市后的股价，区分 IPO 首日回报率和 IPO 抑价的差异将有助于更好地研究和解释中国的 IPO 定价问题。通过引用文献中的三个实例来进行阐述。第一，一些文章发现，信息不对称与 IPO 首日回报率显著正相关，一种可能是信息不对称导致公司抑价发行；另一种可能是信息不对称高意味着更高的价值不确定，进而导致新股上市后的价格更高。第二，政治联系与 IPO 首日回报率显著正相关，一种可能是政治联系意味着风险，导致公司抑价发行；另一种可能是有政治联系的公司更容易受二级市场追捧，导致新股上市后股价更高。第三，研究媒体报道对 IPO 首日回报率的影响时，由于媒体报道影响 IPO 抑价和 IPO 溢价的逻辑和方向都不同，如果不区分 IPO 抑价或 IPO 溢价，就难以厘清媒体报道对首日回报率的影响逻辑，也不能正确评估媒体关注对新股发行价的影响。

2. 关键变量度量不准的问题。

上述讨论已经说明，在中国，IPO 抑价并不能等同于 IPO 首日回报率。如何解决 IPO 抑价度量不准的问题？根据本文的梳理，现有文献有三种解决方案：第一，可比公司法。此方法用已上市的可比公司的市盈率估计新股的合理价格，根据估计出的合理价格计算出 IPO 抑价。第二，分析师预测法。此方法以分析师对新股的预测价格度量合理价格计算 IPO 抑价（Purnanandam and Swaminathan，2004）。第三，随机前沿法。此方法利用随机前沿方法估计出最大可能的发行价，以实际发行价和估计的最大可能发行价差额度量 IPO 抑价（例如，刘煜辉和沈可挺，2011；邹高峰等，2012；黄顺武等，2017）。这三种方法各有优势点，可比公司法、随机前沿法和分析师预测法三种方法的缺点分别是不能找到合适的可比公司、不能确定哪些变量该进入模型作为自变量以及分析师的利益冲突。宋等（2014）认为，分析师预测法优于可比公司法，因为分析师不仅考虑了可比公司的估值，还参考了个股的具体信息。他们的研究发现，以分析师预测法估计的 IPO 溢价比以可比公司法估计的 IPO 溢价更能预测新股上市后的市场表现。并且，分析师预测法较为简单，容易执行。此外，文献中也有使用其他方法处理 IPO 抑价度量不准的问题：第一，用绝对估值模型估计公司的内在价值（郭海星等，2011），进而估计出 IPO 抑价，其缺点是绝对估值模型没有考虑到当时的市场形势。第二，加入影响 IPO 溢价的变量（如投资者情绪）作为控制变量，其缺点是模型可能存在遗漏变量问题。第三，用发行市盈率度量新股发行价格的高低（李冬昕等，2014），其缺点是不同公司的发行市盈率不具可比性。

3. 制度背景考虑不足的问题。

中国新股发行定价方面的管制较多，且相关制度变化较频繁，研究 IPO 定价问题时，如果对这些制度考虑不足，可能导致理论分析的逻辑不适用或研究设计不准确。例如，如果发行价格受到严格管制，用信息不对称理论解释IPO首日回报率就不合适，且以IPO首日回报率度量IPO抑价也不准确。此外，发行价格受到管制时，承销商声誉的信号作用也较难检验；并且，定价管制放开后新股的发行价普遍较高，承销商声誉的主要作用体现在降低新股发行价上，而不是传递信号。最后，定价管制放开后，发行价不完全由询价结果决定，承销商和发行人有一定的自主定价权，发行人和承销商可能基于某些动机拔高发行价（例如，邵新建等，2013；宋顺林和唐斯圆，2016）。因而，计算IPO抑价时使用投资者的申购报价优于发行价。鉴于上述提到的问题，在研究IPO定价相关问题的时候，无论是理论分析还是研究设计，都需要充分考虑与中国发行定价相关的制度背景。

五、结论及未来研究展望

本文评述了国外新股定价理论和中国新股定价的新近文献。主要观点总结如下：第一，基于美国市场的定价理论研究中国新股定价问题时，其重要性排序有所不同。虽然信息不对称理论对美国公司的IPO首日回报率有最强的解释力，但在定价管制成为常态的中国，该理论的重要性有所减弱。现有文献发现，在中国的制度背景下，定价管制、关系文化和投资者行为等理论更能解释中国公司的新股定价现象。值得注意的是，随着注册制改革的推进，制度环境的变化需要重新审视各个理论的解释力。第二，现有文献还存在一些不足和改进空间。虽然已有一些文献指出IPO首日回报率包含IPO抑价和IPO溢价两部分，并证明IPO溢价在IPO首日回报率中有主导作用，但很多文献通常并不区分IPO首日回报率和IPO抑价两个概念，并且仍习惯以IPO首日回报率度量IPO抑价，导致研究结论不可靠或对结论的解释不甚合理。并且，中国新股发行定价方面的管制较多、相关制度变化较频繁，一些研究对这些独特制度考虑不足，导致理论分析的逻辑不适用或研究设计不准确。

基于对现有理论和文献的梳理和思考，本文最后对未来研究作些展望。鉴于注册制改革对于当前资本市场发展的重要性，我们重点讨论与注册制相关的IPO定价新问题、新场景、新数据和新视角。具体如下：第一，注册制试点出现了很多新股定价的新问题。例如，科创板创新性地推出了跟投制度（券商跟投和员工跟投），这些制度将如何影响新股定价；科创板放松了对企业盈利的要求，允许一些未盈利的企业上市，这些企业的价值评估不能遵循传统的估值方式，将如何影响新股的定价。第二，分步实施的注册制，导致不同板块间新股定价制度存在较大差异，为检验新股定价问题提供了新的场景。例如，一级市场定价市场化改革如何影响新股定价、二级市场交易制度改革如何影响投资者"炒新"等问题。第三，科创板、创业板相继实施注册制提供了很多独特的数据。如机构询价和配售数据、新股的融资融券数据。这些新的数据可以用来研究券商和机构在新股定价中的行为以及卖空对新股二级市场定价的影响。第四，本文主要聚焦于从"IPO 定价的影响因素"的角度评述相关理论和文献。但是，理解 IPO 定价的经济后果也非常重要，目前这方面的研究还比较少，仅有少量文献研究了 IPO 定价制度对企业其他决策的影响（如上市决策、公司治理和盈余管理）（王冰辉，2013；Chen et al.，2018；He et al.，2019）。从新的视角研究 IPO 定价问题，值得未来研究关注。最后，中国的投资者结构不合理、关系文化盛行，这些制度背景如何影响市场化定价下的效率和公平，仍是注册制改革后面临的重要议题。值得指出的是，新股一级市场和二级市场的定价不是割裂存在的，投资者结构不仅影响新股二级市场的定价，还会影响新股一级市场的定价。研究新股定价需要考虑一级市场与二级市场的联动，这方面的研究目前十分稀缺。

参考文献

［1］曹凤岐：《从审核制到注册制：新〈证券法〉的核心与进步》，载《金融论坛》2020 年第 4 期。

［2］陈工孟、俞欣、寇祥河：《风险投资参与对中资企业首次公开发行折价的影响——不同证券市场的比较》，载《经济研究》2011 年第 5 期。

［3］陈见丽：《基于注册制视角的上市公司退市制度改革研究》，载《学术交流》2019 年第 3 期。

［4］陈俊、陈汉文：《IPO 价格上限管制的激励效应与中介机构的声誉价

值——来自中国新股发行市场化改革初期的经验证据（2001—2004）》，载《会计研究》2011 年第 12 期。

［5］陈信元、颜恩点、黄俊：《关系网络、信息传递与 IPO 利益联盟——基于承销商和机构投资者的实证研究》，载《中国会计评论》2016 年第 2 期。

［6］陈运森、郑登津、李路：《民营企业发审委社会关系、IPO 资格与上市后表现》，载《会计研究》2014 年第 2 期。

［7］郭海星、万迪昉、吴祖光：《承销商值得信任吗——来自创业板的证据》，载《南开管理评论》2011 年第 3 期。

［8］郭泓、赵震宇：《承销商声誉对 IPO 公司定价、初始和长期回报影响实证研究》，载《管理世界》2006 年第 3 期。

［9］韩立岩、伍燕然：《投资者情绪与 IPOs 之谜——抑价或者溢价》，载《管理世界》2007 年第 3 期。

［10］胡丹、冯巧根：《信息环境、审计质量与 IPO 抑价——以 A 股市场 2009－2011 年上市的公司为例》，载《会计研究》2013 年第 2 期。

［11］黄俊、陈信元：《媒体报道与 IPO 抑价——来自创业板的经验证据》，载《管理科学学报》2013 年第 2 期。

［12］黄顺武、贾捷、汪文隽：《基于双边随机边界模型的 IPO 抑价分解研究——来自中国创业板的证据》，载《中国管理科学》2017 年第 2 期。

［13］江洪波：《基于非有效市场的 A 股 IPO 价格行为分析》，载《金融研究》2007 年第 8 期。

［14］蒋健、刘智毅、姚长辉：《IPO 初始回报与创业投资参与——来自中小企业板的实证研究》，载《经济科学》2011 年第 1 期。

［15］李冬昕、李心丹、俞红海，等：《询价机构报价中的意见分歧与 IPO 定价机制研究》，载《经济研究》2014 年第 7 期。

［16］刘煜辉、沈可挺：《是一级市场抑价，还是二级市场溢价——关于我国新股高抑价的一种检验和一个解释》，载《金融研究》2011 年第 11 期。

［17］刘煜辉、熊鹏：《股权分置、政府管制和中国 IPO 抑价》，载《经济研究》2005 年第 5 期。

［18］刘志远、郑凯、何亚南：《询价制度第一阶段改革有效吗》，载《金融研究》2011 年第 4 期。

［19］罗琦、伍敬侗：《投资者关注与 IPO 首日超额收益——基于双边随机前沿分析的新视角》，载《管理科学学报》2017 年第 9 期。

［20］权小锋、尹洪英、吴红军：《媒体报道对 IPO 股价表现的非对称影响研究——来自创业板上市公司的经验证据》，载《会计研究》2015 年第 6 期。

［21］邵新建、洪俊杰、廖静池：《中国新股发行中分析师合谋高估及其福利影响》，载《经济研究》2018 年第 6 期。

［22］邵新建、薛熠、江萍，等：《投资者情绪、承销商定价与 IPO 新股回报率》，载《金融研究》2013 年第 4 期。

［23］宋双杰、曹晖、杨坤：《投资者关注与 IPO 异象——来自网络搜索量的经验证据》，载《经济研究》2011 年第 S1 期。

［24］宋顺林、唐斯圆：《IPO 定价管制、价值不确定性与投资者"炒新"》，载《会计研究》2017 年第 1 期。

［25］宋顺林、唐斯圆：《首日价格管制与新股投机：抑制还是助长?》，载《管理世界》2019 年第 1 期。

［26］宋顺林、唐斯圆：《投资者情绪、承销商行为与 IPO 定价——基于网下机构询价数据的实证分析》，载《会计研究》2016 年第 2 期。

［27］宋顺林、王彦超：《投资者情绪如何影响股票定价? ——基于 IPO 公司的实证研究》，载《管理科学学报》2016 年第 5 期。

［28］宋顺林、肖土盛：《投资者该听从分析师的意见吗——基于新股定位的经验证据》，载《中国会计评论》2014 年第 Z1 期。

［29］宋顺林、易阳、谭劲松：《AH 股溢价合理吗——市场情绪、个股投机性与 AH 股溢价》，载《南开管理评论》2015 年第 2 期。

［30］宋顺林：《平衡的艺术：承销商定高价行为的理论解释和实证检验》，载《中国会计评论》2019 年第 2 期。

［31］孙淑伟、肖土盛、付宇翔，等：《IPO 配售中的利益联盟——基于基金公司与保荐机构的证据》，载《财经研究》2015 年第 5 期。

［32］汤伟、徐立恒：《股票还是彩票：博彩偏好与 IPO 之谜》，载《投资研究》2016 年第 4 期。

［33］唐斯圆、宋顺林：《首日涨停板制度与 IPO 解禁效应——基于投机泡沫视角的分析》，载《金融研究》2020 年第 4 期。

［34］田利辉、张伟、王冠英：《新股发行：渐进式市场化改革是否可行》，载《南开管理评论》2013 年第 2 期。

［35］汪昌云、武佳薇、孙艳梅，等：《公司的媒体信息管理行为与 IPO 定价效率》，载《管理世界》2015 年第 1 期。

［36］汪昌云、武佳薇：《媒体语气、投资者情绪与 IPO 定价》，载《金融研究》2015 年第 9 期。

［37］王冰辉：《价格管制与 IPO 时机选择》，载《经济学（季刊）》2013 年第 2 期。

［38］王成方、刘慧龙：《国有股权与公司 IPO 中的审计师选择行为及动机》，载《会计研究》2014 年第 6 期。

［39］魏志华、曾爱民、吴育辉，等：《IPO 首日限价政策能否抑制投资者"炒新"》，载《管理世界》2019 年第 1 期。

［40］熊艳、李常青、魏志华：《媒体报道与 IPO 定价效率：基于信息不对称与行为金融视角》，载《世界经济》2014 年第 5 期。

［41］杨其静、程商政、朱玉：《VC 真在努力甄选和培育优质创业型企业吗？——基于深圳创业板上市公司的研究》，载《金融研究》2015 年第 4 期。

［42］于富生、王成方：《国有股权与 IPO 抑价——政府定价管制视角》，载《金融研究》2012 年第 9 期。

［43］俞红海、李心丹、耿子扬：《投资者情绪、意见分歧与中国股市 IPO 之谜》，载《管理科学学报》2015 年第 3 期。

［44］俞红海、刘烨、李心丹：《询价制度改革与中国股市 IPO "三高"问题——基于网下机构投资者报价视角的研究》，载《金融研究》2013 年第 10 期。

［45］张劲帆、李丹丹、杜涣程：《IPO 限价发行与新股二级市场价格泡

沫——论股票市场"弹簧效应"》，载《金融研究》2020 年第 1 期。

[46] 张学勇、廖理：《风险投资背景与公司 IPO：市场表现与内在机理》，载《经济研究》2011 年第 6 期。

[47] 张峥、欧阳珊：《发行定价制度与 IPO 折价》，载《经济科学》2012 年第 1 期。

[48] 郑建明、白霄、赵文耀：《"制度绑定"还是"技术溢出"？——外资参股承销商与 IPO 定价效率》，载《会计研究》2018 年第 6 期。

[49] 郑凯、阮永平、何雨晴：《询价对象间关系网络的 IPO 定价后果研究》，载《管理科学学报》2017 年第 7 期。

[50] 邹高峰、张维、徐晓婉：《中国 IPO 抑价的构成及影响因素研究》，载《管理科学学报》2012 年第 4 期。

[51] Allen F, Faulhaber G R, Signaling by Underpricing in the IPO Market. Journal of Financial Economics, Vol. 23, No. 2, 1989, pp. 303 – 323.

[52] Barberis N, Huang M, Stocks as Lotteries：The Implications of Probability Weighting for Security Prices. The American Economic Review, Vol. 98, No. 5, 2008, pp. 2066 – 2100.

[53] Baron D P, A Model of the Demand for Investment Banking Advisement and Distribution Services for New Issues. Journal of Finance, Vol. 37, No. 4, 1982, pp. 955 – 976.

[54] Beatty R P, Ritter J R, Investment Banking, Reputation, and the Underpricing of Initial Public Offerings. Journal of Financial Economics, Vol. 15, No. 1, 1986, pp. 213 – 232.

[55] Benveniste L M, Spindt P A, How Investment Bankers Determine the Offer Price and Allocation of New Issues. Journal of Financial Economics, Vol. 24, No. 2, 1989, pp. 343 – 361.

[56] Booth J R, Smith R L, Capital Raising, Underwriting and the Certification Hypothesis. Journal of Financial Economics, Vol. 15, No. 1 – 2, 1986, pp. 261 – 281.

[57] Bradley D J, Jordan B D, Yi H C, Roten I C, Venture Capital and

IPO Lockup Expiration: An Empirical Analysis. Journal of Financial Research, Vol. 24, No. 4, 2001, pp. 465 – 493.

[58] Brennan M J, Franks J, Underpricing, Ownership and Control in Initial Public Offerings of Equity Securities in the UK. Journal of Financial Economics, Vol. 45, No. 3, 1997, pp. 391 – 413.

[59] Cao J, Leng T, Liu B, Megginson W, Institutional Bidding in IPO Allocation: Evidence from China. Working Paper, 2015.

[60] Carter R, Manaster S, Initial Public Offerings and Underwriter Reputation. The Journal of Finance, Vol. 45, No. 4, 1990, pp. 1045 – 1067.

[61] Chemmanur T J, The Pricing of Initial Public Offerings: A Dynamic Model with Information Production. The Journal of Finance, Vol. 48, No. 1, 1993, pp. 285 – 304.

[62] Chen D, Guan Y, Zhang T, Zhao G, Political Connection of Financial Intermediaries: Evidence from China's IPO Market. Journal of Banking & Finance, Vol. 76, 2017, pp. 15 – 31.

[63] Chen J, Ke B, Wu D, Yang Z, The Consequences of Shifting the IPO Offer Pricing Power from Securities Regulators to Market Participants in Weak Institutional Environments: Evidence from China. Journal of Corporate Finance, Vol. 50, 2018, pp. 349 – 370.

[64] Chen Y, Wang S S, Li W, Sun Q, Tong, H S, Institutional Environment, Firm Ownership, and IPO First-day Returns: Evidence from China. Journal of Corporate Finance, Vol. 32, 2015, pp. 150 – 168.

[65] Cheung Y, Ouyang Z, Tan W, How Regulatory Changes Affect IPO Underpricing in China. China Economic Review, 2009 (4), pp. 692 – 702.

[66] Cornelli F, Goldreich D, Ljungqvist A, Investor Sentiment and Pre – IPO Markets. The Journal of Finance, Vol. 61, No. 3, 2006, pp. 1187 – 1216.

[67] Da Z, Engelberg J, Gao P, In Search of Attention. The Journal of Finance, Vol. 66, No. 5, 2011, pp. 1461 – 1499.

[68] Demers E, Lewellen K, The Marketing Role of IPOs: Evidence from

Internet Stocks. Journal of Financial Economics, Vol. 68, No. 3, 2003, pp. 413 – 437.

[69] Derrien F, IPO Pricing in "Hot" Market Conditions: Who Leaves Money on the Table? The Journal of Finance, Vol. 60, No. 1, 2005, pp. 487 – 521.

[70] Dorn D, Does Sentiment Drive the Retail Demand for IPOs? Journal of Financial and Quantitative Analysis, Vol. 44, No. 1, 2009, pp. 85 – 108.

[71] Du X, Lai S, Issuance Examination Committee Connections and IPO Underpricing: Evidence from China. China Accounting and Finance Review, Vol. 19, No. 3, 2017, pp. 1 – 41.

[72] Francis B B, Hasan I, Sun X, Political Connections and the Process of Going Public: Evidence from China. Journal of International Money and Finance, Vol. 28, No. 4, 2009, pp. 696 – 719.

[73] Green C, Hwang B, Initial Public Offerings as Lotteries: Skewness Preference and First-day Return. Management Science, Vol. 58, No. 2, 2012, pp. 432 – 444.

[74] Habib M A, Ljungqvist A P, Underpricing and Entrepreneurial Wealth Losses in IPOs: Theory and Evidence. The Review of Financial Studies, Vol. 14, No. 2, 2001, pp. 433 – 458.

[75] Hanley K W, The Underpricing of Initial Public Offerings and the Partial Adjustment Phenomenon. Journal of Financial Economics, Vol. 34, No. 2, 1993, pp. 231 – 250.

[76] He P, Ma L, Wang K, Xiao X, IPO Pricing Deregulation and Corporate Governance: Theory and Evidence from Chinese Public Firms. Journal of Banking & Finance, Vol. 107, 2019, pp. 105 – 126.

[77] Hughes P J, Thakor A V, Litigation Risk, Intermediation, and the Underpricing of Initial Public Offerings. Review of Financial Studies, Vol. 5, No. 4, 1992, pp. 709 – 742.

[78] Ibbotson R G, Price Performance of Common Stock New Issues. Journal

of Financial Economics, Vol. 2, No. 3, 1975, pp. 235 – 272.

[79] Kahneman D, Tversky A, Prospect Theory: An Analysis of Decision under Risk. Econometrica: Journal of the Econometric Society, Vol. 47, No. 9, 1979, pp. 263 – 291.

[80] Li G, Zhou H, Political Connections and Access to IPO Markets in China. China Economic Review, Vol. 33, 2015, pp. 76 – 93.

[81] Ljungqvist A, Nanda V, Singh R, Hot Markets, Investor Sentiment, and IPO Pricing. The Journal of Business, Vol. 79, No. 4, 2006, pp. 1667 – 1702.

[82] Logue D E, On the Pricing of Unseasoned Equity Issues: 1965 – 1969. Journal of Financial and Quantitative Analysis, Vol. 8, No. 1, 1973, pp. 91 – 103.

[83] Loughran T, Ritter J R, Why Don't Issuers Get Upset About Leaving Money on the Table in IPOs? Review of Financial Studies, Vol. 15, No. 2, 2002, pp. 413 – 444.

[84] Luo W, Yue H, Zhang L, Friends Can Help: The Effects of Relationships in the Chinese Book – Building Process. Working Paper, 2015.

[85] Miller E M, Risk, Uncertainty, and Divergence of Opinion. The Journal of Finance, Vol. 32, No. 4, 1977, pp. 1151 – 1168.

[86] Purnanandam A K, Swaminathan B, Are IPOs Really Underpriced? The Review of Financial Studies, Vol. 17, No. 3, 2004, pp. 811 – 848.

[87] Ritter J R, Welch I, A Review of IPO Activity, Pricing, and Allocations. The Journal of Finance, Vol. 57, No. 4, 2002, pp. 1795 – 1828.

[88] Rock K, Why New Issues are Underpriced. Journal of Financial Economics, Vol. 15, No. 1, 1986, pp. 187 – 212.

[89] Rumokoy L J, Neupane S, Chung R Y, Vithanagea K, Underwriter Network Structure and Political Connections in the Chinese IPO Market. Pacific – Basin Finance Journal, Vol. 54, 2019, pp. 199 – 214.

[90] Ruud J S, Underwriter Price Support and the IPO Underpricing Puz-

zle. Journal of Financial Economics, Vol. 34, No. 2, 1993, pp. 135 – 151.

[91] Scheinkman J A, Xiong W, Overconfidence and Speculative Bubbles. Journal of Political Economy, Vol. 111, No. 6, 2003, pp. 1183 – 1220.

[92] Sherman A E, Global Trends in IPO Methods: Book Building versus Auctions with Endogenous Entry. Journal of Financial Economics, Vol. 78, No. 3, 2005, pp. 615 – 649.

[93] Song S, Tan J, Yi Y, IPO initial Returns in China: Underpricing or Overvaluation? China Journal of Accounting Research, Vol. 7, No. 1, 2014, pp. 31 – 49.

[94] Stoll H R, Curley A J, Small Business and the New Issues Market for Equities. Journal of Financial and Quantitative Analysis, Vol. 5, No. 3, 1970, pp. 309 – 322.

[95] Stoughton N M, Zechner J, IPO – mechanisms, Monitoring and Ownership Structure. Journal of Financial Economics, Vol. 49, No. 1, 1998, pp. 45 – 77.

[96] Sun S, He X, Hu X, Social Connections between Investment Bankers and Issuer Executives, IPO Underpricing, and Post – IPO Performance: Evidence from China. China Accounting and Finance Review, Vol. 20, No. 2, 2018, pp. 1 – 37.

[97] Tian L, Regulatory Underpricing: Determinants of Chinese Extreme IPO Returns. Journal of Empirical Finance, Vol. 18, No. 1, 2011, pp. 78 – 90.

[98] Tinic S M, Anatomy of Initial Public Offerings of Common Stock. The Journal of Finance, Vol. 43, No. 4, 1988, pp. 789 – 822.

[99] Titman S, Trueman B, Information Quality and the Valuation of New Issues. Journal of Accounting and Economics, Vol. 8, No. 2, 1986, pp. 159 – 172.

[100] Wang Z, Su B, Coakley J, Shen Z, Prospect Theory and IPO Returns in China. Journal of Corporate Finance, Vol. 48, 2018, pp. 726 – 751.

[101] Welch I, Seasoned Offerings, Imitation Costs, and the Underpricing

of Initial Public Offerings. The Journal of Finance, Vol. 44, No. 2, 1989, pp. 421 – 449.

[102] Wong T J, Corporate Governance Research on Listed Firms in China: Institutions, Governance and Accountability. Foundations and Trends in Accounting, Vol. 9, No. 4, 2016, pp. 259 – 326.

[103] Zhu H, Zhang C, Li H, Chen S, Information Environment, Market-wide Sentiment and IPO Initial Returns: Evidence from Analyst Forecasts before Listing. China Journal of Accounting Research, Vol. 8, No. 3, 2015, pp. 193 – 211.

[104] Zhang Y, Wang T, Liu H, Social Trust and IPO Underpricing. Journal of Corporate Finance, Vol. 60, 2020, pp. 101 – 118.

中　篇

IPO 首日回报率：构成与成因

中国的 IPO 首日回报率：
抑价还是溢价？[*]

摘要： 本文区分 IPO 首日回报率中的抑价和溢价，以评估两者的相对重要性并检验两者的成因。以 2006 ~ 2011 年 948 家中国 IPO 公司为样本，研究发现：（1）IPO 的首日回报率高达 66% ；其中，IPO 抑价为 14% ~ 22% ，IPO 溢价为 44% ~ 53% ，取决于不同的估计方法。（2）IPO 首日回报率和 IPO 溢价均与上市后长期市场表现显著负相关，但溢价比首日回报率更能预测上市后的市场表现。（3）公司价值不确定性对抑价和溢价均有正向影响，承销商声誉和发行价格管制均对抑价有正向影响，投资者情绪对溢价有正向影响、对抑价无影响或有负向影响。这些结果表明，首日定价过高是中国首日回报率较高的主要原因，抑价和溢价的决定因素显著不同。

一、引　　言

2007 年 11 月 5 日，在 A 股市场最为火爆的时候，亚洲最赚钱的公司中国石油正式回归 A 股。中国石油上市首日回报率高达 163% ，使之一跃成为当时全球市值最大的公司。然而，上市后股价一路下滑，三年跌幅达 76% ，无数股东损失惨重。在中国，中国石油并非个案，而是反映了股票市场的一

---

* 论文原文信息：Song S, Tan J, Yi Y. IPO Initial Returns in China: Underpricing or Overvaluation? China Journal of Accounting Research, Vol. 7, No. 1, 2014, pp. 31 – 49. 论文讨论了 IPO 首日回报率和 IPO 抑价的区别，将 IPO 首日回报率分为 IPO 抑价和 IPO 溢价两部分，并尝试量化两者的占比，为后续的新股定价研究提供了重要参考。

种普遍现象：IPO 首日回报率超高，但上市后长期市场表现不佳。理论上，造成首日回报率较高的原因不外乎两种情况：一是新股发行价过低，即存在一级市场发行抑价；二是首日收盘价过高，即存在二级市场对新股定价溢价（韩立岩、伍燕然，2007）。

中国股票市场超高的 IPO 首日回报率究竟主要源于抑价还是溢价呢？这一问题的答案不仅对 IPO 定价的文献至关重要，而且事关 IPO 定价改革的路径选择（刘煜辉、沈可挺，2011）。遗憾的是，媒体在讨论中国超高的首日回报率时，很少区分 IPO 首日回报率和 IPO 抑价两个概念。并且，现有文献通常用 IPO 首日回报率衡量 IPO 抑价，并没有试图区分 IPO 抑价和 IPO 溢价（例如，王兵、辛清泉和杨德明，2009；张学勇和廖理，2011）。事实上，在中国股票市场的制度环境中，首日收盘价可能严重被高估，IPO 首日回报率和 IPO 抑价可能完全是两码事。如果不区分首日回报率中的抑价和溢价，将导致一方面无法准确解释首日回报率较高的真正原因，另一方面也无法评估抑价和溢价的相对重要性，以及分析造成抑价和溢价的具体成因，从而难以提出针对性的建议。

鉴于此，本文在澄清 IPO 首日回报率和 IPO 抑价两个概念差异的基础上，区分 IPO 首日回报率中包含的抑价和溢价，以评估两者的相对重要性并检验两者的成因。估计公司内在价值是区分抑价和溢价的关键。我们利用分析师预测法（以分析师预测价格度量内在价值）和配对公司法（根据配对公司市盈率估计内在价值）估计公司的内在价值，并比较两种方法的优劣。

以 2006～2011 年 948 家中国 IPO 公司为样本，研究发现：（1）样本期间，当以分析师预测价格度量内在价值时，IPO 抑价部分约为 22.2%，而 IPO 溢价部分约为 44.1%，溢价是抑价的将近 2 倍；当以配对公司法估计内在价值时，抑价部分约为 13.6%，溢价部分约为 52.7%，溢价是抑价的 3 倍多；两种方法估计的结果一致表明，IPO 溢价是 IPO 首日回报率的主要部分。（2）首日回报率和溢价均与上市后长期市场表现显著负相关；从首日回报率和溢价的回归系数来看，以分析师预测法分离出的溢价比首日回报率更能预测上市后的长期市场表现，说明分离出溢价具有增量信息；分析师预测法比配对公司法分离出的溢价更能预测上市后的长期市场表现，说明分析师预测法比配对公司法更能准确估计溢价。（3）公司价值不确定性、投资者情绪、发行价格控制均与首日回报率显著正相关；公司价值不确定性与溢价、抑价均显著正相关，发行价格控制、承销商声誉与抑价显著正相关；投资者情绪与溢价显著正相关、与抑价不相关或显著负相关；当公司价值不确定性较高时，投资者情绪对溢价的影响更大。

上述发现有两个贡献。第一，以往研究暗示 IPO 首日回报率包含抑价和溢价两部分（例如，江洪波，2007；韩立岩和伍燕然，2007；王兵、辛清泉和杨德明，2009；张学勇和廖理，2011），而本文发现溢价才是 IPO 首日回报率的主要部分，这不仅对 IPO 定价相关研究有所启示，即抑价和溢价哪个更值得关注，而且对发行定价制度改革的路径选择有重要启示，即到底是控制发行价过低重要还是控制二级市场定价过高重要。此外，区分两者也将有助于监管层从抑价和溢价两方面更全面地评估 IPO 定价改革的效果。第二，我们在区分溢价和抑价的基础上检验了两者的成因，这将有助于进一步理解首日回报率的成因，并且可以为未来研究更好地检验抑价和溢价的成因提供参考。

下文安排如下：第二部分介绍中国 IPO 相关制度背景，第三部分进行理论分析，第四部分为研究设计，第五部分报告实证结果，最后是总结。

二、制 度 背 景

IPO 中，上市公司、承销商和投资者的行为受其所处的制度环境和制度安排影响。因此，在分析 IPO 首日回报率的构成及其影响因素之前，我们有必要简要介绍中国 IPO 的相关制度环境和制度安排。

（一）IPO 制度环境

IPO 首日回报率可以主要从理性和非理性两个角度解释，而中国股票市场的有效程度较低、发行市场不是竞争市场，非理性解释可能更适合（韩立岩、伍燕然，2007）。首先，中国股票市场的有效程度较低。美国股票市场的有效性已经得到公认，而中国学者普遍认为中国股票市场尚未达到半强式有效。例如，鲁臻、邹恒甫（2007）以及许年行等（2011）的大量研究都发现了与半强式有效相违背的证据。中国股票市场发展时间较短，市场的主要参与者是个人投资者（散户），股票市场投机气氛较重，投资者偏爱技术分析，价值投资理念尚不普遍（苏冬蔚，2008；田利辉，2010）。这些因素都可能导致二级市场价格容易受投资者情绪和投机行为影响。其次，中国 IPO 发行市场不是竞争市场。国外 IPO 发行市场满足竞争市场的前提，承销商或上市公司为避免发行失败，有降低发行价格吸引投资者的动机。而中国投资者认购踊跃，新股中签率极低，IPO 鲜有发行失败的例子。[1] 由于发行风险低，相对于国外，中国券商和上市公司抑价发行的动机较低，导致抑价的理性解释相对不那么重要。

（二）IPO 制度安排

中国 IPO 在诸多方面都受到政府管制，政府管制的变化构成了新股发行制度变迁历程。政府主要在发行资格和发行价格两方面进行控制。首先，发行审批制度方面，从 2001 年开始，中国就实行了核准制[2]，对发行人是否符合发行条件进行实质审核。与核准制配套的是 2004 年开始实施的保荐制[3]，由保荐机构进行尽职调查，核实公司发行文件资料的真实性、准确性和完整性。其次，定价制度方面，从 2005 年开始，中国实施了询价制[4]，股票价格

---

[1] 2011 年 6 月，八菱科技因参与询价机构不足法定 20 家，被迫中止发行，成为我国新股发行失败第一例（2011 年 11 月八菱科技 IPO 成功）。直到 2012 年 1 月，才出现第二例新股发行失败的例子——朗玛信息（2012 年 2 月朗玛信息 IPO 成功）。由此可见，在我国，新股发行失败实属罕见。

[2] 核准制是指发行人在发行股票时，不仅要充分公开企业的真实状况，而且还必须符合有关法律和证券管理机关规定的必备条件，对发行人是否符合发行条件进行实质审核。形式审核（注册制）与实质审核（核准制）的区分在于审核机关是否对公司的价值作出判断。

[3] 保荐制全称为证券上市保荐制度，是指由保荐机构及其保荐代表负责发行人证券发行上市的推荐和辅导，经尽职调查核实公司发行文件资料的真实性、准确性和完整性，协助发行人建立严格的信息披露制度。

[4] 询价分为初步询价和累计投标询价。发行人及其主承销商应当通过初步询价确定发行价格区间，在发行价格区间内通过累计投标询价确定发行价格（是否需要累计投标，2012 年前中小企业自愿，2012 年后所有公司都自愿）。

由发行人和承销商根据询价结果协商确定。但是，监管层尚未对新股发行定价完全实施市场化，仍然通过"窗口指导"对发行价格实施控制。① 2009 年 6 月的新股发行改革，进一步完善了询价制度。值得一提的是，证监会对于是否要管制发行价格仍然摇摆不定，虽然 2009 年的新股定价改革淡化了"窗口指导"，但 2012 年 5 月又重新对发行价格进行管制，因此讨论发行价格控制的利弊具有重要的现实意义。表 1 从多个维度总结了中国股改后新股发行制度的变迁历史。

表 1　　　　　　　　　　　股改后新股发行制度变迁

时间区间	2006.9 ~ 2009.5	2009.6 ~ 2012.3	2012.4 ~ 2014
发行制度	核准制、保荐制	核准制、保荐制	核准制、保荐制
定价制度	询价制，窗口指导：原则上市盈率不超过 30 倍	询价制，淡化窗口指导：放开市盈率不超过 30 倍的限制	询价制，窗口指导：原则上市盈率不高于同行业公司平均市盈率 25%
询价制度	（1）初步询价，提供有效报价的询价对象不得少于 20 家或 50 家（发行 4 亿股以上）；（2）符合条件的配售对象只要参加了初步询价均可参与网下申购，并且可以在申购时更改报价和申购数量	（1）初步询价，提供有效报价的询价对象不得少于 20 家或 50 家（发行 4 亿股以上）；（2）只有有效报价者能够而且必须参与网上申购；初步询价后确定发行区间，初步报价不低于发行区间下限为有效报价	（1）初步询价，提供有效报价的询价对象不得少于 20 家或 50 家（发行 4 亿股以上）；（2）未参与初步询价或者参与初步询价但未有效报价的询价对象，不得参与累计投标询价和网下配售
配售与锁定制度	（1）配售数量不超过本次发行总量的 20% 或 50%（发行 4 亿股以上的）；（2）战略投资者锁定 12 个月，网下配售投资者锁定 3 个月	（1）配售数量不超过本次发行总量的 20% 或 50%（发行 4 亿股以上的）；（2）战略投资者锁定 12 个月，网下配售投资者锁定 3 个月	（1）向网下投资者配售股份的比例原则上不低于本次公开发行的 50%；（2）取消现行网下配售股份 3 个月的锁定期

① "窗口指导"是一种非强制的、劝谕式、引导式的管制手段。《证券发行与承销管理办法》规定，IPO 公司发行价原则上市盈率不超过 30 倍。在中国，政府对发行价格的"窗口指导"能够显著降低发行价格。

续表

时间区间	2006.9 ~ 2009.5	2009.6 ~ 2012.3	2012.4 ~ 2014
相关法规	《证券发行与承销管理办法》（2006.9.19）	《关于进一步改革和完善新股发行体制的指导意见》（2009.6.11）	《关于进一步深化新股发行体制改革的指导意见》（2012.4.28），《证券发行与承销管理办法》（2012.5.18）

资料来源：根据中国证监会相关法规整理。

三、理 论 分 析

（一）IPO 首日回报率：抑价还是溢价

迄今为止，国外研究提出了一系列理论试图解释 IPO 首日回报率之谜，这些理论可以按是否从理性的角度解释分类（韩立岩和伍燕然，2007）。鉴于美国现有文献主要是从理性角度解释 IPO 抑价，里特和韦尔奇（Ritter and Welch，2002）指出，信息不对称理论（理性角度）难以解释美国高达 18%的 IPO 抑价，未来的研究需要更多从投资者非理性的角度解释。普尔那南达和斯瓦米纳坦（Purnanandam and Swaminathan，2004）研究发现，IPO 公司平均被高估 14% ~ 50%（根据不同的配对标准），表明非理性因素的确是首日回报率产生的重要原因。随后，永奎斯特等（Ljungqvist et al.，2006）、德里安（Derrien，2005）、登（Dorn，2009）等研究也都表明，非理性因素（投资者情绪）是新股股价被高估的原因。

在中国，一些文献运用信息不对称理论解释首日回报率（例如，郭泓和赵震宇，2006；王兵等，2009；张学勇和廖理，2011），另一些文献运用投资者情绪理论解释首日回报率（例如，曹凤岐和董秀良，2006；江洪波，2007；宋双杰、曹晖和杨坤，2011）。我们认为，中国 IPO 首日回报率高达 66.6%（2006 ~ 2011 年），显然更难纯粹从理性角度寻求解释。问题的关键可能不是新股股价是否被高估，而是高估的程度。而首日股价被高估的程度，则有待经验证据来评估。

另外，以往研究表明，IPO 公司上市后股票价格往往会出现均值回复，长期表现欠佳（Ritter and Welch，2002；江洪波，2007）。IPO 首日回报率主要由抑价还是溢价组成，将影响 IPO 公司上市后的长期市场表现。一方面，如果首日回报率由发行价定价过低（抑价）所致，预期首日回报率与长期市场表现无关或正相关。直觉上，IPO 抑价应该与上市后长期市场表现无关。但是，根据信号模型的预测，相对于低质量的公司，高质量的公司可能在 IPO 时抑价发行，以传递公司高质量的信号，然后通过后续再融资弥补发行抑价的损失（Welch，1989；Grinblatt and Hwang，1989）。信号模型得到了一些实证研究的支持（例如，Welch，1992；Su and Fleisher，1999）。根据信号模型的预测，发行抑价与上市后长期市场表现正相关。另一方面，如果首日回报率部分由二级市场定价过高（溢价）所致，上市后市场将逐渐纠正对新股的错误定价，预期首日回报率与长期市场表现显著负相关。综合上述分析，如果能够分离首日回报率中包含的溢价和抑价部分，预期抑价与上市后长期市场表现无关或正相关，而溢价与上市公司的长期市场表现负相关。

（二）IPO 首日回报率的影响因素

IPO 过程的主要参与方包括发行人、承销商和投资者。而在中国，监管层也是重要的参与方。中国的询价制度下，发行价格由发行人和承销商根据询价结果协商确定，但监管层通过发行价格控制能够限制发行价，因此预期由发行价格决定的 IPO 抑价主要受发行人特征、承销商特征和发行价格管制影响。而上市后的首日收盘价主要受投资者情绪影响，但公司特征也会影响二级市场股价受投资者情绪影响的程度，因此预期由首日收盘价决定的 IPO 溢价主要受发行人特征和投资者情绪影响。限于篇幅，这里我们只考虑发行人和承销商最为重要的特征，即发行公司的价值不确定性和承销商的声誉。

1. 新股价值不确定性。

首先，新股价值不确定性影响 IPO 抑价。由于发行人与投资者之间存在信息不对称，即发行人知道公司的真实价值而投资者不知道，投资者面临新股价值的不确定性风险，从而要求以较低的发行价作为补偿，发行人则需要抑价发行以弥补投资者的不确定性风险（Beatty and Ritter，1986）。根据信息不对称理论，新股价值不确定性越大，IPO 抑价越高。其次，新股价值不确定性影响 IPO 溢价。现有研究发现，价值不确定性较高的公司，其股票价格容易受投资者情绪或投机行为影响（例如，Baker and Wurgler，2007）。而投资者的乐观情绪和投机行为在中国一直较为普遍，尤其是对新股的投机，因此预期新股的价值不确定性越高，IPO 溢价越高。另外，在卖空限制和异质预期的条件下，股价只反映最乐观投资者的预期（Miller，1977）。价值不确定性越高的公司，投资越可能对公司的股价产生异质预期，这些公司的股价更容易受投资者的乐观情绪影响。因此，预期新股的价值不确定性越高，投资者情绪对 IPO 溢价的影响越大。

2. 承销商声誉。

为降低外部投资者所面临的事前不确定性风险，发行人也可以通过一些方式向外部投资者发送公司价值的信号，传递信号的方式包括提高留存比例（Brealey，Leland and Pyle，1977）、聘请高声誉的承销商（Beatty and Ritter，1986）。目前，一些研究发现审计师声誉和风险投资公司的声誉影响 IPO 的抑价水平（王兵、辛清泉和杨德明，2009；张学勇，2011），但发现承销商声誉对 IPO 抑价水平没有影响（郭泓和赵震宇，2006；宋双杰、曹晖和杨坤，2011）。理论上，承销商声誉既可能降低抑价水平，也可能提高抑价水平。一方面，根据承销商声誉的信号传递假说，高声誉的承销商能够向外部投资者传递好公司的信号，降低新股价值不确定性，从而降低 IPO 抑价（Beatty and Ritter，1986）。另一方面，根据承销商的利益冲突假说，承销商和发行人的利益可能不一致，承销商有抑价发行的动机，如降低发行努力程度、避免发行失败的风险、迎合自己的顾客——投资者（Beatty and Welch，1996；郭泓和赵震宇，2006）。与低声誉的承销商相比，高声誉的承销商与 IPO 公司的定价谈判能力更强，因而更有能力提高抑价水平。同时，与大公司相比，小公司的定价谈判能力更弱，因而小公司的股票更可能被承销商抑价发行。

3. 发行价格控制。

如制度背景分析所述，在某些时段，中国监管层对发行市盈率有"窗口指导"，即限定 IPO 公司发行价原则上市盈率不超过一定倍数（如 30 倍），当承销商确定的价格高于监管层的市盈率标准时，需以发行盈率标准计算并最终确定发行价格。因此，发行价格的市盈率控制显然会降低最终的发行价格，最终抬高 IPO 抑价。刘志远、郑凯和何亚南（2011）的研究证实，放松发行价格管制的确降低了 IPO 抑价（以首日回报率度量）。

4. 投资者情绪。

首先，投资者情绪影响 IPO 抑价。IPO 市场存在热销市场之谜，即 IPO 在不同时段上的收益和发行量呈现周期性波动，某些阶段 IPOs 上市首日超额收益远高于一般水平，并伴随 IPO 数量激增（例如，Ritter，1984）。热销市场之谜说明发行公司利用了投资者的乐观情绪。在中国目前的承销收费模式下[1]，承销商很有动机利用投资者的乐观情绪抬高发行价格，以获取更高的保荐费。因此，预期投资者情绪越高，IPO 抑价越低。其次，投资者情绪影响 IPO 溢价。投资者情绪假说认为，个人投资者的乐观情绪导致新股定价过高，造成 IPO 首日回报率较高（Ritter and Welch，2002；Ljungqvist，Nanda and Singh，2006）。根据米勒（Miller，1977）的异质预期假说，在没有做空机制的市场中，当投资者对某只股票的价格存在观点分歧时，该股票的价格只反映最乐观投资者的预期，最终导致该类股票被高估。中国股市缺乏做空机制，加之新股的价值不确定性大、观点分歧严重（换手率高是明证），导致新股上市价格极易受投资者的乐观情绪影响。例如，江洪波（2007）、韩立岩和伍燕然（2007）都发现，投资者乐观情绪是导致中国新股首日价格过高的重要原因。因此，预期投资者情绪越高，IPO 溢价越高。另外，根据前述分析，预期价值不确定性越大，投资者情绪对 IPO 溢价的影响越大。

根据上述分析，我们预期，价值不确定性对 IPO 抑价和 IPO 溢价均有正向影响；承销商声誉对 IPO 抑价可能有正向或负向影响；发行价格控制对 IPO 抑价有正向影响；投资者情绪对 IPO 溢价有正向影响，并且价值不确定性和投资者情绪对 IPO 溢价有交互影响。表 2 更清晰地总结了上述理论预期。

---

① 据悉，承销商一般对发行人实施分段收费。在发行人预计的募资范围内，券商投行可获得的承销费率较低，一般为 3% 左右；而对于超募部分，承销费率则较高，甚至可以达到 10%。

表 2   IPO 抑价和 IPO 溢价的影响因素总结

项目	价值不确定性	承销商声誉	发行价格控制	投资者情绪
IPO 抑价	正向	正向或负向	正向	负向
IPO 溢价	正向，交互影响	无预期	无预期	正向，交互影响

四、研 究 设 计

（一）样本与数据来源

样本选择：为检验本文的研究问题，我们最初获得 2006 年 9 月 19 日至 2011 年 12 月 31 日的 IPO 公司 994 家。以 2006 年 9 月为起始时间的原因是，2006 年 9 月 19 日证监会出台了《证券发行与承销管理办法》，并且这时股权分置改革已接近尾声，选择该办法之后的 IPO 公司为样本以避免制度变化的干扰。样本的截止日期为 2011 年 12 月 31 日，以保证每个公司至少有上市后一年的数据。在初始样本的基础上，我们剔除了分析师预测价格、股票价格及公司特征等变量缺失的样本，最终获得有效样本 948 家。具体的样本选择过程见表 3。

表 3   样本选择过程

项目	2006 年	2007 年	2008 年	2009 年	2010 年	2011 年	总计
最初样本	65	125	76	99	347	282	994
（减其他数据缺失的样本）	(5)	(16)	(3)	(4)	(11)	(7)	(46)
最终样本	60	109	73	95	336	275	948

本文的数据来源包括：分析师价格预测数据来自 Wind 和 CSMAR 数据库，其他数据均来自 CSMAR 数据库，包括可比公司市盈率、IPO 首日回报率和公司特征等。需要说明的是，Wind 数据库虽然收录了大部分券商的新股价

格预测数据，但仍可能存在遗漏，我们用 CSMAR 的分析师对 IPO 公司上市前的价格预测数据作为补充，以弥补 Wind 收录的遗漏。

（二）模型与变量

1. 回归模型。

我们使用如下模型检验 IPO 首日回报率、IPO 抑价和 IPO 溢价对上市后长期市场表现的影响：

$$BHAR = \alpha + \beta_1 \times IR + \beta_2 \times Underwriter + \beta_3 \times Topone + \beta_4 \times EPS$$
$$+ \beta_5 \times Age + \beta_6 \times Size + I.\,Board + I.\,Indu + I.\,Year + \varepsilon \qquad (1)$$

$$BHAR = \alpha + \beta_1 \times IRUP + \beta_2 \times IROP + \beta_3 \times Underwriter + \beta_4 \times Topone$$
$$+ \beta_5 \times EPS + \beta_6 \times Age + \beta_7 \times Size + I.\,Board + I.\,Indu + I.\,Year + \varepsilon \qquad (2)$$

模型（1）中，因变量 $BHAR$（上市后长期市场表现）可为 $BHAR240$、$BHAR480$ 和 $BHAR720$，分别表示 IPO 公司上市后一年、二年和三年的买进并持有超额回报率。主要自变量为 IR（IPO 首日回报率）。另外，参考以往文献（例如，张学勇、廖理，2011；宋双杰、曹晖和杨坤，2011），自变量中，我们还控制了 $Underwriter$（承销商声誉）、$Topone$（第一大股东持股比例）、EPS（每股收益）、Age（公司年龄）、$Size$（发行规模）、上市板块哑变量（$I.\,Board$）、年度哑变量（$I.\,Year$）和行业哑变量（$I.\,Indu$）。根据我们的理论分析，预期 IR 与 $BHAR$ 负相关。变量的具体定义参见表4。

表4　　　　　　　　　　　　　变量定义

变量	变量定义
因变量：	
IR	IPO 首日回报率，由（首日收盘价 – 发行价）/发行价得出
$IRUP1$	IPO 抑价，由（公司内在价值 – 发行价）/发行价得出，内在价值用分析师预测价格的均值表示
$IROP1$	IPO 溢价，由（首日收盘价 – 公司内在价值）/发行价得出，内在价值用分析师预测价格的均值表示

变量	变量定义
因变量:	
IRUP2	IPO 抑价, 由 (公司内在价值 – 发行价)/发行价得出, 内在价值由配对公司市盈率 × 公司每股收益得出
IROP2	IPO 溢价, 由 (首日收盘价 – 公司内在价值)/发行价得出, 内在价值由配对公司市盈率 × 公司每股收益得出
BHAR240	IPO 后 240 天 (约一年) 的买进并持有超额回报率
BHAR480	IPO 后 480 天 (约二年) 的买进并持有超额回报率
BHAR720	IPO 后 720 天 (约三年) 的买进并持有超额回报率
自变量:	
Uncer	公司价值不确定性变量, 用分析师预测价格意见分歧度量, 由分析师预测价格的方差/预测价格均值得出
PEcontrol	是否控制发行价格的市盈率 (哑变量), 是则为 1, 否则为 0; 2006 ~ 2011 年, 2009 年 6 月之前, 发行价格面临市盈率控制, 因此 2009 年 6 月之前设为 1, 其他设为 0
Sent	投资者情绪变量, 根据下述四个变量得出的投资者情绪综合得分: (1) 市场换手率 (月度); (2) 封闭式基金折价率 (月度); (3) 股东开户数 (月度); (4) 上证指数近三个月的走势
Underwriter	承销商声誉, 发行前一年承销商承销收入排名前 10 则取 1, 否则取 0
Topone	第一大股东持股比例
EPS	每股收益, 由净利润/期末总股本得出
Age	公司年龄, 由发行当年减去公司成立年得出
Size	发行规模的自然对数, 由 Ln(发行数量 × 发行价格) 得出
I. Board	发行板块哑变量, 分主板、中小板和创业板三个板块, 共设置 2 个哑变量
I. Indu	行业控制变量, 按证监会行业设置, 共 13 个行业, 因此设置 12 个哑变量
I. Year	年度控制变量, 共 6 年, 因此设置 5 个哑变量

模型 (2) 中, 主要自变量由 *IRUP* (IPO 抑价) 和 *IROP* (IPO 溢价) 代替 *IR* (IPO 首日回报率), 其他变量与模型 (1) 同。根据我们的理论分析,

预期 *IROP* 与 *BHAR* 负相关，*IRUP* 与 *BHAR* 不相关或正相关。

我们用如下模型检验 IPO 首日回报率、IPO 抑价和 IPO 溢价的影响因素：

$$IR \backslash IRUP \backslash IROP = \alpha + \beta_1 \times Uncer + \beta_2 \times Underwriter + \beta_3 \times PEcontrol$$
$$+ \beta_4 \times Sent + \beta_5 \times Topone + \beta_6 \times EPS + \beta_7 \times Age + \beta_8$$
$$\times Size + I.\,Board + I.\,Indu + I.\,Year + \varepsilon \qquad (3)$$

模型（3）中，因变量分别为 *IR*（IPO 首日回报率）、*IRUP*（IPO 抑价）和 *IROP*（IPO 溢价）。根据我们的理论分析，主要自变量包括 *Uncer*（公司价值不确定性）、*Underwriter*（承销商声誉）、*PEcontrol*（是否放开市盈率控制）和 *Sent*（投资者情绪）四个变量。参考以往文献（例如，张学勇、廖理，2011；宋双杰、曹晖和杨坤，2011），控制变量包括 *Topone*（第一大股东持股比例）、*EPS*（每股收益）、*Age*（公司年龄）、*Size*（发行规模）和上市板块哑变量（*I. Board*）、年度哑变量（*I. Year*）和行业哑变量（*I. Indu*）。根据我们的理论分析，预期 *Uncer*、*Sent*、*PEcontrol* 与 *IR* 正相关，*Uncer*、*PEcontrol* 与 *IRUP* 正相关，*Uncer*、*Sent* 与 *IROP* 正相关，*Underwriter* 与 *IR*、*IRUP* 可能正相关，也可能负相关。

2. 部分变量说明。

第一，IPO 抑价和 IPO 溢价变量。我们认为，能否准确地分离 IPO 首日回报率包含的抑价部分（一级市场发行抑价）和溢价部分（二级市场对新股定价溢价）取决于能否准确地衡量公司的内在价值。我们用两种方法估计内在价值：（1）分析师预测法；（2）配对公司法。

分析师预测法：利用分析师预测的独特数据，我们用分析师的预测价格度量新股的内在价值。[1] 首先对每个分析师的预测价格区间取平均值，然后算多个分析师的预测价格的平均值，得到分析师对某个公司的预测价格。[2] 我们剔除了承销商分析师提供价格预测的样本，对于同一券商提供多次预测

---

① 通过查阅分析师预测摘要发现，分析师预测的并非公司的收盘价，而是公司的内在价值或合理价值，因此可以用分析师的预测价格度量公司的内在价值。

② 例如，某公司有三位分析师发布预测价格，预测价格的区间分别是 11～13 元、12～14 元和 13～15 元，则每位分析师的预测价格分别是 12 元［(11＋13/2)］、13 元和 14 元，则最终的预测价格是 13 元［(12＋13＋14/3)］。

的情况，只取最后一次的预测。①

据我们统计，92% 的 IPO 公司有至少 3 个分析师提供内在价值预测，74% 的公司至少有 5 个分析师提供内在价值预测。由于提供预测的分析师数量较多，可以消除单个分析师预测的主观性和随意性。

配对公司法：借鉴普尔那南达和斯瓦米纳坦（Purnanandam and Swaminathan，2004）的方法，我们利用配对公司的市盈率估计出 IPO 公司的内在价值，其原理是找到合适的配对公司，然后用配对公司的市盈率估算 IPO 公司的市盈率，最后以市盈率乘以每股收益得到 IPO 公司的内在价值。与普尔那南达和斯瓦米纳坦（Purnanandam and Swaminathan，2004）的方法类似，我们通过以下三步得到配对公司：（1）删除不符合配对条件的样本，包括市盈率为负、市盈利率大于 100 的公司②和上市年限小于三年的公司；（2）将配对公司分行业按营业收入规模大小（按中位数分）和净利润大小分成 2 × 2 组（共 4 组），将样本公司分行业按营业收入大小和净利润大小分成 2 × 2 组；（3）将样本公司和配对公司按行业、所在规模组和所在利润组三个变量进行配对，最终取与样本公司营业收入最近的公司为配对样本。

我们认为，相对于配对公司法，分析师预测法有三个重要优势：（1）由于分析师的研究专长和研究投入，分析师选择的可比公司往往比配对公司法更为合理（分析师大多利用可比公司市盈率预测新股的内在价值）；（2）分析师在赋予 IPO 公司市盈率时，不仅考虑了可比公司的市盈率，而且考虑了 IPO 公司的具体信息（如成长性），其估值可能比配对公司法更合理；（3）分析师预测价格的取值不考虑市场情绪的内在价值，而配对公司的股票价格包含市场情绪的影响。③

第二，IPO 后长期市场表现变量。IPO 后长期市场表现的具体度量如下：

$$BHAR(1, n) = \prod_{1}^{n} (1 + R_{it}) - \prod_{1}^{n} (1 + R_{mt}) \qquad (4)$$

---

① 样本期间，我们共获得 11471 次分析师预测，剔除隶属券商的 136 次预测和同一券商的 532 次重复预测后，最终获得 10957 次分析师预测。

② 通常认为，市盈率大于 100 的公司，其市盈率的参考价值较低。

③ 少数分析师提供了考虑市场情绪后的股票价格预测，但同时也报告了内在价值的预测，这时分析师的预测价格取的是后者。

$BHAR(1, n)$ 为 IPO 公司上市后第 1 天（不包括上市当天）到第 n 天的买进并持有超额回报率，R_{it} 为 i 公司上市后第 t 天的回报率，R_{mt} 为市场第 t 天的回报率，t 属于 $(1, n)$。在本文中，根据不同的时段需要，n 分别取上市后第 240 天、第 480 天和第 720 天，得到表 4 中的 $BHAR240$、$BHAR480$ 和 $BHAR720$。[①]

第三，投资者情绪变量。投资者情绪的衡量学术界没有统一的指标，一般使用主成分分析综合多个变量得出一个投资者情绪的综合因子。这里借鉴贝克和伍格勒（Baker and Wurgler，2007）与伍燕然等（2012）的方法，用下述四个变量得出投资者情绪变量的因子得分：（1）市场换手率（月度）；（2）封闭式基金折价率（月度）；（3）股东开户数（月度）；（4）上证指数近三个月的走势。

第四，价值不确定性和承销商声誉。分析师盈利预测的分歧常用来度量公司的信息不确定（例如，Barron et al.，1998；Zhang，2006）。借鉴这一做法，我们用分析师的价格预测分歧衡量公司价值的不确定性。此外，直觉上，承销商的声誉通常与承销业务收入有关，因此我们参考梅金森和韦斯（Meginson and Weiss，1991），刘志远、郑凯和何亚南（2011）等的研究，用发行前一年承销金额排名度量承销商声誉，排名前十则取 1，否则取 0。[②]

（三）描述性统计及相关性分析

表 5 报告了本文主要变量的描述性统计，从中可以看出：（1）2006 ~ 2011 年，我国 IPO 的首日回报率高达 66.3%；（2）用分析师预测价格估计内在价值时，IPO 抑价和 IPO 溢价平均分别达 22.2% 和 44.1%；以配对公司市盈率估计内在价值时，IPO 抑价和 IPO 溢价平均分别达 13.6% 和 52.7%；（3）相对分析师预测法，以配对公司法估计的 IPO 抑价和 IPO 溢价的最小值、最大值和标准差的绝对值都更大，可能是因为分析师预测法的准确性更

[①] 由于数据的限制，$BHAR720$ 的样本数要小于 $BHAR480$，$BHAR480$ 的样本数要小于 $BHAR240$，最终会导致以 $BHAR720$ 和 $BHAR480$ 作为因变量时，样本量小于本文使用的全样本。

[②] 取排名前 10 是文献中的惯例，我们的实证结果对取前 10 还是前 8 不敏感。

高，更不容易产生一些极端的值；（4）IPO 公司上市后 240 天、480 天和 720 天的 BHAR（买进并持有超额回报率）平均值分别为 - 14.4%、- 7.3%、4.1%，中位数分别为 - 14.2%、- 17.7% 和 - 7.9%，说明多半 IPO 公司上市后的长期市场表现要弱于市场，即中国股市存在新股长期市场表现弱势现象。

表5　　　　　　　　　　　　　　主要变量描述性统计

变量	N	mean	p50	max	min	sd
IR	948	0.663	0.405	5.381	- 0.232	0.806
*IRUP*1	948	0.222	0.122	2.663	- 0.233	0.346
*IROP*1	948	0.441	0.311	4.668	- 0.517	0.600
*IRUP*2	948	0.136	- 0.031	3.147	- 0.778	0.597
*IROP*2	948	0.527	0.448	4.403	- 2.542	0.663
*BHAR*240	948	- 0.144	- 0.142	4.041	- 3.216	0.533
*BHAR*480	782	- 0.073	- 0.177	3.975	- 2.979	0.520
*BHAR*720	439	0.041	- 0.079	5.984	- 5.389	0.861
Uncer	948	0.167	0.160	0.572	0.025	0.068
PEcontrol	948	0.745	1.000	1.000	0.000	0.436
Sent	948	- 0.143	- 0.230	1.939	- 1.093	0.412
Underwriter	948	0.399	0.000	1.000	0.000	0.490
Topone	948	0.391	0.382	0.865	0.052	0.151
EPS	948	0.554	0.498	3.158	0.058	0.301
Age	948	1.715	1.946	3.258	0.000	0.777
Size	948	11.115	11.035	15.715	9.110	0.878

注：各变量的定义参见表 4，下同。

另外，表 6 报告了本文主要变量的相关系数，从中可以看出：（1）*IR*（首日回报率）与 *IROP*1、*IROP*2（IPO 溢价）的相关系数要大于与 *IRUP*1、*IRUP*2（IPO 抑价）的相关系数，说明 IPO 首日高回报率与 IPO 溢价的相关性

表6　主要变量相关性分析

变量	1	2	3	4	5	6	7	8	9	10	11	12	13	14
1. IR	1.000													
2. IRUP1	0.734*	1.000												
3. IROP1	0.920*	0.410*	1.000											
4. IRUP2	0.589*	0.645*	0.419*	1.000										
5. IROP2	0.686*	0.311*	0.742*	-0.185*	1.000									
6. BHAR240	-0.121*	0.031	-0.180*	-0.145*	-0.017	1.000								
7. Uncer	0.332*	0.329*	0.256*	0.193*	0.230*	0.037	1.000							
8. Underwriter	0.044	0.147*	-0.026	-0.006	0.058	0.108*	0.013	1.000						
9. PEcontrol	-0.601*	-0.688*	-0.411*	-0.641*	-0.154*	0.211*	-0.213*	-0.081	1.000					
10. Sent	0.412*	0.248*	0.410*	0.340*	0.194*	-0.275*	0.167*	-0.017	-0.414*	1.000				
11. Topone	0.026	0.058	0.001	0.012	0.021	0.015	-0.035	0.045	-0.112*	0.066	1.000			
12. EPS	-0.251*	-0.096*	-0.282*	-0.077	-0.236*	0.130*	-0.098*	0.029	0.192*	-0.175*	-0.047	1.000		
13. Age	-0.152*	-0.147*	-0.119*	-0.087*	-0.106*	-0.028	-0.040	-0.009	0.193*	-0.017	-0.083	0.121*	1.000	
14. Size	-0.402*	-0.309*	-0.362*	-0.543*	0.001	0.157*	-0.138*	0.048	0.298*	-0.128*	0.230*	0.255*	-0.066	1.000

注：* for $P < 0.01$。

更大，原因可能是 IPO 首日回报率的主要部分是 IPO 溢价。（2）*IROP*1 和 *IROP*2、*IRUP*1 和 *IRUP*2 显著相关，说明用分析师预测法和配对公司法估计的内在价值一定程度上具有内在一致性。（3）*IR*、*IROP*1、*IRUP*2 与 *BHAR*240（上市后一年的超额回报率）显著负相关，说明 IPO 首日回报率越高，上市后长期市场表现越差；以分析师预测法估计的 IPO 溢价越高，上市后长期市场表现越差；以配对公司法估计的 IPO 抑价越高，上市后长期市场表现越差。（4）*IR*、*IRUP*1、*IRUP*2、*IROP*1、*IROP*2 与 *Uncer*（公司价值不确定性）、*Sent*（投资者情绪）、*PEcontrol*（发行价格控制）均显著正相关，*IRUP*1 与 *Underwriter*（承销商声誉）显著正相关。（5）*PEcontrol* 与 *Sent* 显著正相关，说明发行价格控制期间恰好是投资者情绪较高的时段。上述相关系数分析只提供了初步的相关分析，各变量具体的因果关系还需结合理论分析和回归分析进一步验证。

五、实 证 结 果

（一）IPO 首日回报率：抑价 VS 溢价

图 1 展示了 2006～2011 年以分析师预测估计的 IPO 抑价和 IPO 溢价。从图中可以看出，2006～2011 年，虽然首日回报率的差异很大，但是 IPO 溢价一直是首日回报率的主要部分。我们推测，首日回报率时间序列上波动较大的原因是不同时段上市公司的特征（规模）、发行制度和股票市场环境不同。因此，我们进一步按上市板块、市场环境和发行制度分组，比较不同子样本组的 IPO 首日回报率、IPO 抑价和 IPO 溢价，并且比较组内抑价和溢价的大小（见表7）。结果显示：（1）在全样本中，IPO 首日回报率高达66%；以分析师预测法度量内在价值时，IPO 抑价部分为 22%，IPO 溢价部分为 44%，溢价是抑价的近 2 倍；以配对公司法估计内在价值时，抑价部分为 14%，溢价部分为 53%，溢价是抑价的 3 倍多。（2）从不同板块子样本组来看，以分析师预测法度量内在价值时，主板和其他板块（中小板加创业板）相比，首

日回报率、抑价和溢价都较低；以配对公司法度量内在价值时，主板的抑价显著低于其他板块（抑价为负值，即平均而言，发行价高于内在价值），但溢价两组相当。（3）从不同市场情绪组来看，与投资者情绪较低时相比，投资者情绪较高时的首日回报率、抑价和溢价都显著更高，并且溢价和抑价的差值更大。（4）按是否管制发行价格分组发现，与发行价格管制阶段（2006~2008年）相比，放松发行价格管制阶段（2009~2011年）首日回报率、抑价和溢价都显著更低。综上，全样本和各子样本的结果都显示，总体上IPO溢价都显著大于IPO抑价，表明溢价才是首日回报率的主要部分。

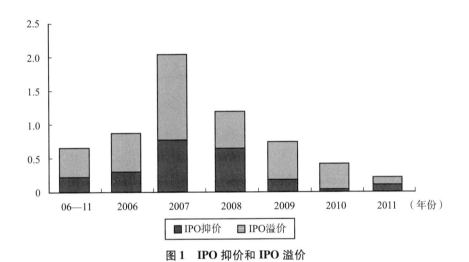

图1　IPO抑价和IPO溢价

注：图中06—11代表2006~2011年。

表7　　　　　　　　　　IPO抑价与IPO溢价：组间比较

Group（N）	IR	IRUP1	IROP1	Diff1^{sig}	IRUP2	IROP2	Diff1^{sig}
All（N = 948）	0.66	0.22	0.44	− 0.22 ***	0.14	0.53	− 0.39 ***
按板块分组：1为主板，0为其他							
0（N = 855）	0.68	0.23	0.46	− 0.23 ***	0.15	0.53	− 0.37 ***
1（N = 93）	0.49	0.19	0.30	− 0.11	− 0.03	0.52	− 0.55 ***
Diff2^{sig}	0.20 **	0.04	0.16 **		0.19 ***	0.01	

续表

Group（N）	IR	IRUP1	IROP1	Diff1^{sig}	IRUP2	IROP2	Diff1^{sig}
按市场情绪分组：1 为情绪高组，0 为其他							
0（N=474）	0.49	0.21	0.28	− 0.08 ***	0.09	0.40	− 0.31 ***
1（N=474）	0.84	0.24	0.60	− 0.36 ***	0.18	0.65	− 0.47 ***
Diff2^{sig}	− 0.35 ***	− 0.03	− 0.32 ***		− 0.10 ***	− 0.25 ***	
按是否管制发行价分组：1 为管制，0 为其他							
0（N=430）	0.38	0.07	0.31	− 0.24 ***	− 0.10	0.48	− 0.58 ***
0（N=242）	1.49	0.63	0.86	− 0.23 ***	0.79	0.70	0.09
Dif2^{fsig}	− 1.11 ***	− 0.56 ***	− 0.55 ***		− 0.89 ***	− 0.22 ***	

注：IR、IRUP、IROP 分别表示 IPO 首日回报率、抑价和溢价，IRUP1、IROP1 分别表示以分析师预测价格估计的抑价和溢价，IRUP2、IROP2 分别表示以配对公司法估计的抑价和溢价，Diff1 为 IRUP 和 IROP 的差值，Diff2 为 IRUP 或 IROP 两组样本间的差值；* for P < 0.1，** for P < 0.05，*** for P < 0.01。

　　值得说明的是，用配对公司法估计出的内在价值可能受投资者情绪影响。并且，尽管分析师声称其预测的是内在价值，但仍难排除分析师预测内在价值时没有受到市场情绪影响。但是，我们发现，无论投资者情绪较高低，IPO 溢价都显著大于 IPO 抑价。因此，投资者情绪对内在价值估计的影响应该不会影响我们的基本结论，即溢价才是首日回报率的主要部分。另外，由于中国股票市场做空机制缺乏，股价被高估的时候要远远多于股价被低估的时候，这将导致配对公司法高估新股的内在价值。考虑到中国股市的这种制度特征，分析师也可能会有意提高新股的估值。因此，如果能够消除内在价值估计的这种正向偏差，将导致 IPO 溢价在 IPO 首日回报率中的占比更高，更加支持溢价才是首日回报率主要部分的结论。

　　接下来，我们进一步回归分析 IPO 首日回报率、IPO 抑价、IPO 溢价与上市后长期市场表现的关系，一方面检验首日回报率及其构成与上市后长期市场表现的关系，另一方面评估分析师预测法和配对公司法是否较好地分离了首日回报率中的溢价和抑价、比较哪种方法的分离效果更好。

　　首先，表 8 的结果显示：（1）控制其他变量后，IPO 首日回报率（IR）

与上市后长期市场表现（$BHAR240$、$BHAR480$ 和 $BHAR720$）显著负相关，即首日回报率越高，上市后长期市场表现越差。根据我们的理论分析，这一结果说明首日回报率中至少包含定价过高（溢价）部分。（2）IPO 溢价（$IROP1$ 和 $IROP2$）与上市后长期市场表现显著负相关，即 IPO 溢价越高，上市后的长期市场表现越差，与理论预期一致。（3）以分析师预测法估计内在价值时，IPO 抑价（$IRUP1$）与上市后长期市场表现显著正相关，而以配对公司法估计内在价值时，IPO 抑价（$IRUP2$）与上市后长期市场表现显著负相关；理论分析预期 IPO 抑价与上市后长期市场表现无关或正相关，因此我们认为分析师预测法更好地分离了首日回报率中的抑价和溢价。

其次，表 8 中，我们还比较了 IR（IPO 首日回报率）与 $IROP1$（分析师预测法度量的 IPO 溢价）、$IROP2$（配对公司法度量的 IPO 溢价）三者回归系数的差别。结果显示，无论是用 $BHAR240$ 作为因变量，还是用 $BHAR480$、$BHAR720$ 作为因变量，$IROP1$ 的回归系数（绝对值）均显著大于 IR 和 $IROP2$，而 IR 与 $IROP2$ 的回归系数无显著差别，即 $IROP1$ 比 IR 和 $IROP2$ 更能预测 IPO 后的长期市场表现，而 $IROP2$ 并不比 IR 更能预测 IPO 后的长期市场表现。这一结果一方面说明用分析师预测法分离出的 IPO 溢价具有增量信息，比 IPO 首日回报率更具预测作用，另一方面也进一步证实，分析师预测法比配对公司法更能分离收益回报率中的抑价和溢价。

再其次，表 8 的回归系数还显示，因变量从 $BHAR240$ 到 $BHAR480$，再到 $BHAR720$，IR、$IROP1$ 和 $IROP2$ 的回归系数（绝对值）越来越大，表明随着时间窗口的拉长，IPO 溢价对长期市场表现的预测能力越来越强，新股首日价值高估的部分将逐渐向内在价值回归。

最后，表 8 的结果还显示，控制变量中，公司业绩（EPS）与长期市场表现显著正相关，发行规模（$Size$）与长期市场表现显著负相关，说明公司业绩好、规模小的公司上市后的长期市场表现更好。

（二）IPO 首日回报率的影响因素

表 9 报告了 IPO 首日回报率、IPO 抑价和 IPO 溢价影响因素的回归分析

表 8　　IPO 首日回报率、IPO 抑价、IPO 溢价与 IPO 后长期市场表现

变量	(1) BHAR240	(2) BHAR240	(3) BHAR240	(4) BHAR480	(5) BHAR480	(6) BHAR480	(7) BHAR720	(8) BHAR720	(9) BHAR720
IR	-0.088*** (-2.89)			-0.17*** (-5.30)			-0.20*** (-4.12)		
IROP1		-0.19*** (-5.71)			-0.24*** (-6.27)			-0.34*** (-4.87)	
IRUP1		0.30*** (4.15)			0.089 (1.12)			0.24** (1.97)	
IROP2			-0.083** (-2.58)			-0.16*** (-5.30)			-0.18*** (-3.58)
IRUP2			-0.12** (-2.43)			-0.22*** (-3.31)			-0.37*** (-3.38)
Underwriter	0.043 (1.43)	0.030 (1.01)	0.044 (1.44)	-0.0013 (-0.04)	-0.014 (-0.43)	-0.0018 (-0.06)	-0.032 (-0.44)	-0.072 (-0.97)	-0.033 (-0.46)
Topone	0.039 (0.42)	0.029 (0.32)	0.043 (0.46)	0.062 (0.65)	0.058 (0.62)	0.066 (0.69)	0.049 (0.21)	0.048 (0.20)	0.034 (0.14)
EPS	0.14** (2.07)	0.097 (1.44)	0.16** (1.97)	0.24*** (3.15)	0.22*** (2.92)	0.26*** (3.27)	0.65*** (3.29)	0.61*** (3.25)	0.73*** (3.67)
Age	-0.0094 (-0.61)	-0.0072 (-0.47)	-0.011 (-0.68)	-0.026 (-1.11)	-0.025 (-1.08)	-0.027 (-1.18)	-0.066 (-1.26)	-0.067 (-1.30)	-0.077 (-1.47)

续表

变量	(1)	(2)	(3)	(4)	(5)	(6)	(7)	(8)	(9)
	BHAR240	BHAR240	BHAR240	BHAR480	BHAR480	BHAR480	BHAR720	BHAR720	BHAR720
Size	-0.033 (-1.20)	-0.036 (-1.32)	-0.049 (-1.35)	-0.13*** (-4.76)	-0.14*** (-5.05)	-0.15*** (-4.22)	-0.32*** (-4.69)	-0.34*** (-4.91)	-0.39*** (-4.38)
_cons	-0.68 (-1.61)	-0.72* (-1.71)	-0.48 (-0.90)	1.07*** (2.78)	1.12*** (2.91)	1.32*** (2.74)	3.37*** (3.46)	3.46*** (3.55)	4.34*** (3.43)
i.board	yes	yes	yes	yes	yes	yes	yes	yes	yes
i.year	yes	yes	yes	yes	yes	yes	yes	yes	yes
i.indu	yes	yes	yes	yes	yes	yes	yes	yes	yes
Coefficients difference test (chi2)	IR = IROP1 (28.39***)	IROP1 = IROP2 (29.03**)	IR = IROP2 (0.39)	IR = IROP1 (10.52***)	IROP1 = IROP2 (12.58***)	IR = IROP2 (0.59)	IR = IROP1 (10.09***)	IROP1 = IROP2 (12.79***)	IR = IROP2 (2.43)
adj.R^2	0.286	0.316	0.286	0.220	0.235	0.220	0.196	0.224	0.204
N	948	948	948	782	782	782	439	439	439

注：因变量 BHAR 为上市后长期市场表现，自变量 IR、IRUP、IROP 分别表示 IPO 首日回报率、IPO 抑价、IPO 溢价，各变量的详细定义参见表
4；括号内报告的是稳健的 T 检验值（标准差经异方差调整）；*** for P<0.01，** for P<0.05，** for P<0.1。

表9　IPO 首日回报率、抑价、溢价的影响因素

项目	(1)	(2)	(3)	(4)	(5)	(6)	(7)	(8)	(9)
Dependent:	IR	IRUP1	IROP1	IRUP1	IROP1	IRUP1	IRUP1	IROP1	IROP1
Sample:	all	all	all	Year=2008/2009	Year=2008/2009	Small Size	Large Size	all	all
Uncer	2.21*** (7.10)	0.98*** (5.51)	1.23*** (4.16)	1.36*** (3.27)	0.73 (0.95)	1.11*** (5.43)	0.45*** (4.04)	0.074*** (4.03)	0.11*** (2.78)
Underwriter	0.027 (0.68)	0.038** (2.19)	-0.011 (-0.36)	0.047 (0.75)	-0.10 (-1.53)	0.066** (2.52)	0.0065 (0.47)	0.032** (1.98)	-0.0052 (-0.18)
PEcontrol	0.62*** (9.93)	0.50*** (17.69)	0.13** (2.54)	0.35*** (4.13)	0.080 (0.57)	0.22*** (3.28)	0.14*** (2.92)	0.16*** (5.43)	-0.30*** (-3.50)
Sent	0.35*** (4.73)	-0.042 (-1.38)	0.39*** (6.71)	-0.13 (-1.21)	0.35* (1.97)	-0.088** (-2.22)	-0.025 (-0.86)	-0.079*** (-2.85)	0.28*** (4.93)
Topone	0.032 (0.26)	0.047 (0.81)	-0.014 (-0.14)	0.14 (0.76)	-0.072 (-0.29)	0.062 (0.65)	0.0084 (0.19)	0.028 (0.53)	-0.0029 (-0.03)
EPS	-0.11** (-2.22)	0.094*** (3.02)	-0.21*** (-4.41)	0.034 (0.41)	-0.12 (-1.56)	0.11* (1.86)	0.057*** (2.64)	0.078*** (2.82)	-0.16*** (-3.35)
Age	-0.085*** (-3.30)	-0.016 (-1.53)	-0.069*** (-3.08)	-0.00071 (-0.02)	-0.036 (-0.70)	-0.025 (-1.45)	-0.0028 (-0.30)	-0.017* (-1.72)	-0.026 (-1.21)
Size	-0.27*** (-8.05)	-0.060*** (-3.73)	-0.21*** (-7.76)	-0.11* (-1.69)	-0.29*** (-5.12)	-0.13*** (-3.21)	0.014 (1.09)	-0.051*** (-3.26)	-0.23*** (-9.09)

续表

项目	(1)	(2)	(3)	(4)	(5)	(6)	(7)	(8)	(9)
Dependent:	IR	$IRUP1$	$IROP1$	$IRUP1$	$IROP1$	$IRUP1$	$IRUP1$	$IROP1$	$IROP1$
Sample:	all	all	all	Year = 2008/2009	Year = 2008/2009	Small Size	Large Size	all	all
$Sent \times Uncer$								0.078 (1.41)	0.23** (2.24)
_cons	3.62*** (8.41)	0.66*** (3.23)	2.96*** (8.25)	1.55* (1.91)	4.38*** (5.59)	1.24** (2.53)	−0.041 (−0.24)	0.77*** (3.97)	3.39*** (10.32)
i. board	yes	yes	yes	yes	yes	yes	yes	yes	yes
i. year	yes	yes	yes			yes	yes	yes	yes
i. indu	yes	yes	yes	yes	yes	yes	yes	yes	yes
adj. R^2	0.492	0.529	0.344	0.356	0.238	0.578	0.560	0.592	0.446
N	948	948	948	168	168	474	474	948	948

注：因变量 IR，$IRUP1$，$IROP1$ 分别表示 IPO 首日回报率、IPO 抑价、IPO 溢价，自变量 $Uncer$、$Underwriter$、$PEcontrol$、$Sent$ 分别表示公司价值不确定性、承销商声誉、是否放松制发行价格、投资者情绪，各变量的详细定义参见表 4；括号内报告的是稳健的 T 检验值（标准差异方差调整）；*** for P <0.01，** for P <0.05，** for P <0.1。

85

结果。由于上一节中，我们发现用分析师预测价格度量内在价值能更好地分离首日回报率中的抑价和溢价，因此这部分我们只报告以分析师预测法估计的抑价和溢价的影响因素。

第一，表9回归（1）的结果显示，在控制其他变量后，IPO首日回报率（*IR*）与公司价值不确定性（*Uncer*）、投资者情绪（*Sent*）、发行价格控制（*PEcontrol*）显著正相关，说明公司价值不确定性越高、投资者情绪越高，IPO首日回报率越高，发行价格控制显著提高了首日回报率。表9回归（2）的结果显示，IPO抑价（*IRUP*1）与公司价值不确定性、发行价格控制、承销商声誉（*Underwriter*）显著正相关；表9回归（3）的结果显示，IPO溢价（*IROP*1）与公司价值不确定性（*Uncer*）、投资者情绪（*Sent*）和发行价格控制（*PEcontrol*）显著正相关。上述发现与理论分析的预期一致，因此不再详细解释。此外，表9回归（1）至回归（3）的结果还显示，控制变量中，每股收益（*EPS*）与首日回报率、溢价显著负相关，与抑价显著正相关；公司年龄（*Age*）与首日回报率溢价显著负相关，发行规模（*Size*）与首日回报率、溢价和抑价均显著负相关。这些结果表明，公司业绩和年龄等因素可能对溢价和抑价产生不同影响。

第二，上述结果中，我们发现 *Uncer* 和 *PEcontrol* 既影响 *IPUP*1 又影响 *IPOP*1。为此，我们进一步检验 *Uncer* 和 *PEcontrol* 的回归系数差别，以更准确地评估两者对抑价和溢价的影响差异。结果发现，回归（2）和回归（3）中，*Uncer* 的系数没有显著差异 [$chi2(1)=0.28$]，而 *PEcontrol* 的系数有显著差异 [$chi2(1)=51.25$]，说明发行价格控制对 IPO 溢价和 IPO 抑价的影响有显著差异。此外，我们利用放开发行价格管制法规颁布前后的样本（2008年和2009年）作回归分析进一步评估发行价格控制的对抑价和溢价的影响。由于中国股票市场的市场环境变化极快，将样本限定在更窄的时间窗口有助于更准确地评估发行制度变化的后果。表9中回归（4）和回归（5）的结果显示，2008 ~2009 年样本期间（放开价格控制前样本 73 家，放开后的样本95 家），发行价格控制（*PEcontrol*）与 IPO 抑价（*IRUP*）显著正相关，但与IPO 溢价（*IROP*）无显著关系，支持了我们的理论分析预期，即放开发行价格控制能显著降低抑价，但不能降低溢价。

第三，表 9 回归（2）的结果表明，承销商声誉（*Underwriter*）与 IPO 抑价显著正相关，支持了理论分析的承销商的利益冲突假说而不是信号传递假说。为进一步检验利益冲突假说，我们将样本按发行规模大小分成两组，发现只有小规模公司组承销商声誉与 IPO 抑价的负相关关系才成立［结果见表 9 中的回归（6）和回归（7）］。结合理论分析可知，这一结果与承销商的利益冲突假说相符。此外，回归（6）和回归（7）的结果还显示，在小规模公司组，*Sent* 与 IPO 抑价显著负相关，说明承销商在小公司（如创业板）的发行中，利用投资者情绪抬高了发行价。

第四，理论分析表明价值不确定性和投资者情绪可能对 IPO 溢价有交互影响，而回归（1）~（3）只检验了主效应。鉴于此，回归（8）和回归（9）中，我们进一步加入了 *Uncer* × *Sent* 这一交互项。结果发现，回归（9）中的交互项 *Uncer* × *Sent* 显著为正，说明价值不确定性越大，投资者情绪对 IPO 溢价的影响越大。

综合起来，上述结果支持了我们的理论预期，表明区分 IPO 抑价和 IPO 溢价对于检验两者的成因是重要的。

（三）稳健性检验

为了检验本文结论的稳健性，我们从样本、模型设置和变量度量方面作了如下敏感性测试。限于篇幅，我们没有报告敏感性测试的结果，但留存备索。

1. 样本选择方面的敏感性测试。

第一，样本期间，发行定价制度经历了一次大的制度变迁，即 2009 年 6 月证监会淡化了"窗口指导"、放开了发行价格的市盈率管制。稳健性分析部分，我们将样本按是否有发行价格管制分为两组，重新检验前述回归结果。结果发现，按不同样本分组进行检验并不改变本文的主要结论。

第二，根据前文对抑价和溢价的定义，正常情况下，抑价和溢价应该均大于零，文中的主要结果并没有剔除抑价和溢价大于零的样本。稳健性分析部分，我们剔除了抑价和溢价小于零的样本（共 346 家公司），对前述回归结果重新进行回归分析。结果发现，剔除抑价和溢价大于零的样本也不改变本文的主要结论。

第三，不同上市板块的公司可能存在差异。因此，稳健性分析部分，我们将样本分为主板和其他板块（中小板和创业板）两组，重新检验前述回归结果。结果发现，分上市板块检验的结果同样不改变主要结论。

2. 变量定义和模型设置相关的敏感性测试。

第一，内在价值的度量。本文使用分析师对新股内在价值的预测价格衡量公司的内在价值，等于同一公司多位分析师预测价格的均值。稳健性分析部分，为了减轻分析师预测乐观偏见的影响，我们取多位分析师预测价格的中位数或最小值衡量公司的内在价值。这样处理后，本文回归分析的基本结论不变。另外，配对样本的选择可能会影响结果。因此，稳健性分析部分，我们用同行业的所有公司作为配对样本，用同行业公司的市盈率均值或中位数估计 IPO 公司的市盈率。结果发现，用同行业所有公司作为配对样本并不改变本文的主要结果，并且这种估计方法仍然劣于分析师预测法。此外，以承销商前一年的资产规模排名代替承销收入排名度量承销商的声誉不改变本文的结论。

第二，表 8 的分析中，我们将变量 $IRUP1$ 和 $IROP1$、$IRUP2$ 和 $IROP2$ 同时放入回归模型。稳健性分析中，我们将变量 $IRUP1$ 和 $IROP1$、$IRUP2$ 和 $IROP2$ 分别放入模型进行回归分析，虽然 $IRUP2$ 的回归系数和显著性都会下降，但不改变文中的主要结论。

六、结论与启示

本文的主要研究结果总结如下：（1）IPO 的首日回报率高达 66%；其中，IPO 抑价为 14%～22%，IPO 溢价为 44%～53%，取决于不同的估计方法；但是不管基于何种估计方法，IPO 溢价都占 IPO 首日回报率的主要部分；（2）IPO 首日回报率、IPO 溢价均与上市后长期市场表现显著负相关，但是溢价比首日回报率更能预测上市后的市场表现；相比配对公司法，用分析师对新股合理价格的预测价格度量内在价值更能准确地估计 IPO 溢价；（3）公司价值不确定性对抑价和溢价均有正向影响；承销商声誉和发行价格管制均对抑价有正向影响；投资者情绪对溢价有正向影响、对抑价无影响或有负向影响；当公司价值不确定性较高时，投资者情绪对溢价的影响更大。归纳起来，这些结果表明，首日定价过高是首日回报率较高的主要原因；区分首日回报率中的抑价和溢价十分必要，不仅有助于更准确地预测上市后的长期市场表现，而且能更准确地检验溢价和抑价的成因。

上述研究结果对文献和政策两方面有所启示。第一，鉴于本文发现 IPO 溢价比 IPO 抑价更重要，对于学者，未来研究应该更注重对溢价的解释；对于监管层，在选择 IPO 定价改革的路径时，不仅需要考虑如何降低 IPO 抑价、提高新股一级市场的定价效率，更加需要考虑如何降低 IPO 溢价、提高新股二级市场的定价效率。第二，本文发现区分溢价和抑价是必要的，因此未来研究可借鉴本文的方法区分两者，以更全面地评估 IPO 定价制度改革的效果。并且，未来研究如用 IPO 首日回报率度量 IPO 抑价，需要剔除首日回报率中包含的溢价部分，以更准确地检验抑价的成因。

我们的研究尚存在一些局限。内在价值本身难以获得一致的估计，尽管分析师预测法相对配对公司法有一定的优势，但仍然可能存在估计偏差。未来研究可以在本文的内在价值估计方法上进一步完善，更精准地度量 IPO 抑价和 IPO 溢价，以更准确地检验两者的成因、更准确地评估发行定价改革的效果。

参考文献

［1］曹凤岐、董秀良：《我国 IPO 定价合理性的实证分析》，载《财经研究》2006 年第 6 期。

［2］郭泓、赵震宇：《承销商声誉对 IPO 公司定价、初始和长期回报影响实证研究》，载《管理世界》2006 年第 3 期。

［3］韩立岩、伍燕然：《投资者情绪与 IPOs 之谜——抑价或者溢价》，载《管理世界》2007 年第 3 期。

［4］江洪波：《基于非有效市场的 A 股 IPO 价格行为分析》，载《金融研究》2007 年第 8 期。

［5］刘煜辉、沈可挺：《是一级市场抑价，还是二级市场溢价——关于我国新股高抑价的一种检验和一个解释》，载《金融研究》2011 年第 11 期。

［6］刘志远、郑凯、何亚南：《询价制度第一阶段改革有效吗》，载《金融研究》2011 年第 4 期。

［7］鲁臻、邹恒甫：《中国股市的惯性与反转效应研究》，载《经济研究》2007 年第 9 期。

［8］宋双杰、曹晖、杨坤：《投资者关注与 IPO 异象——来自网络搜索量的经验证据》，载《经济研究》2011 年第 1 期。

［9］苏冬蔚：《噪声交易与市场质量 3》，载《经济研究》2008 年第 9 期。

［10］田利辉：《金融管制、投资风险和新股发行的超额抑价》，载《金融研究》2010 年第 4 期。

［11］王兵、辛清泉、杨德明：《审计师声誉影响股票定价吗——来自 IPO 定价市场化的证据》，载《会计研究》2009 年第 11 期。

［12］伍燕然、潘可、胡松明，等：《行业分析师盈利预测偏差的新解释》，载《经济研究》2012 年第 4 期。

［13］许年行、洪涛、吴世农，等：《信息传递模式、投资者心理偏差与股价"同涨同跌"现象》，载《经济研究》2011 年第 4 期。

［14］张学勇、廖理：《风险投资背景与公司 IPO：市场表现与内在机理》，载《经济研究》2011 年第 6 期。

［15］Baker, M. and J. Wurgler, Investor sentiment in the stock market. Journal of Finance, 2007, Vol. 21, No. 2, pp. 129 – 151.

［16］Barron, O. E. , et al. , Using analysts' forecasts to measure properties of analysts' information environment. Accounting Review, 1998, Vol. 4, No. 73, pp. 421 – 433.

［17］Beatty, R. P. and I. Welch, Issuer expenses and legal liability in initial public offerings. JL & Econ. , 1996, Vol. 39, pp. 545 – 602.

[18] Beatty, R. P. and J. R. Ritter, Investment banking, reputation, and the underpricing of initial public offerings. Journal of Financial Economics, 1986, Vol. 15, No. 1, pp. 213 – 232.

[19] Brealey, R., H. E. Leland and D. H. Pyle, Informational asymmetries, financial structure, and financial intermediation. The Journal of Finance, 1977, Vol. 32, No. 2, pp. 371 – 387.

[20] Derrien, F., IPO pricing in "HOT" market conditions: who leaves money on the table. The Journal of Finance, 2005, Vol. 60, No. 1, pp. 487 – 521.

[21] Dorn, D., Does sentiment drive the retail demand for IPOs? Journal of Financial and Quantitative Analysis, 2009, Vol. 44, No. 1, pp. 85 – 108.

[22] Grinblatt, M. and C. Y. Hwang, Signalling and the pricing of new issues. The Journal of Finance, 1989, Vol. 44, No. 2, pp. 393 – 420.

[23] Ljungqvist, A., V. Nanda and R. Singh, Hot Markets, Investor Sentiment, and IPO Pricing. The Journal of Business, 2006, Vol. 79, No. 4, pp. 1667 – 1702.

[24] Megginson, W. L. and K. A. Weiss, Venture capitalist certification in initial public offerings. The Journal of Finance, 1991, Vol. 46, No. 3, pp. 879 – 903.

[25] Miller, E. M., Risk, uncertainty, and divergence of opinion. The Journal of Finance, 1977, Vol. 32, No. 4, pp. 1151 – 1168.

[26] Purnanandam, A. K. and B. Swaminathan, Are IPOs really underpriced? Review of Financial Studies, 2004, Vol. 17, No. 3, pp. 811 – 848.

[27] Ritter, J. R. and I. Welch, A review of IPO activity, pricing, and allocations. The Journal of Finance, 2002, Vol. 57, No. 4, pp. 1795 – 1828.

[28] Ritter, J. R., The "hot issue" market of 1980. Journal of Business, 1984, Vol. 57, No. 2, pp. 215 – 240.

[29] Su, D. and B. M. Fleisher, An empirical investigation of underpricing in Chinese IPOs. Pacific – Basin Finance Journal, 1999, Vol. 7, No. 2, pp. 173 –

202.

　　[30] Welch, I. , Seasoned offerings, imitation costs, and the underpricing of initial public offerings. The Journal of Finance, 1989, Vol. 44, No. 2, pp. 421 – 449.

　　[31] Zhang, X. , Information uncertainty and stock returns. The Journal of Finance, 2006, Vol. 61, No. 1, pp. 105 – 137.

投资者情绪、承销商行为与 IPO 定价

——基于网下机构询价数据的实证分析*

摘要：本文基于 380 家 IPO 公司机构投资者报价的详细数据，研究了投资者情绪及承销商在 IPO 定价过程中的作用。研究发现，投资者情绪越高，询价阶段的机构投资者报价越高。总体上，承销商在机构报价的基础上进一步上调了发行价，但其上调幅度与投资者情绪无显著关系，而与机构报价相对公司内在价值的高低显著负相关。此外，投资者情绪与 IPO 抑价（以内在价值减发行价度量）显著负相关、与 IPO 溢价和 IPO 首日回报率显著正相关。本文丰富了 IPO 定价的相关文献，并对市场化定价阶段的新股定价监管策略有重要启示。

一、引　　言

2009 年 6 月之前，我国实行的询价制并非真正市场化的询价制度，监管层一直严格控制新股发行价格上限。这一有名无实的询价制导致了我国独树一帜的 IPO 首日回报率。据统计，2006 ~ 2008 年，我国 IPO 首日回报高达 149%（Song et al.，2014）。为进一步提高资本市场定价效率，我国从 2009 年 6 月开始进行询价制度市场化改革。经过不断的改进和完善，改革后的询价制度初见成效，IPO 首日回报率大幅降低，新股定价效率明显提高（刘志

---

* 论文原文信息：宋顺林、唐斯圆：《投资者情绪、承销商行为与 IPO 定价——基于网下机构询价数据的实证分析》，载《会计研究》2016 年第 2 期。论文探讨了市场化定价阶段，投资者情绪和承销商行为对新股定价的影响，对注册制后的新股发行定价有一定参考价值。

远等，2011）。然而，询价制度市场化改革之后，新股首日频频"破发"（跌破发行价）、创业板三高问题（高发行价、高市盈率、高超募资金）突出。面对市场化改革后的一系列矛盾与问题，监管层表示要坚定走市场化定价方向，强调发挥市场在新股定价中的决定性作用。可见，研究市场化定价下的新股定价问题极具意义。然而，国内现有文献主要集中于解释我国较高的IPO首日回报率，市场化阶段新股发行价的形成过程在文献上还是一个黑匣子，相关研究稀缺（俞红海等，2013；邵建新等，2013）。本文利用2010年强制披露机构报价数据这一契机，研究投资者情绪和承销商行为在新股定价过程中的作用，以期打开市场化定价阶段新股定价的黑匣子。

具体地，本文基于2010~2012年380家IPO公司网下询价机构投资者报价的详细数据，研究了投资者情绪及承销商在IPO定价过程中的作用。研究发现，投资者情绪越高时，询价阶段机构投资者的报价越高。此外，承销商在机构报价的基础上进一步上调了发行价，其上调幅度与投资者情绪无显著关系、与机构报价相对公司内在价值的高低显著负相关。最后，投资者情绪与IPO抑价（以内在价值减发行价度量）显著负相关、与IPO首日回报率显著正相关。上述结果表明，投资者情绪通过影响初始报价阶段的机构报价推高了新股发行价，进而降低了IPO抑价。承销商总体上在最终定价阶段在机构报价的基础上进一步提高了发行价，并且利用了机构报价中的投资者情绪成分。但承销商对投资者情绪的利用是不充分的，表现为投资者情绪与IPO首日回报仍然正相关。并且，承销商在机构报价较高时，也可能会调低发行价，起到一定的缓冲作用。

本文的贡献主要表现在两个方面：第一，拓展了IPO定价的相关研究。现有IPO定价的文献主要研究承销商声誉等因素对发行价（一级市场价IPO抑价）的影响（俞红海等，2013），或者研究投资者情绪等因素对首日交易价格（二级市场IPO溢价）的影响（Ritter and Welch，2002），对新股一级市场定价过程的研究较少（Derrien，2005；Ljungqvist et al.，2006）。本文利用2010年开始强制要求披露的机构详细报价数据，研究了投资者和承销商在新股一级市场定价过程中（从机构报价到发行价）的作用，有助于打开一级市场中新股定价的黑匣子。第二，市场化的询价制度在我国实施时间还不长，相关研究十分稀缺（俞红海等，2013；邵建新等，2013），本文的研究结论有助于对市场化改革后的询价制度进行评价，也为新股定价市场化下的监管策略提供重要启示。

本文余下部分安排如下：第二部分简要介绍我国的 IPO 发行制度并梳理相关文献，第三部分进行理论分析，第四部分为研究设计，第五部分报告实证结果，最后是总结。

二、制度背景与文献综述

（一）中国特色的询价制

询价制是通过向询价对象询价来确定发行价格的一种新股发行定价方式。询价对象主要包括基金管理公司、证券公司、信托投资公司等机构投资者。在国际资本市场中，询价制度已被广泛运用于新股发行定价。自 2004 年引进询价制以来，询价制在我国已走过十多个年头。2009 年 6 月，为了提高新股发行定价的效率，我国正式推出询价制度市场化改革。监管层对发行定价管制的态度几经变化。在询价制度市场化改革伊始，监管层完全放开了发行价格管制，实行真正的市场化定价。后来由于"三高"等问题的出现，又重新采取了一定的价格管制措施。对市场化定价引发问题的担忧导致监管层至今仍然不敢完全放开发行定价管制。

根据 2010 年 11 月开始施行的《证券发行与承销管理办法》，询价过程主要包括三个阶段。第一阶段为初步询价阶段，发行人及其保荐机构向不少于20 家询价对象进行初步询价，并根据询价对象的报价结果确定发行价格区间及相应的市盈率区间。第二阶段为累积投标阶段，发行人及其保荐机构在发行价格区间内向询价对象进行累计投标，并根据累计投标询价结果确定发行价格，按此价格向投资者配售股票，所有合格的询价对象均可以参与。第三阶段为最终定价阶段，发行人和保荐人（主承销商）根据初步询价或累计投标询价结果，综合考虑发行人基本面、所处行业及市场环境等因素，确定最终的发行价格。

(二) 文献综述

现有文献主要基于理性和不完全理性理论两类假定对 IPO 首日回报率进行解释，其中基于理性假定的主要是信息不对称理论（Beatty and Ritter，1986）。根据发行人与投资者的信息不对称理论，投资者眼中的新股价值不确定性越大，IPO 抑价越高。洛克（Rock，1986）基于投资者之间的信息不对称，提出了"赢者诅咒"假说，认为发行人需要抑价发行，以吸引信息劣势的投资者申购新股。刘志远等（2011）发现，放开发行价格管制之后，IPO 抑价程度降低，中小投资者的"赢者诅咒"问题开始在中国出现。但是，世界范围内，IPO 首日回报率如此之高，很难从完全理性的角度来解释，因此里特和韦尔奇（Ritter and Welch，2002）建议学者利用行为金融学来研究 IPO 首日回报率问题。

目前，国内外众多研究已经证实，投资者情绪理论可以用来解释 IPO 首日回报率，即投资者情绪影响二级市场的 IPO 溢价（Ljungqvist and Wilhelm，2003；韩立岩和伍燕然，2007）。最近，国外一些研究开始关注投资者情绪对一级市场 IPO 抑价的影响。德里安（Derrien，2005）研究发现个人投资者的需求会导致更高的 IPO 定价、更高的首日回报率和更差的长期市场表现。永奎斯特等（Ljungqvist et al.，2006）的模型表明，承销商会利用投资者的情绪提高新股发行价。国内少量研究开始利用网下询价的详细数据，研究 IPO 抑价的形成过程。俞红海等（2013）研究发现询价机构之间过度竞争是导致 IPO 定价过高的原因之一。邵建新等（2013）发现承销商在询价阶段利用定价权力进一步抬高发行价。李冬昕等（2014）研究发现，机构询价报价意见分歧越严重，IPO 定价过高的问题就越突出。

现有文献主要存在两点不足：第一，以往研究往往只关注 IPO 抑价，很少研究关注新股发行价的形成原因，IPO 发行价的形成过程仍然是一个黑匣子。第二，国外研究通常用 IPO 首日回报率衡量 IPO 抑价，早期国内的研究也主要承袭这一做法。但是用 IPO 首日回报率度量 IPO 抑价的前提是首日收盘价能够较好地反映公司的内在价值，而在我国这一前提可能并不成立。最近一些研究表明，中国股票市场的 IPO 首日回报率不仅包括一级市场的 IPO 抑价，还包括二级市场的 IPO 溢价，并且 IPO 溢价可能还占主要部分（Song et al.，2014）。IPO 抑价主要考察一级市场定价问题，IPO 溢价则主要考虑二级市场发行问题。按估算的内在价值将 IPO 首日回报率分为 IPO 抑价和 IPO 溢价进行考察，更符合中国特殊的背景和研究需要。

三、理论分析与研究假说

发行人和投资者之间存在信息不对称，投资者不知道公司的真实价值（Beatty and Ritter，1986）。当投资者情绪较为乐观时，一些机构投资者可能对公司价值的估值较高，从而在询价阶段报出一个较高的价格。即使部分机构投资者作为专业的投资者，对公司估值不容易受投资者情绪影响。当他们预期在投资者情绪较高的阶段，其他机构投资者的报价和二级市场的股价都相对较高时，为了获得网下配售权，报一个相对较高的价格也是一种理性的投机行为。尤其是，询价过程中机构投资者之间可能存在过度竞争（俞红海等，2013），在投资者情绪较高时报高价可能是机构投资者的最优策略。根据上述分析，我们提出研究假说 H1：在初步询价阶段，投资者情绪越高，机构投资者的报价越高。

在现行发行定价体制下，承销商在最终定价阶段有很大的定价自主权，他们可以在机构报价的基础上调高或调低公司的发行价。理论上，承销商既有动机调高发行价，又有动机调低发行价，因此承销商最终是否会利用投资者情绪进一步在询价结果的基础上调高发行价没有定论。一方面，承销商的收入与募集资金的多少挂钩，而在发行数量既定的条件下，募集多少资金又取决于发行价格。因此，承销商有很大动机利用投资者的乐观情绪进一步抬高发行价，以收取更高的承销费用。另一方面，IPO 定价市场化改革以后，"三高"问题和"破发"日益受到市场和监管层的关注，而此问题与过高的发行价紧密相关。因此，承销商也有动机避免过高的发行价，以规避"破发"带来的声誉损失。尤其是,当机构报价已经反映较高的投资者情绪时,如果承销商进一步利用投资者情绪推高发行价,可能会引起监管部门和投资者的察觉,进而给承销商造成声誉损失(邵新建等,2013)。对在最终定价阶段承销商是否会利用投资者情绪进一步调高发行价的分析没有定论,我们以零假说的方式提出假说 H2:在最终定价阶段,承销商不会利用投资者情绪提高最终发行价格。

永奎斯特等(Ljungqvist et al.,2006)、德里安(Derrien,2005)分别建立模型阐述了投资者情绪对 IPO 定价的影响。他们的模型均证明,承销商在 IPO 定价时不仅参考公司的内在价值,而且会参考投资者的情绪,理性的承销商会利用投资者的情绪提高发行价格,进而降低 IPO 抑价。我们的分析表明,机构投资者在询价阶段可能因为乐观的投资者情绪抬高发行价,而承销商在最终定价阶段可能会,也可能不会利用投资者情绪进一步抬高发行价。但是,即便是承销商在最终定价阶段不会利用投资者情绪进一步抬高发行价,投资者情绪仍然可能通过影响机构报价而影响最终发行价,最终降低 IPO 抑价。基于上述分析,我们提出假说 H3:投资者情绪与 IPO 抑价显著负相关。

四、研 究 设 计

(一)样 本 与 数 据 来 源

为检验本文的研究问题,我们选择市场化定价阶段的 IPO 公司为样本。2010 年 10 月后,发行人和承销商必须披露参与询价机构的具体报价情况,这为我们研究新股发行定价机制提供了机会,因此我们选定的样本区间为 2010 年 11 月~2012 年 10 月(IPO 暂停上市)。由于主板询价机制和中小板、创业板询价机制有所不同,加之主板发行股票数量较少,参考俞红海等(2013)的做法,我们仅使用中小板和创业板的样本进行研究。在剔除了分析师预测价格、投资者情绪及公司特征等变量缺失的样本后,我们最终获得了 380 家 IPO 公司。为消除异常值对实证结果的影响,本文对连续变量进行了上下 1% 的缩尾处理。本文中机构投资者详细报价及申购数据通过 WIND 数据库手工搜集整理，分析师价格预测数据来自 WIND 和 CSMAR 数据库，IPO 发行前三年财务数据来自色诺芬数据库，其他数据来自 CSMAR 数据库。

（二）回归模型和变量

为检验假说 H1 ~ H3，我们设计了如下模型：

$$BIDPRICE = \alpha + \beta_1 \times SENT + CONTROLS + \varepsilon \tag{1}$$

$$ADJUST = \alpha + \beta_1 \times SENT + \beta_2 \times BIDPRICE + CONTROLS + \varepsilon \tag{2}$$

$$IRUP = \alpha + \beta_1 \times SENT + CONTROLS + \varepsilon \tag{3}$$

模型（1）~模型（3）中，因变量分别是 $BIDPRICE$、$ADJUST$、$IRUP$。$BIDPRICE$ 表示询价阶段的机构报价高低，由（机构报价－公司内在价值）/发行价得出；$ADJUST$ 表示最终定价阶段的调整幅度，由（发行价－机构报价）/发行价得出；$IRUP$ 表示 IPO 抑价，由（公司内在价值－发行价）/发行价得出。$ADJUST$ 及 $IRUP$ 两个变量均涉及要度量公司的内在价值。本文参考宋等（Song et al.，2014），以分析师对新股的预测价格的中位数度量公司的内在价值。

主要自变量为 $SENT$，表示投资者情绪。对投资者情绪的衡量，学术界没有统一指标，一般使用主成分分析法，综合多个变量得出一个投资者情绪的综合因子。我们主要借鉴贝克和伍格勒（Baker and Wurgler，2007）及伍燕然等（2012）的方法，利用以下六个情绪变量综合得到投资者情绪因子：（1）市场换手率（月度）；（2）封闭式基金折价率（月度）；（3）股东开户数（月度）；（4）A 股的整体市盈率（月度）；（5）上证指数近三个月的回报率；（6）A－H 股溢价。具体计算方法见表1。模型（1）~模型（3）中的控制变量相同。为了控制信息不对称的影响，我们在回归中控制了分析师预测价格意见分歧（$UNCER$）。此外，参考以往文献（张学勇和廖理，2011；俞红海等，2013），我们加入了其他的相关控制变量。各变量的具体定义参见表1。

表 1   **变量定义**

变量	变量定义
IRUP	IPO 抑价；由（公司内在价值 – 发行价）/发行价得出，公司内在价值等于分析师对新股预测价格的中位数
IR	首日回报率；由（公司首日收盘价 – 发行价）/发行价得出
IROP	IPO 溢价；由（公司首日收盘价 – 公司内在价值）/发行价得出，公司内在价值等于分析师对新股预测价格的中位数
*CAR*30	新股上市后 30 天的超额市场回报
*CAR*90	新股上市后 90 天的超额市场回报
BIDPRICE	机构报价；由（机构报价中位数 – 公司内在价值）/发行价得出，公司内在价值等于分析师对新股预测价格的中位数
ADJUST	调整幅度；由（发行价 – 机构报价中位数）/发行价得出
*SENT*1	投资者情绪指数 1；先根据六个情绪变量及其滞后期选出相关性最大的六个变量，然后再对其进行主成分分析
*SENT*2	投资者情绪指数 2；根据六个情绪相关变量进行因子分析得出
UNCER	公司价值不确定性；分析师预测价格意见分歧 = 预测价格的方差/预测价格均值
UW	承销商资产规模当年为前十大取"1"，否则取"0"
REGU	市场化询价制度改革后的定价管制；2012 年 4 月 27 日前取"1"，之后取"0"
TOPONE	第一大股东持股比例
AGE	公司年龄；由发行当年减去公司成立年得出
MV	发行规模的自然对数由 Ln（发行数量 × 发行价格）得出
SIZE	资产规模；等于公司总资产的自然对数，取上市前三年平均
BPS	每股净资产；等于公司净资产与公司总股本的比值，取上市前三年平均
LEV	资产负债率；等于公司总负债与总资产的比值，取上市前三年平均
EPS	每股收益；等于公司总盈利与公司总股本的比值，取上市前三年平均
BOARD	上市公司为创业板取"1"，否则取"0"
INSNUM	询价机构数；等于参与询价的机构数量的自然对数
*MACRO*1	工业增加值同比增长率
*MACRO*2	社会消费品零售总额同比增长率

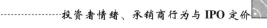

表 2 报告了本文主要自变量和因变量的描述性统计。结果显示，样本期间，以分析师预测价格估计内在价值时，IPO 抑价平均为 8.4%。说明在市场化定价阶段，新股发行价较高、IPO 抑价水平较低。在询价阶段，机构报价均值低于公司内在价值 15%，表明总体上机构的报价并不高。在最终定价阶段，承销商平均在询价结果的基础上将发行价提高了 6%，说明总体上承销商在机构报价的基础上抬高了发行价。

表 2   描述性统计

变量	样本量	平均值	标准差	最小值	中位数	最大值
IRUP	380	0.0841	0.152	-0.336	0.07	0.864
BIDPRICE	380	-0.152	0.174	-0.848	-0.14	0.953
ADJUST	380	0.0611	0.117	-1	0.05	0.840
*SENT*1	380	-0.464	0.354	-0.976	-0.61	0.300
*SENT*2	380	0.253	0.880	-1.084	0.06	0.480

五、实证结果

（一）假设检验

为检验研究假说 H1，本文首先对模型（1）进行回归，考察投资者情绪对询价阶段机构报价的影响。表 3 列（1）、列（2）显示，在控制其他变量后，*SENT*（投资者情绪）与 *BIDPRICE*（机构报价）在 0.01 的显著性水平下正相关。表明在询价阶段，投资者情绪越乐观，机构投资者在询价阶段的报价越高。

为检验假说 H2，我们对模型（2）进行回归，考察投资者情绪对最终定价阶段价格调整幅度的影响。表 3 列（3）、列（4）的回归结果显示，在控制其他变量后，*SENT*（投资者情绪）与 *ADJUST*（调整幅度）负相关，但这种相关性并不显著，并没有明显的证据表明承销商在最终定价阶段进一步利用投资者情绪抬高了发行价。此外，*BIDPRICE*（机构报价）与*ADJUST*（调整幅度）显著负相关，说明当机构报价较高时，承销商在机构报价的基础上调的幅度较小。这一结果表明，虽然承销商总体上在机构报价的基础上调高了发行价，但也有动机在机构报价较高时调低发行价，起到缓冲的作用，表现为承销商在最终定价阶段并没有利用投资者情绪调高发行价，反而会在机构报价较高时降低上调幅度。我们推测，承销商之所以能起到缓冲的作用，主要是基于声誉的考虑，担心"破发"导致的声誉损失和政府管制。

在详细研究了IPO定价过程中投资者情绪对发行价格的影响渠道后，我们最终落脚于投资者情绪对IPO抑价的影响，从整体角度考察投资者情绪对IPO发行价格的影响。表3列（5）、列（6）的结果一致地显示，在控制其他因素后，*SENT*（投资者情绪）与*IRUP*（IPO抑价）在0.01的显著性水平下负相关。说明投资者情绪越高时IPO抑价越低，支持了我们的研究假说H3。

表3 投资者情绪、承销商行为与IPO定价

变量	BIDPRICE		ADJUST		IRUP	
	（1）	（2）	（3）	（4）	（5）	（6）
*SENT*1	0.157 *** (4.11)		−0.009 (−0.26)		−0.095 *** (−2.99)	
*SENT*2		0.050 *** (3.24)		0.000 (0.04)		−0.036 *** (−2.97)
BIDPRICE			−0.392 *** (−3.95)	−0.394 *** (−4.07)		
UNCER	−0.145 (−0.96)	−0.133 (−0.86)	−0.094 (−1.03)	−0.094 (−1.02)	0.012 (0.08)	0.002 (0.02)
UW	−0.024 (−1.57)	−0.023 (−1.54)	−0.014 (−1.36)	−0.014 (−1.37)	0.027 * (1.75)	0.027 * (1.74)
TOPONE	−0.112 ** (−2.28)	−0.114 ** (−2.36)	0.008 (0.29)	0.007 (0.24)	0.070 ** (2.09)	0.074 ** (2.21)

续表

变量	BIDPRICE		ADJUST		IRUP	
	(1)	(2)	(3)	(4)	(5)	(6)
REGU	-0.011 (-0.20)	-0.005 (-0.10)	-0.051 (-1.18)	-0.051 (-1.19)	0.050 (0.83)	0.047 (0.79)
AGE	0.010 (0.64)	0.011 (0.71)	-0.001 (-0.11)	-0.001 (-0.11)	-0.002 (-0.14)	-0.003 (-0.20)
MV	0.051 ** (2.27)	0.062 *** (2.81)	0.053 ** (2.39)	0.051 ** (2.42)	-0.076 ** (-2.46)	-0.080 *** (-2.72)
SIZE	-0.038 ** (-2.10)	-0.045 ** (-2.46)	-0.037 ** (-2.08)	-0.036 ** (-2.07)	0.052 ** (2.11)	0.056 ** (2.31)
BPS	0.002 (0.41)	0.002 (0.45)	0.005 (1.25)	0.005 (1.25)	-0.004 (-0.61)	-0.004 (-0.64)
LEV	0.008 (0.10)	0.022 (0.29)	0.086 (1.59)	0.084 (1.57)	-0.077 (-1.07)	-0.085 (-1.19)
EPS	-0.013 (-0.89)	-0.014 (-1.01)	-0.015 (-1.51)	-0.015 (-1.50)	0.015 (0.88)	0.016 (0.93)
BOARD	-0.005 (-0.21)	-0.004 (-0.17)	-0.048 *** (-3.36)	-0.048 *** (-3.37)	0.054 ** (2.48)	0.054 ** (2.48)
INSNUM	0.078 *** (3.83)	0.071 *** (3.48)	0.002 (0.10)	0.003 (0.11)	-0.056 * (-1.84)	-0.051 * (-1.70)
MACRO1	0.001 (0.06)	-0.002 (-0.14)	-0.011 * (-1.85)	-0.011 * (-1.77)	0.010 ** (2.11)	0.012 ** (2.46)
MACRO2	0.013 *** (3.86)	0.014 *** (3.88)	0.001 (0.62)	0.002 (0.73)	-0.012 *** (-3.66)	-0.013 *** (-3.81)
CONSTANT	-0.376 (-0.98)	-0.382 (-0.98)	0.248 (0.90)	0.251 (0.90)	0.136 (0.36)	0.134 (0.36)
INDU/YEAR	Yes	Yes	Yes	Yes	Yes	Yes
N	380	380	380	380	380	380
R-squared	0.245	0.236	0.395	0.395	0.242	0.241

注：括号内为经异方差修正的t统计量，*、**、***分别表示回归系数在0.1、0.05、0.01的显著性水平下显著。变量定义参见表1。对年度作cluster处理不影响主要结果。

(二) 进一步分析

投资者情绪在提高发行价的同时,也会可能提高公司新股收盘价、影响 IPO 溢价 (新股首日被高估的部分)。如果投资者情绪对新股收盘价的影响大于发行价,则投资者情绪与 IPO 首日回报率正相关。永奎斯特等 (Ljungqvist et al., 2006) 的模型表明,承销商并不会充分利用投资者情绪抬高发行价,导致投资者情绪可能与首日回报率显著正相关。为验证这一推测,我们进一步考虑投资者情绪与 IPO 溢价 (IROP) 和 IPO 首日回报率 (IR) 的关系。其中,IPO 溢价 = (首日收盘价 – 内在价值)/发行价;IPO 首日回报率 = (首日收盘价 – 发行价)/发行价。表 4 中 Panel A 的结果显示,投资者情绪与 IPO 溢价与 IPO 首日回报率均显著正相关。这一结果也支持了永奎斯特 (Ljungqvist, 2006) 的结论。说明尽管投资者情绪较高时,机构投资者的报价较高,但仍然可以赚取较高的首日回报率。原因是,投资者情绪不仅影响机构投资者报价,也影响二级市场的定价,并且对二级市场的定价影响更大。但是,长期来看,当投资者情绪冷却时,二级市场的股价可能出现反转。为验证这一推测,我们检验了投资者情绪与新股上市后短期市场表现的关系。短期市场表现分别通过 30 天和 90 天的累计异常报酬率 (CAR30 和 CAR90) 度量。表 4 中 Panel B 的结果显示,投资者情绪与新股上市后的短期市场反应显著负相关,表明受情绪驱动的机构报价虽然可能短期内赚取较高的首日回报率,但却可能带来上市后较差的市场回报。

| 表 4 | | | | 进一步分析 |

Panel A:投资者情绪与 IPO 溢价、IPO 首日回报率

变量	IROP:IPO 溢价		IR:IPO 首日回报率	
	(1)	(2)	(3)	(4)
SENT1	0. 340 *** (2. 98)		0. 226 * (1. 79)	

Panel A：投资者情绪与IPO溢价、IPO首日回报率

变量	$IROP$：IPO 溢价		IR：IPO 首日回报率	
	（1）	（2）	（3）	（4）
$SENT2$		0.348 *** （3.53）		0.222 ** （2.18）
控制变量	Yes	Yes	Yes	Yes
$INDU/YEAR$	Yes	Yes	Yes	Yes
N	380	380	380	380
$R-squared$	0.371	0.367	0.329	0.327

Panel B：投资者情绪与新股上市后市场表现

变量	$CAR30$		$CAR90$	
	（1）	（2）	（3）	（4）
$SENT1$	-0.218 *** （-4.29）		-0.218 *** （-4.29）	
$SENT2$		-0.224 *** （-3.80）		-0.224 *** （-3.80）
控制变量	Yes	Yes	Yes	Yes
$INDU/YEAR$	Yes	Yes	Yes	Yes
N	380	380	380	380
$R-squared$	0.126	0.114	0.126	0.114

注：括号内为经异方差修正的 t 统计量，*、**、*** 分别表示回归系数在 0.1、0.05、0.01 的显著性水平下显著。变量定义参见表1。

（三） 稳健性检验

为了确保本文实证结果的严谨性，我们进行了如下稳健性检验，限于篇幅未进行列示：（1）参考普尔那南达和斯瓦米纳坦（Purnanandam and Swaminathan，2004）的方法，我们采用配对公司法来度量公司内在价值；（2）考虑到分析师预测可能存在的乐观偏误，正文中我们主要以分析师对新股预测

价格的中位数来度量公司内在价值，稳健性分析部分，我们采用分析师对新股预测价格的均值来度量公司内在价值；（3）我们参考伍燕然等（2012）的做法，重新计算了投资者情绪变量；（4）我们将度量投资者情绪的六个指标分别与机构报价（*BIDPRICE*）、调整幅度（*ADJUST*）和 IPO 抑价（*IPUP*）进行回归。回归结果与本文的主要结果基本一致，证明了本文主要结论的稳健性。

六、结论与启示

市场化 IPO 定价机制虽然大幅降低了 IPO 首日回报率，却带来了大面积的新股首日"破发"以及创业板"三高"问题。在市场化定价阶段，如何防止过高的新股定价损害投资者的利益，是管理决策层急需解决的问题。本文利用网下机构询价的独特数据，研究了投资者情绪和承销商行为在 IPO 定价过程中的作用。研究发现，投资者情绪与 IPO 抑价（以内在价值减发行价度量）显著负相关。具体而言，询价阶段，投资者情绪越高，机构投资者报价越高，表明投资者情绪可能通过影响机构报价推高发行价。最终定价阶段，承销商在机构报价的基础上进一步上调了发行价，其上调幅度与投资者情绪无显著关系、与机构报价相对公司内在价值的高低显著负相关。一方面，承销商有动机调高发行价，但其对投资者情绪的利用可能是不充分的（表现为投资者情绪与 IPO 首日回报率正相关）；另一方面，承销商基于声誉成本的考虑，也有动机避免发行价过高。此外，投资者情绪与 IPO 首日回报率显著正相关，但与 IPO 后的市场表现显著负相关。说明机构投资者在市场情绪较高时报高价的策略虽然可能导致上市后较差的市场回报，但却可以为其赚得较高的首日回报率，表明机构的高报价行为可能是理性的短期投机策略。

本文对文献和政策都有较重要的启示。对文献的启示是：第一，在市场化定价阶段，对 IPO 抑价的解释需要考虑投资者情绪的影响，研究投资者情绪对 IPO 首日回报率的影响需要考虑投资者情绪对 IPO 抑价和 IPO 溢价两个方面影响；第二，研究询价制下 IPO 定价行为需要考虑承销商在最终定价阶段调高和调低发行价格两方面的动机。对政策的启示是：首先，在市场化定价阶段，监管层需要密切关注投资者情绪在抬高发行价时产生的影响，尤其是机构投资者可能因为过于乐观而盲目推高发行价，进而影响新股定价效率。与此同时，监管层可能更需要关注新股首日投机炒作的影响，新股首日的高估值可能激励了机构的高报价行为（锁定制度可能会降低机构高报价的动机，因为上市后首日价格会向内在价值回归）。其次，承销商基于自身利益考虑有动机抬高发行价，但基于声誉考虑也有动机降低发行价，在下一阶段的询价制改革中，监管层可能考虑采取措施进一步发挥承销商的声誉约束作用，约束承销商损人利己的自利行为。值得说明的是，虽然本文发现市场化阶段投资者情绪可能推高发行价，但不意味着我们的研究支持 IPO 定价管制，毕竟定价管制可能带来其他的负面影响。

参考文献

［1］韩立岩、伍燕然：《投资者情绪与 IPOs 之谜——抑价或者溢价》，载《管理世界》2007 年第 3 期。

［2］李冬昕、李心丹、俞红海，等：《询价机构报价中的意见分歧与 IPO 定价机制研究》，载《经济研究》2014 年第 7 期。

［3］刘志远、郑凯、何亚南：《询价制度第一阶段改革有效吗》，载《金融研究》2011 年第 4 期。

［4］邵新建、薛熠、江萍，等：《投资者情绪、承销商定价与 IPO 新股回报率》，载《金融研究》2013 年第 4 期。

［5］伍燕然、潘可、胡松明，等：《行业分析师盈利预测偏差的新解释》，载《经济研究》2012 年第 4 期。

［6］俞红海、刘烨、李心丹：《询价制度改革与中国股市 IPO "三高"问题——基于网下机构投资者报价视角的研究》，载《金融研究》2013 年第 10 期。

［7］张学勇、廖理：《风险投资背景与公司 IPO：市场表现与内在机理》，载《经济研究》2011 年第 6 期。

［8］Baker, M. , Wurgler, J. , Investor Sentiment in the Stock Market. Journal of Economic Perspectives, Vol. 21, No. 2, 2007, pp. 129 – 152.

［9］Beatty, R. P. , Ritter, J. R. , Investment banking, reputation, and the underpricing of initial public offerings. Journal of Financial Economics, Vol. 15, No. 1, 1986, pp. 213 – 232.

［10］Derrien, F. , IPO Pricing in "Hot" Market Conditions: Who Leaves Money on the Table? The Journal of Finance, Vol. 60, No. 1, 2005, pp. 487 – 521.

［11］Ljungqvist, A. , Wilhelm, W. J. , IPO Pricing in the Dot-com Bubble. The Journal of Finance, Vol. 58, No. 2, 2003, pp. 723 – 752.

［12］Ljungqvist, A. , Nanda, V. , Singh, R. , Hot Markets, Investor Sentiment, and IPO Pricing. The Journal of Business, Vol. 79, No. 4, 2006, pp. 1667 – 1702.

［13］Purnanandam, A. K. , Swaminathan, B. , Are IPOs Really Underpriced? Review of Financial Studies, Vol. 17, No. 3, 2004, pp. 811 – 848.

［14］Ritter, J. R. , Welch, I. , A Review of IPO Activity, Pricing, and Allocations. The Journal of Finance, Vol. 57, No. 4, 2002, pp. 1795 – 1828.

［15］Rock, K. , Why New Issues Are Underpriced. Journal of Financial Economics, Vol. 15, No. 1, 1986, pp. 187 – 212.

［16］Song, S. L. , Tan, J. S. , Yi, Y. , IPO Initial Returns in China: Underpricing or Overvaluation? China Journal of Accounting Research, Vol. 7, No. 1, 2014, pp. 31 – 49.

投资者情绪如何影响股票定价？

——基于 IPO 公司的实证研究[*]

摘要：本文分析了投资者情绪如何影响股票定价，并以 2006～2011 年 917 家 IPO 公司为样本进行实证检验。结果发现：（1）市场情绪和个股具体的情绪均显著影响 IPO 溢价；具体而言，市场情绪较高组比较低组的 IPO 溢价高 36%（63% VS 27%），个股具体情绪较高组比较低组的 IPO 溢价高 24%（56% VS 32%）；（2）公司价值不确定性越高，市场情绪对 IPO 溢价的影响越大；公司投机风险越高，市场情绪对 IPO 溢价的影响越小；（3）IPO 溢价较高的公司，其股价在上市后会逐渐反转。

一、引　言

有效市场学派不考虑投资者情绪，坚信股票收益率只取决于股票的系统风险（Fama，1991）。然而，有效市场学派的理论无法解释股票市场的众多异常。针对 20 世纪 80 年代发现的股票市场异象（Barberis and Thaler，2003），自 90 年代开始，行为金融学派的学者们开始构建投资者情绪模型试图解释之（Shiller，2003）。至今，虽然有效市场学派和行为金融学派尚存在争议，但行为金融理论的应用已有目共睹。[①] 即使在股票市场有效程度较高

---

　* 论文原文信息：宋顺林、王彦超：《投资者情绪如何影响股票定价？——基于 IPO 公司的实证研究》，载《管理科学学报》2016 年第 5 期。论文探讨了投资者情绪如何影响新股首日收盘价，对于理解注册制后的新股首日定价有一定参考价值。
　① 2013 年，有效市场的代表人物尤金·法玛（Eugene Fama）和行为金融的代表人物罗伯特·席勒（Robert Shiller）共同获得诺贝尔经济学奖这一殊荣。

的美国，行为金融仍然方兴未艾。而在我国，行为金融的相关研究才刚刚起步。目前，已有一些研究应用投资者情绪理论解释我国股票市场的一些异常，包括"封闭式基金之谜""新股高换手率之谜""非理性联运之谜"等（伍燕然和韩立岩，2007；邵新建等，2011；李广子等，2011）。但是，仍有一些基本的问题尚未得到解决。例如，投资者情绪如何以及多大程度上影响股票价格？哪些公司的股价更容易受投资者情绪影响？

鉴于此，本文首先从理论上分析投资者情绪影响股票价格的路径，然后以IPO公司为样本对理论假说进行严谨的实证检验。以IPO公司为样本具有独特优势。检验投资者情绪对股价的影响的主要困难在于难以准确度量公司的内在价值，而使用IPO公司可以利用分析师的预测价格更好地度量内在价值[①]。以2006~2011年917家IPO公司为样本，研究结果表明：（1）IPO溢价平均高达45%，新股首日价格被严重高估。（2）市场情绪和个股具体的情绪均显著影响IPO溢价。具体而言，市场情绪较高组比较低组的IPO溢价高36%（63% VS 27%），个股具体情绪较高组比较低组的IPO溢价高24%（56% VS 32%）。说明市场情绪和个股具体的情绪均能对股票价格产生重大影响，但相对而言市场情绪的影响更大。（3）公司价值不确定性越高，市场情绪对IPO溢价的影响越大；公司投机风险越高，市场情绪对IPO溢价的影响越小。表明市场情绪对股票价格的影响程度因公司而异。（4）IPO溢价较高的公司，其股价在上市后会逐渐出现反转，说明被高估的新股股价上市后会向内在价值回归。

上述发现对文献和政策有以下几点贡献。首先，本文拓展了投资者情绪的文献。以往文献验证了投资者情绪对股票价格的影响（韩立岩和伍燕然，2007；江洪波，2007），本文则厘清了投资者情绪对股票价格的影响途径，量化了不同情绪对股价的影响程度，并进一步检验了市场情绪对不同类型公司的影响。并且，本文在贝克和伍尔格勒（Baker and Wurgler，2006，2007）提出的理论框架的基础上进一步考虑了个股具体情绪对股价的影响以及投机

[①] 由于新股定位时（即分析师对新股的价格预测）尚未有机构重仓持有新股，并且所属承销商的分析师不得发表对新股的投资推介，分析师对新股的价格预测面临的利益冲突程度较低，预测价格更可能接近公司的内在价值。

风险对市场情绪和股价关系的影响。其次，本文拓展了 IPO 首日回报率之谜的文献。本文发现新股首日价格被严重高估，并且投资者情绪理论可以解释首日价格的高估幅度，这将拓展 IPO 首日回报率之谜的解释（韩立岩和伍燕然，2007；江洪波，2007；宋双杰等，2011；刘煜辉和沈可挺，2011；黄俊和陈信元，2013）。并且，我们发现，新股价格高估在上市后会出现反转，这将有助于进一步理解 IPO 长期表现低迷之谜。最后，本文的结果表明，新股的价格很大程度上受投资者情绪影响，表明我国新股二级市场的定价效率较低。

二、文　献　评　述

行为金融建立在两个基础之上（Barberis and Thaler，2003）：一是投资者受心理因素影响（Shleifer and Summers，1990）；二是有限套利，即非理性行为可以对股价有长期的影响（De and Shleifer，1990；Shleifer and Summers，1990）。广义地看，投资者情绪是指投资者形成的有关未来现金流和投资风险的信念与事实有偏差；狭义地看，可将投资者情绪视为乐观或悲观，或者投资者的投机倾向（Baker and Wurgler，2006、2007），本文持狭义的观点。投资者情绪的相关文献可谓浩如烟海，本文仅简要介绍国外投资者情绪的理论发展和最新应用以及该理论在我国的应用现状。

20 世纪 90 年代，国外一系列文献开始建模分析投资者情绪对股价的影响（Barberis et al.，1998；Daniel et al.，1998）。随后，大量文献应用投资者情绪理论解释股票定价。一些文献运用投资者情绪理论解释新股定价。这些研究发现，个人投资者购买 IPO 股票的行为受情绪驱动，为新股支付了更高的价格，导致了更高的首日回报率和更差的长期市场表现（Ljungqvist et al.，2006；Derrien，2005；Dorn，2009）。另外，一些文献检验了投资者情绪对二级市场股票定价的影响。这些研究发现：投资者情绪越高，随后的股票回报率越低（Baker and Wurgler，2006）；并且，投资者情绪可以在各国股票市场间传播（Baker et al.，2012），对股票市场的大量异常均有放大效应（Stambaugh et al.，2012、2014）。相对于美国，我国股票市场的有效程度较低，行为金融理应更具应用空间。近年来，越来越多的研究应用行为金融理论解释我们股票市场的一些现象。首先，投资者情绪理论用以解释我国的新股定价。这些研究表明，我国IPO首日回报率较高的主要原因是投资者情绪导致了较高的首日价格（刘煜辉和沈可挺，2011；Song et al.，2014），投资者情绪导致的首日股价高估在长期内会出现反转（韩立岩和伍燕然，2007；江洪波，2007）。其次，一些研究检验了投资者情绪对二级市场股价的影响。与国外的研究类似，这些研究发现投资者情绪能够影响二级市场的股票价格（文凤华等，2014；刘维奇、刘新新，2014）。最后，投资者情绪理论用以解释我国股票市场的一些异常。例如，伍燕然、韩立岩（2007）用投资者情绪理论解释我国的"封闭式基金之谜"，邵新建等（2013）用投资者情绪理论解释IPO首日的"高换手率之谜"，李广子等（2011）用投资者情绪理论解释名字相似股票之间的收益率"非理性联运之谜"。

纵观现有研究，我们发现，投资者情绪的理论建构在20世纪90年代已经较完善。并且，投资者情绪理论在国内外都得到了实证检验和广泛应用。然而，投资者情绪的理论和实证并不完善，现有研究虽然发现投资者情绪理论可以用来解释我国股票市场的一些异常，但关于投资者情绪对股票价格的影响程度以及投资者情绪如何影响股价还尚待研究。

三、理 论 分 析

投资者情绪不仅包括市场情绪（market sentiment），还包括个股具体的情绪（firm specific sentiment）。前者指与时间序列有关但与具体公司无关的市场层面的投资者情绪，后者指只与具体公司有关但与市场层面无关的投资者情绪。[1] 这两类情绪一起对公司股价产生影响。如图1所示，市场情绪和个

---

[1] 市场上和文献上都通常将市场情绪当作投资者情绪，个股具体的情绪往往被忽略。实际上，两类情绪都存在（感谢匿名审稿人提出这点宝贵意见）。这两类情绪可能相互相用，但是具体以何种方式叠加则不清楚，所以不能简单地加总；并且，由于一类情绪与时间序列有关，而另一类情绪与只与公司有关，二类指标的维度不同，所以不能简单地把它们综合成一个情绪因子。因此，我们分别考察它们对股票价格的影响。

股具体的情绪都会对公司股价产生影响；并且，市场情绪对公司股价的影响还受价值不确定性和投机风险两个公司特征影响。[①] 下文详细分析投资者情绪对公司股价的影响。

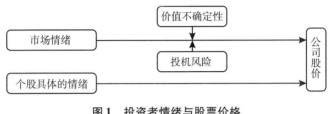

图 1　投资者情绪与股票价格

（一）投资者情绪对股价的影响

投资者情绪能否影响公司股价取决于以下两个条件是否满足：（1）部分投资者的交易行为受情绪影响（Barberis et al.，1998）；（2）有限套利。德等（De et al.，1990）认为，第一个条件显然满足，非理性投资者的存在已得到广泛认可。并且，他们还证明，第二个条件也满足，套利者不仅面临基本面风险而且面临噪音交易者风险，理性投资者的套利行为受到限制。[②] 国外现有的研究证实了理论预测，即投资者情绪能够影响公司股价。

由于我国股票市场特殊的制度背景，投资者受情绪影响和有限套利两个条件更加成立。首先，我国投资者的交易行为更容易受情绪影响。我国股票市场个人投资者占多数。相对于专业的机构投资者，个人投资者往往缺乏专业的知识、研究的投入（Malmendier and Shanthikumar，2007），他们的交易行为更可能受情绪驱动。此外，我国股票属于新兴市场，市场投机气氛重（苏冬蔚，2009；田利辉，2010）。市场投机氛围越浓，投资者的交易行为往往越容易受情绪影响（Baker and Wurgler，2007）。其次，我国股票市场套利

---

① 由于个股具体的情绪内生于公司的特征，我们预期公司特征不会对个股具体的情绪和公司股价的关系产生影响，因此对此不作分析。

② DSSW 模型包括两类投资者：理性的知情投资者和非理性的噪音投资者，这两类投资者在市场中竞争共同决定股票价格。

的成本和风险更高。套利成本包括基本面风险、噪音交易者风险和执行成本（Barberis and Thaler，2003）。① 我国股票市场的套利者也要面临基本面风险，并且投资者面临的噪音交易者风险可能更大，因为市场上的噪音投资者更多，股票价格可能长期被高估或低估。此外，我国套利者的执行成本更高，尤其是对于价格被高估的股票，做空机制的缺乏限制了套利的执行（江洪波，2007）。

投资者情绪具体如何影响股价呢？我们从两个方面阐述投资者情绪影响公司股价的具体路径。第一，投资者情绪可简化为投资者的过于乐观或过于悲观。乐观情绪导致股价上升，而悲观情绪导致股价下降。由于投资者意见分歧和套利的限制，股价更容易反映乐观投资者的意见。第二，投资者情绪影响投资者的投机倾向（Baker and Wurgler，2007）。根据哈里森和克雷普斯（Harrison and Kreps，1978）的定义，投机行为是指投资者拥有随时出售股票的权力导致其愿意为股票支付更高的价格。投资者预期能将股票出售给更为乐观的投资者，因而愿意为股票支付更高的价格，可见投机行为受投资者情绪影响。哈里森和克雷普斯（Harrison and Kreps，1978）与莫里斯（Morris，1996）的模型都证明，投机会导致股价被高估。上述对投资者情绪与公司股价关系的分析对市场情绪和个股具体情绪均适用。因此，根据上述理论分析，本文提出研究假说 H1a 和 H1b。

H1a：市场情绪越高，公司股价越高；

H1b：个股具体的情绪越高，公司股价越高。

（二） 公司特征对市场情绪与股价关系的影响

市场情绪会对公司股价产生影响，但其影响程度可能因公司特征而异。由于前述分析表明，乐观情绪和投机行为可能是投资者情绪影响股价的两条途径，因此我们分析与此相关的两个重要维度（价值不确定性和投机风险）对市场情绪和股价关系的影响。

---

① 基本面风险指被套利股票出现重大利空消息的风险，噪音交易者风险指被套利的股票进一步偏离其内在价值的风险，执行成本是指执行套利策略的交易成本，包括交易佣金、买卖价差等。

价值不确定性。价值不确定性可以通过以下两条途径影响市场情绪与股价的关系。第一，市场乐观情绪对公司股价产生影响的前提是存在投资者意见分歧，意见分歧越大（Baker and Wurgler，2007），股价越容易受市场乐观情绪影响。价值不确定性较高的公司，投资者对公司估值的意见分歧较大，因此市场情绪对价值不确定性大的公司股价影响更大。第二，市场情绪影响公司股价的途径之一是影响投资者的投机行为。价值不确定性较高的公司更容易受投机者偏爱，因此市场情绪对价值不确定性大的公司的股价影响更大。①

投机风险。市场情绪影响公司股价的途径之一是通过投机行为，而投机者需要考虑投机风险（许年行等，2012；Kim et al.，2011），因此预期投机风险会影响市场情绪和股价的关系。现有文献发现，隐藏坏消息会累积负面消息，负面消息的集中释放会引发股价崩盘风险。类似地，市场的乐观情绪可能导致股价被高估、形成股价泡沫，最终引发投机风险（泡沫破裂的风险，即股价迅速向内在价值回归）。受市场情绪影响的投机者考虑到投机风险，可能会降低对股票的投机需求。因此，投机风险越大，市场情绪对股价的影响越小。值得指出的是，由于这里的投机风险主要指泡沫破裂的风险，而泡沫破裂只存在于股价被高估的时候，因此投机风险可能只影响市场情绪较高时情绪与股价的关系。

图2（a）和图2（b）更清晰地展示了上述理论分析的推论。如图2（a）所示，公司股价受市场情绪影响，市场情绪较高时，股票价格被高估，而市场情绪较低时，股价被低估。并且，市场情绪较高（较低）时，价值不确定性较高公司的股价被高估（低估）的幅度更大。如图2（b）所示，市场情绪较高时，投机风险较高公司的股价被高估的幅度更小；市场情绪较低时，投机风险不影响投资者情绪与股价的关系。

---

① 什么原因导致投机者更偏爱价值不确定性高的公司呢？原因是：价值不确定性高的公司，其估值的主观性较强，投机者容易为其高估值找支撑理由；并且，价值不确定性高的公司，未来更可能出现更为乐观的投资者，投机者预期将股票以更高的价格出售的可能性更大。

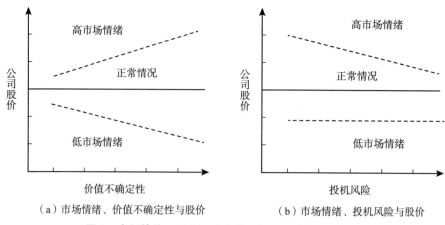

（a）市场情绪、价值不确定性与股价　　　（b）市场情绪、投机风险与股价

图 2　市场情绪、价值不确定性、投机风险与股票价格

根据上述理论分析，本文提出研究假说 H2 和 H3。

H2：公司价值不确定性越高，市场情绪对股价的影响程度越强；

H3：公司投机风险越高，市场情绪对股价的影响程度越弱。

四、研究设计

（一）样本选择与数据来源

为检验本文的研究问题，我们最初获得 2006 年 9 月 19 日至 2011 年 12 月 31 日的 IPO 公司 974 家。选择该区间的公司作为研究样本有两个原因：第一，2006 年 9 月 19 日出台了《证券发行与承销管理办法》，并且这时股改分置改革已接近尾声，选择该办法之后的 IPO 公司为样本以避免制度变化的干扰；第二，样本的截止日期为 2011 年 12 月 31 日，以保证有足够的时间获得 IPO 后长期市场表现的数据。在初始样本的基础上，进一步剔除金融行业及模型相关变量缺失的样本后，得到最终样本公司 917 家。表 1 描述了样本选择过程。

表1				样本选择			单位：家
项目	2006 年	2007 年	2008 年	2009 年	2010 年	2011 年	总计
最初样本	41	126	77	99	349	282	974
剔除：数据缺失的样本	2	4	4	5	21	21	57
最终样本	39	122	73	94	328	261	917

本研究所需的新股定位（即分析师对新股的价格预测）数据来源于 Wind 和 CSMAR 数据库。其中，Wind 数据库收录了大部分券商的新股定位数据，我们用 CSMAR 数据库中分析师对 IPO 公司上市前的价格预测数据作为补充，以弥补 Wind 数据库可能存在的遗漏。本文所需的 IPO 公司特征数据（主要包括发行价、每股收益和公司年龄等）和股票收益率数据均来自于 CSMAR 数据库。

（二）研究模型与变量定义

为检验本文的研究假说，我们建立回归模型（1）~（3）。其中，模型（1）用于检验假说 H1a 和 H1b，即市场情绪和个股具体的情绪对 IPO 溢价的影响；模型（2）则用于检验假说 H2，即公司价值不确定性对市场情绪与 IPO 溢价之间关系的影响；模型（3）则用于检验假说 H3，即投机风险对市场情绪与 IPO 溢价之间关系的影响。

$$OP_i = \alpha + \beta_1 \times Msent_t + \beta_2 \times Isent_i + \beta_3 \times UM10_i + \beta_4 \times NTS_i$$
$$+ \beta_5 \times Age_i + \beta_6 \times EPS_i + \beta_7 + Size_i + \sum Board$$
$$+ \sum Industry + \sum Year + \varepsilon \quad (1)$$

$$OP_i = \alpha + \beta_1 \times Msent_t + \beta_2 \times Isent_i + \beta_3 \times Uncer_i + \beta_4 \times Uncer_i \times Msent_t$$
$$+ \beta_5 \times UM10_i + \beta_6 \times NTS_i + \beta_7 \times Age_i + \beta_8 \times EPS_i$$
$$+ \beta_9 \times Size_i + \sum Board + \sum Industry + \sum Year + \varepsilon \quad (2)$$

$$OP_i = \alpha + \beta_1 \times Msent_t + \beta_2 \times Isent_i + \beta_3 \times Risk_i + \beta_4 \times Risk_i \times Msent_t$$
$$+ \beta_5 \times UW10_i + \beta_6 \times NTS_i + \beta_7 \times Age_i + \beta_8 \times EPS_i$$

$$+ \beta_9 \times Size_i + \sum Board + \sum Industry + \sum Year + \varepsilon \qquad (3)$$

模型（1）中，因变量为 OP_i，表示 i 公司的IPO溢价，主要自变量为 $Msent_t$ 和 $Isent_i$，分别表示 t 时刻的市场情绪和 i 公司的个股具体情绪。参考以往文献（宋双杰等，2011），控制变量中，我们主要考虑了 $UW10_i$（承销商规模）、NTS_i（非流通股持股比例）、Age_i（公司年龄）、EPS_i（每股收益）和 $Size_i$（发行规模）几个变量，另外还加入了IPO公司所属板块哑变量（$Board$）、行业哑变量（$Industry$）和年度哑变量（$Year$）。根据理论分析，预期 $Msent_t$、$Isent_i$ 与 OP_i 显著正相关。

模型（2）中，因变量为 OP_i，主要自变量为 $Msent_t$、$Isent_i$、$Uncer_i$（价值不确定）和 $Uncer_i \times Msent_t$，控制变量与模型（1）相同。为了减少模型的共线性问题，并便于交互项的解释，交互变量 $Uncer_i \times Msent_t$ 中的 $Uncer_i$ 使用的是哑变量，即高于中位数取1，低于中位数则取0。根据理论分析，预期 $Uncer_i \times Msent_t$ 与 OP_i 显著正相关。

模型（3）中，因变量为 OP_i，主要自变量为 $Msent_t$、$Isent_i$、$Risk_i$（价值不确定）和 $Risk_i \times Msent_t$，控制变量与模型（1）相同。与模型（2）类似，交互项 $Risk_i \times Msent_t$ 中的 $Risk_i$ 使用的是哑变量，高于中位数取1，低于中位数则取0。根据理论分析，预期 $Risk_i \times Msent_t$ 与 OP_i 显著负相关。模型（1）~（3）中各变量的详细定义见表2。

表2　　　　　　　　　　　　　　　　变量定义

变量名称	定义
因变量：	
OP	IPO溢价，由（首日收盘价－公司内在价值）/发行价得出，内在价值以分析师预测价格估计
主要解释变量：	
$Msent1$	市场情绪变量1，根据下述四个变量（PEM、$ATURN$、KH 和 $CEFD$）进行主成分分析得出的投资者情绪综合因子得分。得分越高，表示投资者情绪越高
$Msent2$	市场情绪变量2，根据下述六个变量（PEM、$ATURN$、KH、$CEFD$、AHP 和 $MCAR3$）进行主成分分析得出的投资者情绪综合因子

续表

变量名称	定义
主要解释变量：	
Isent1	个股情绪变量1，以剔除市场情绪和发行数量影响的网上超额认购倍数度量
Isent2	个股情绪变量2，以剔除市场情绪和发行数量影响的总超额认购倍数度量
Uncer1	价值不确定性变量1，首日价格波动，等于（首日最高价－首日最低价）/首日最高价与最低价的均值
Uncer2	价值不确定性变量2，上市前分析师预测价格的变异系数，等于分析师预测价格的标准差/预测价格均值
Risk1	投机风险变量1，发行市净率（PB），由每股发行价/每股净资产得出
Risk2	投机风险变量2，发行市盈率（PE），由每股发行价/每股收益得出
度量市场情绪使用的变量：	
PEM	A股市场的平均市盈率（月度），来自WIND数据库
ATURN	月度换手率，由上证综指在样本期间内的月累计成交金额/月累计流通市值得出
KH	月度新增股东开户数
CEFD	封闭式基金折价率，由（基金净值－基金价格）/基金净值得出，算月度算术平均
AHP	A－H股溢价，由A股股价/H股股价×港币对人民币汇率得出
MCAR	大盘近期走势，等于IPO公司上市前三个月上证指数的累积回报率
控制变量：	
UW10	承销商规模，承销商资产规模当年排前10则取1，否则取0
NTS	非流通股持股比例
Age	公司年龄，由发行当年减去公司成立年得出
Size	公司总资产的自然对数，即Ln(总资产)
Board	所属板块哑变量，共三个板块（主板、中小板和创业板），设置二个哑变量
Indu	行业控制变量，按证监会行业设置，共12个行业，设置11个哑变量
Year	年度控制变量，共6年，设置5个哑变量

1. IPO溢价变量。

新股首日价格被高估已被现有研究所证实（韩立岩等，2007；洪江波，2007），但如何度量被高估的部分仍存在争议。新股首日价格被高估的部分理应等于首日收盘价减公司的内在价值，问题的关键是如何度量内在价值。现有研究有三种备选方案（Song et al.，2014）：一是用发行价格度量内在价值；二是基于可比公司市盈率法估计内在价值；三是以分析师预测价格估计内在价值。基于如下两个理由，我们最终选择以分析师预测法估计内在价值：（1）新股发行价格受到政府管制，不能代表公司的内在价值；（2）由于分析师的研究专长和研究投入，相对于可比公司法，分析师在选择合适的可比公司和赋予合适的市盈率时更具优势。宋等（Song et al.，2014）证实，分析师预测法确实比发行价格和可比公司法更能准确度量公司的内在价值。我们以首日收盘价减分析师预测价格除以发行价格度量 IPO 溢价。在计算分析师预测价格时，剔除了承销商分析师的预测，并对同一分析师进行多次价格预测的情况取上市前最后一次预测。

2. 投资者情绪变量。

我们将投资者情绪进一步细分为市场情绪和个股具体的情绪。市场情绪是指整体市场的投资者情绪，只与时间序列有关，与具体的公司无关，但其情绪可能会传递到公司的股价上。个股具体的情绪与公司特征有关但与市场情绪无关。即使没有市场情绪，某种特征的个股仍然可能被乐观情绪或投机情绪影响。

市场情绪。市场情绪的衡量学术界没有统一的指标，现有研究一般使用主成分分析从多个变量中提取一个综合因子得分。借鉴伍燕然等（2012）、贝克和伍尔格勒（Baker and Wurgler，2006）的方法，我们用下述四个变量得出市场情绪变量的综合因子：（1）整个股票市场的市盈率（月度）；（2）市场换手率（月度）；（3）封闭式基金折价率（月度）；（4）股东开户数（月度）。除第一个变量外，其他三个变量的选择和定义与伍燕然等（2012）一致。与伍燕然等（2012）不同的是，本文使用 A 股市场的市盈率而不是 IPO 首日回报率[①]，原因是：（1）样本期间，由于证监会暂停发行的原因，部分时段的 IPO 首日回报率不可获得；（2）本文以 IPO 溢价衡量股价被高估的程度，因此需避免使用与此相关的变量衡量市场情绪。综合因子得分的具体计

---

① 这两个变量的相关性数大于 0.8，因此彼此是比较好的替代变量。

算步骤如下：

对四个变量进行主成分分析，得出单位根、方差贡献率和载荷矩阵；

根据载荷矩阵，算出各因子得分；

将单位根大于1的因子按方差贡献率的权重计算加权平均值，计算综合因子得分：$Msent1$（综合因子得分）$= 0.55 \times F1$（第一因子得分）$+ 0.27 \times F2$（第二因子得分）。

另外，以往研究发现 A – H 股溢价与投资者情绪有关（宋顺林等，2015），市场形势往往影响投资者的情绪（童盼和王旭芳，2010）。因此，我们考虑在原有四个变量的基础上，加入 A – H 股溢价和上证指数近三个月的回报两个变量，用六个变量提出投资者情绪的综合因子得分（$Msent2$），计算步骤同上。新加入的两个变量均为日度数据，可作为前述四个月度变量的补充，更好地衡量近期的投资者情绪。表4 Panel A 报告了用于主成分分析的六个变量的相关系数，这六个变量的相关性较高，表明适合进行主成分分析。

个股具体的情绪。借鉴现有研究的成果，我们用超额认购倍数度量个股具体的情绪。[①] 由于超额认购倍数会受到市场情绪和发行数量的影响，我们以用如下模型提取个股具体的情绪：

$$Onlinesub_i / Totalsub_i = \alpha + \beta_1 \times Msent_t + \beta_2 \times Issuenum_i + \sum Year + \varepsilon$$

(4)

模型（4）中，因变量 $Onlinesub$ 或 $Totalsub$ 分别是网上超额认购倍数（网上有效申购量除以网上发行量）和总超额认购倍数（总有效申购量和公开发行总量），自变量包括 $Msent$（市场情绪）和 $Issuenum$（总发行数量）。$Onlinesub$、$Totalsub$ 和 $Issuenum$ 变量均取自然对数。上述模型估计出的残差项即为两个相关的个股具体的情绪变量（$Isent1$ 和 $Isent2$）。[②]

3. 价值不确定性变量。

公司价值不确定是指投资者对公司价值评估存在意见分歧，分歧越大表示价值不确定性越大。如何衡量 IPO 公司上市时公司的价值不确定性呢？现

---

① 网下申购的主要是机构投资者，而网上申购的多为散户投资者，因此网上的申购情况更能代表投资者对个股的情绪。这里我们也考虑了用总的认购倍数度量个股具体的情绪。

② 模型估计的结果未报告，但留存备索。

有研究提供了三种可行的备选方案：（1）利用上市首日的交易数据度量，如首日价格波动、首日换手率（韩立岩和伍燕然，2007；江洪波，2007）；（2）利用分析师对新股价格的预测数据度量（Song et al.，2014）；（3）利用公司特征数据度量，如规模、上市年度、盈余波动和股利发放等（Baker and Wurgle，2006）。由于首日换手率包含的内容过于丰富（可以代表投资者情绪也可以表示投资者意见分歧），并且新股刚上市，部分公司特征数据缺失，我们最终以上市首日价格波动幅度和上市前分析师预测价格方差度量公司价值不确定性。具体计算方法见表 2。

4. 投机风险变量。

投机者（噪音交易者）面临泡沫破裂风险和基本面风险。我们的投机风险主要指泡沫破裂的风险。市场上通常将高市盈率或高市净率作为高投机风险的象征，市盈率或高市净率较高时，则提醒投资者警惕投机风险。另外，以往研究认为，高市盈率意味着较高投机泡沫和投机风险（何诚颖，2003），因为较高的市盈率往往难以长期维持，泡沫破裂的风险较大。并且，现有研究表明，高市净率意味着较高的股价崩盘风险（Kim et al.，2011；伍燕然等，2012）。因此，我们用市盈率（Risk1）和市净率（Risk2）两个变量度量投机风险。

五、实证结果

（一）描述性统计及相关性分析

表 3 报告了主要变量的描述性统计。从均值和标准差等统计量可以看出：（1）2006～2011 年期间，IPO 溢价（OP）平均高达 45%，即 IPO 公司的首日定价被高估 45%；与此同时，IPO 溢价在不同公司间存在较大差异；（2）市场情绪（Msent）和个股具体的情绪（Isent）、价值不确定性（Uncer）及投机风险（Risk）在样本间也存在较大差异。另外，表 3 也报告了其他变量的描述性统计供参考，这里不再赘述。

表3   变量描述性统计

STAT.	N	mean	p50	max	min	sd
OP	917	0.45	0.31	4.67	−0.45	0.60
*Msent*1	917	0.03	−0.15	2.01	−0.63	0.58
*Msent*2	917	−0.02	−0.14	1.37	−0.72	0.46
*Isent*1	917	0.00	−0.06	3.42	−4.49	1.04
*Isent*2	917	0.00	0.05	2.23	−3.84	0.74
*Uncer*1	917	0.14	0.11	0.96	0.03	0.11
*Uncer*2	917	0.17	0.16	0.44	0.02	0.07
*Risk*1	917	11.99	10.33	56.21	1.27	7.30
*Risk*2	917	44.18	41.12	176.74	5.89	20.11
*UW*10	917	0.39	0.00	1.00	0.00	0.49
NTS	917	0.80	0.80	0.97	0.50	0.04
Age	917	1.72	1.95	3.26	0.00	0.79
EPS	917	0.55	0.50	3.16	0.06	0.29
Size	917	20.24	19.94	29.50	18.10	1.39

注：各变量定义见表2。

表4 的 Panel B 报告了研究模型中主要变量的相关系数。从中可以看出：（1）IPO 溢价（*OP*）与市场情绪（*Msent*）、个股具体的情绪（*Isent*）、价值不确定性（*Uncer*）以及投机风险（*Risk*）等变量都显著相关；（2）*Msent*1 与 *Msent*2 变量、*Isent*1 与 *Isent*2 变量、*Uncer*1 与 *Uncer*2 变量、*Risk*1 与 *Risk*2 变量都显著相关，且相关系数较大，说明我们分别用两个变量度量市场情绪、个股具体的情绪、价值不确定性和投机风险具有内在一致性；（3）*Isent*1 与 *Uncer* 显著正相关，与 *Risk* 和 *EPS* 等变量显著负相关，*Isent*2 与 *EPS* 显著负相关，原因是个股具体的情绪受公司特征影响。另外，表4 还报告了其他变量的相关系数供参考。

表 4　相关性分析

Panel A：市场情绪变量的相关系数

变量	PEM	ATURN	KH	CEFD	MCAR	AHP
PEM	1					
ATURN	0.11*	1				
KH	0.77*	0.16*	1			
CEFD	-0.59*	0.10*	-0.37*	1		
MCAR	0.39*	0.37*	0.47*	0.02	1	
AHP	0.33*	-0.18*	0.37*	-0.11*	-0.10*	1

Panel B：研究模型主要变量的相关系数

变量	OP	Msent1	Msent2	Isent1	Isent2	Uncer1	Uncer2	Risk1	Risk2	UW10	NTS	Age	EPS	Size
OP	1.00													
Msent1	0.58*	1.00												
Msent2	0.54*	0.95*	1.00											
Isent1	0.26*	-0.00	-0.09*	1.00										
Isent2	0.22*	0.02	0.00	0.71*	1.00									
Uncer1	0.46*	0.13*	0.08	0.14*	-0.02	1.00								
Uncer2	0.27*	0.28*	0.25*	0.19*	0.04	0.16*	1.00							
Risk1	-0.25*	-0.27*	-0.24*	-0.27*	-0.26*	-0.09*	0.03	1.00						
Risk2	-0.20*	-0.24*	-0.18*	-0.26*	-0.11*	-0.08	0.08	0.72*	1.00					

续表

Panel B: 研究模型主要变量的相关系数

变量	OP	Msent1	Msent2	Isent1	Isent2	Uncer1	Uncer2	Risk1	Risk2	UW10	NTS	Age	EPS	Size
UW10	-0.03	0.05	0.03	0.08	0.03	-0.03	-0.00	0.05	-0.02	1.00				
NTS	-0.08	-0.20*	-0.21*	-0.04	-0.03	-0.02	-0.03	0.13*	0.00	0.02	1.00			
Age	-0.12*	-0.13*	-0.07	-0.10*	0.05	-0.03	-0.06	-0.01	0.08	-0.03	-0.02	1.00		
EPS	-0.28*	-0.25*	-0.25*	-0.25*	-0.36*	-0.18*	-0.13*	0.27*	-0.11*	0.02	0.15*	0.11*	1.00	
Size	-0.13*	0.15*	0.15*	-0.30*	-0.08	-0.10*	-0.14*	-0.25*	-0.16*	0.02	0.13*	-0.01	-0.01	1.00

注：* 表示在相关系数 1% 的水平上统计显著；各变量定义见表 2。

（二） 投资者情绪与 IPO 溢价：分组比较

我们进行分组比较，以直观地展示市场情绪对 IPO 溢价的影响，以及价值不确定性和投机风险对市场情绪和 IPO 溢价关系的影响。我们将样本按市场情绪 （Msent） 高低分为两组 （根据中位数分组），按公司价值不确定性 （Uncer） 或投机风险 （Risk） 从低到高分成五组 （根据分位数分组），共得到十组 （2×5） 子样本，比较不同子样本组的 IPO 溢价大小。表 5 报告了分组比较的结果。结果显示：（1） 各子样本组，IPO 溢价均大于零，说明 IPO 公司首日股价普遍被高估。（2） 市场情绪较高组比较低组的 IPO 溢价高出 24% ~ 49% （按 Msent1 和 Uncer1 分组），平均而言要高出 36% （63% VS 27%，表中没有报告），说明市场情绪对 IPO 公司二级市场定价有重要影响。（3） 个股具体情绪较高组比较低组高出 24% （56% VS 32%），表明个股具体的情绪也对新股定价有重要影响 （表中没有报告）。（4） 价值不确定性最高组与最低组，投资者情绪高低两组 IPO 溢价的差值分别为 24% 和 49%，两者相差 25% （按 Msent1 和 Uncer1 分组的结果）；投机风险最高组与最低组，投资者情绪高低两组 IPO 溢价的差值分别为 64% 和 8%，两者相差 56% （按 Msent1 和 Risk1 分组的结果）。说明公司价值不确定性越高、投机风险越低，市场情绪对新股价格的影响程度越强。此外，表 5 的结果显示，按照不同的方法度量市场情绪、价值不确定性和投机风险得出的结果较为一致。

表5　　　市场情绪、价值不确定性、投机风险与 IPO 溢价：分组比较

组别		1 （最低）	2	3	4	5 （最高）
按情绪变量 Msent1 分高低两组						
Uncer 1 （价值不确定性）	高	0.25	0.36	0.55	0.70	1.19
	低	0.02	0.21	0.19	0.31	0.70
	差值	0.24	0.15	0.36	0.39	0.49

续表

组别		1（最低）	2	3	4	5（最高）
按情绪变量 Msent1 分高低两组						
Uncer2（价值不确定性）	高	0.37	0.51	0.49	0.79	0.79
	低	0.17	0.23	0.27	0.41	0.38
	差值	0.20	0.28	0.22	0.38	0.41
Risk1（投机风险）	高	0.95	0.74	0.67	0.30	0.29
	低	0.32	0.30	0.31	0.24	0.21
	差值	0.64	0.44	0.36	0.06	0.08
Risk2（投机风险）	高	0.88	0.95	0.39	0.38	0.34
	低	0.26	0.21	0.28	0.33	0.25
	差值	0.63	0.74	0.11	0.05	0.10
按情绪变量 Msent2 分高低两组						
Uncer1（价值不确定性）	高	0.21	0.36	0.57	0.70	1.25
	低	0.04	0.20	0.18	0.30	0.65
	差值	0.16	0.16	0.39	0.39	0.60
Uncer2（价值不确定性）	高	0.31	0.55	0.54	0.79	0.79
	低	0.18	0.21	0.24	0.41	0.42
	差值	0.13	0.34	0.30	0.38	0.38
Risk1（投机风险）	高	0.98	0.80	0.67	0.29	0.27
	低	0.34	0.29	0.27	0.25	0.22
	差值	0.64	0.51	0.40	0.04	0.05
Risk2（投机风险）	高	0.97	1.00	0.40	0.38	0.33
	低	0.30	0.21	0.26	0.33	0.25
	差值	0.67	0.79	0.13	0.05	0.08

另外，我们以 $Msent1 \times Uncer1$ 和 $Msent1 \times Risk1$ 两对分组为例，用图形的方式更清晰地展示了表5的主要结果。从中可以看出，图3（b）的结果与理论分析的图2（b）非常相似，支持了我们的理论预期，而图3（a）的图形与理论分析的图2（a）稍有差别。我们的理论分析认为，市场情绪较低时，

随着公司价值不确定性的上升，IPO 溢价将逐渐下降，但图 2（a）的结果显示的是 IPO 溢价逐渐上升。我们推测，原因可能是，我们将样本划分为市场情绪相对较高组和相对较低组，但是即使是市场情绪相对较低组，市场情绪仍然较为乐观，因而有 IPO 溢价逐渐上升的趋势。与此推测相符的一个事实是，市场情绪相对较低时，IPO 溢价仍然大于零。

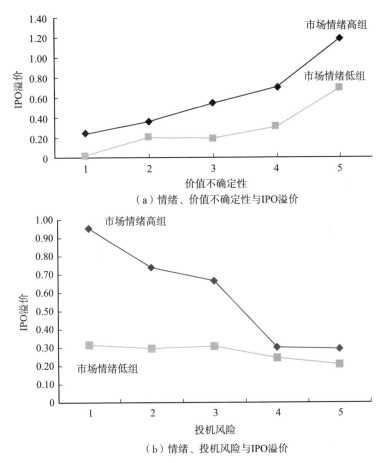

（a）情绪、价值不确定性与IPO溢价

（b）情绪、投机风险与IPO溢价

图3 情绪、价值不确定性、投机风险与 IPO 溢价

（三）投资者情绪与 IPO 溢价：回归分析

为更严谨地验证本文的研究假说，我们进一步利用回归分析考察市场情

绪和个股具体的情绪对 IPO 溢价的影响，以及价值不确定性和投机风险对市场情绪与 IPO 溢价关系的影响。回归分析中，价值不确定性和投机风险两个交互变量均使用的是哑变量，即根据价值不确定性和投机风险两个变量的中位数将连续变量转换为哑变量。① 表 6、表 7 和表 8 报告了回归分析的结果。

表 6 中回归方程（1）的结果显示，控制其他因素后，Msent1（市场情绪）与 OP（IPO 溢价）在 0.01 以下的显著性水平下正相关，表明市场情绪越高，IPO 公司的首日价格被高估的程度越大，支持了假说 H1a；Isent1（个股具体的情绪）与 OP 在 0.01 以下的显著性水平下正相关，表明个股具体的情绪越高，IPO 溢价越大，支持了假说 H1b。此外，回归方程（2）~（4）中，我们变换市场情绪和个股具体的情绪的度量方式，得出的结果与方程（1）的结果非常一致。

表6 投资者情绪与 IPO 溢价

变量	（1）	（2）	（3）	（4）
$Msent1$	0.65 *** (8.05)	0.54 *** (6.81)		
$Msent2$			0.69 *** (7.97)	0.14 *** (6.53)
$Isent1$	0.14 *** (6.48)		0.12 *** (5.66)	
$Isent2$		0.13 *** (6.17)		0.59 *** (6.88)
$UW10$	- 0.078 ** (- 2.48)	- 0.081 ** (- 2.57)	- 0.071 ** (- 2.21)	- 0.076 ** (- 2.39)
NTS	0.93 ** (2.25)	0.99 ** (2.36)	0.94 ** (2.41)	0.99 ** (2.51)

---

① 但使用哑变量作为交互变量，目的是避免回归模型的共线性问题，并使结果解释更为方便。使用价值不确定性及投机风险变量的连续变量作为交互变量，不改变回归分析的结果，甚至结果更为显著。

续表

变量	(1)	(2)	(3)	(4)
Age	-0.016 (-0.71)	-0.011 (-0.49)	-0.026 (-1.18)	-0.022 (-1.00)
EPS	-0.16*** (-3.22)	-0.14*** (-2.76)	-0.18*** (-3.55)	-0.14*** (-2.69)
Size	-0.078*** (-3.81)	-0.10*** (-5.23)	-0.087*** (-4.20)	-0.11*** (-5.41)
Board	Yes	Yes	Yes	Yes
Industry	Yes	Yes	Yes	Yes
Year	Yes	Yes	Yes	Yes
_cons	1.39** (2.53)	1.92*** (3.53)	1.56*** (2.88)	1.98*** (3.68)
adj. R^2	0.450	0.448	0.425	0.432
N	917	917	917	917

注：***、**、*分别表示回归系数在 1%、5% 和 10% 的水平上统计显著；因变量为 IPO 溢价，各变量的具体定义见表 2；括号内为经怀特（White, 1980）异方差修正的 t 统计量。

表 7 中回归方程（1）的结果显示，在控制其他因素后，$Msent1 \times Uncer1$（价值不确定）与 OP 在 0.01 以下的显著性水平下正相关，表明公司价值不确定性较高时，市场情绪对 IPO 公司股票定价的影响程度更强，支持了假说 H2。此外，回归方程（2）~（4）中，我们变换市场情绪和价值不确定性的度量方式，方程（1）的主要结果不变。表 8 中回归方程（1）的结果显示，在控制其他因素后，$Msent1 \times Risk1$（价值不确定）与 OP 在 0.01 以下的显著性水平下负相关，表明投机风险较高时，市场情绪对 IPO 公司股票定价的影响程度越弱，支持了假说 H3，即投机风险影响市场情绪与股票价格的关系；另外，回归方程（2）~（4）中，我们变换市场情绪和投机风险的度量方式，不改变方程（1）的回归结果。

表7 价值不确定性、投资者情绪与IPO溢价

变量	(1)	(2)	(3)	(4)
$Msent1$	0.47 *** (5.37)	0.53 *** (6.58)		
$Msent2$			0.46 *** (5.07)	0.56 *** (6.38)
$Msent1 \times Uncer1$	0.23 *** (2.63)			
$Msent1 \times Uncer2$		0.20 ** (2.34)		
$Msent2 \times Uncer1$			0.33 *** (3.29)	
$Msent2 \times Uncer2$				0.23 ** (2.16)
$Uncer1$	0.25 *** (9.25)		0.27 *** (9.33)	
$Uncer2$		0.028 (0.90)		0.043 (1.34)
$Isent1$	0.13 *** (6.60)	0.13 *** (6.31)	0.11 *** (5.78)	0.12 *** (5.57)
$UW10$	-0.048 (-1.61)	-0.079 ** (-2.53)	-0.042 (-1.38)	-0.073 ** (-2.28)
Nts	0.62 (1.61)	0.77 * (1.86)	0.62 * (1.70)	0.85 ** (2.18)
Age	-0.020 (-0.93)	-0.015 (-0.70)	-0.029 (-1.31)	-0.026 (-1.18)
EPS	-0.13 *** (-2.77)	-0.16 *** (-3.21)	-0.15 *** (-3.10)	-0.18 *** (-3.52)
$Size$	-0.061 *** (-3.33)	-0.074 *** (-3.54)	-0.069 *** (-3.74)	-0.082 *** (-3.90)

续表

变量	(1)	(2)	(3)	(4)
Board	Yes	Yes	Yes	Yes
Industry	Yes	Yes	Yes	Yes
Year	Yes	Yes	Yes	Yes
_cons	1.09 ** (2.19)	1.46 *** (2.64)	1.26 ** (2.52)	1.53 *** (2.83)
adj. R^2	0.496	0.456	0.478	0.430
N	917	917	917	917

注：*** 、** 、* 分别表示回归系数在 1%、5% 和 10% 的水平上统计显著；因变量为 IPO 溢价，各变量的具体定义见表 2；括号内为经怀特（1980）异方差修正的 t 统计量。

表 8 　　　　　　　　　　投机风险、投资者情绪与 IPO 溢价

变量	(1)	(2)	(3)	(4)
*Msent*1	0.70 *** (8.19)	0.39 *** (6.81)		
*Msent*2			0.88 *** (8.08)	0.80 *** (7.49)
*Msent*1 × *Risk*1	−0.41 *** (−3.88)			
*Msent*1 × *Risk*2		−0.18 ** (−2.30)		
*Msent*2 × *Risk*1			−0.61 *** (−4.88)	
*Msent*2 × *Risk*2				−0.33 *** (−2.69)
*Risk*1	−0.21 *** (−5.51)		−0.26 *** (−6.17)	
*Risk*2		−0.082 ** (−2.37)		−0.12 *** (−2.83)

续表

变量	（1）	（2）	（3）	（4）
*Isent*1	0.12 *** (5.80)	0.11 *** (4.76)	0.11 *** (5.32)	0.12 *** (5.53)
*UW*10	− 0.063 ** （− 2.04）	− 0.084 *** （− 2.62）	− 0.053 * （− 1.69）	− 0.071 ** （− 2.23）
NTS	1.06 ** (2.50)	0.19 (0.43)	1.06 *** (2.65)	0.64 (1.51)
Age	− 0.014 （− 0.65）	− 0.013 （− 0.57）	− 0.024 （− 1.09）	− 0.021 （− 0.95）
EPS	− 0.14 *** （− 2.96）	− 0.21 *** （− 3.80）	− 0.15 *** （− 3.09）	− 0.20 *** （− 3.70）
Size	− 0.090 *** （− 4.41）	− 0.075 *** （− 3.51）	− 0.099 *** （− 4.78）	− 0.086 *** （− 4.11）
Board	Yes	Yes	Yes	Yes
Industry	Yes	Yes	Yes	Yes
Year	Yes	Yes	Yes	Yes
_cons	1.51 *** (2.77)	2.04 *** (3.59)	1.62 *** (3.00)	1.74 *** (3.13)
adj. R^2	0.467	0.437	0.450	0.431
N	917	917	917	917

注：***、**、* 分别表示回归系数在 1%、5% 和 10% 的水平上统计显著；因变量为 IPO 溢价，各变量的具体定义见表 2；括号内为经怀特（1980）异方差修正的 t 统计量。

　　总体上，上述结果均支持了我们的研究假说。为测试上述回归结果对样本选择和变量度量的敏感性，我们做了一系列稳健性测试（敏感性分析部分的结果未报告，但留存备索）。

　　（1）样本选择方面。创业板上市公司始于 2009 年，其公司特征与主板和中小板公司有所不同，可能影响本文的结论。因此，我们剔除了创业板的样本重新进行检验。结果发现，除回归系数的显著性有所差别外，上述分析的基本结论保持不变。（2）变量度量方面。本文以 IPO 溢价度量新股首日被二级市场高估的程度，等于首日收盘价减公司内在价值再除以发行价。敏感性分析部分，我们以 IPO 首日回报率代替 IPO 溢价不影响本文的回归分析结论。另外，为了估计 IPO 溢价，本文使用分析师对新股合理价格的预测价格度量公司的内在价值，等于同一公司多位分析师预测价格的均值。为了减轻分析师预测乐观偏见的影响，我们取多位分析师预测价格的中位数或最小值度量公司的内在价值。这样处理后，上述回归分析的基本结论保持不变。最后，我们以上市前提供价格预测的分析数量多少度量公司价值不确定性（分析师数量大于中位数则为 1，否则为 0），以新股发行市盈率与同行业市盈率的相对大小度量投机风险（新股发行市盈率大于同行业公司则为 1，否则为 0），本文基本结论仍然不变。

（四）IPO 溢价与上市后市场表现：回归分析

由于新股的股价长期来说理应会向内在价值回归，如果 IPO 溢价真能代表新股股价被高估的部分，IPO 溢价应该能够用来预测新股上市后的市场表现。为验证这一推测，我们进一步检验了 IPO 溢价与 IPO 公司上市后短期和长期市场表现的关系，回归分析结果见表 9。表 9 中回归方程（1）~（3）的结果显示，在控制其他变量后，*OP*（IPO 溢价）与 *CAR*10、*CAR*20 和 *CAR*30（新股上市后的短期市场表现）显著负相关，即 IPO 溢价越高，其上市后的短期市场表现越差。表 9 中回归方程（4）~（6）的结果显示，在控制其他变量后，*OP*（IPO 溢价）与 *BHAR*240、*BHAR*480 和 *BHAR*720（新股上市后的长期市场表现）显著负相关，即 IPO 溢价越高，其上市后的长期市场表现越差。另外，回归方程（1）~（6）的结果显示，随着上市后市场表现的时间窗口的拉长，*OP* 的回归系数逐渐增大，说明上市后新股股价逐渐向内在价值回归。

表9   IPO 溢价与新股上市后市场表现

变量	（1）	（2）	（3）	（4）	（5）	（6）
	CAR10	CAR20	CAR30	BHAR240	BHAR480	BHAR720
OP	− 0.071 ***	− 0.088 ***	− 0.12 ***	− 0.16 ***	− 0.24 ***	− 0.29 ***
	（− 5.25）	（− 6.01）	（− 7.31）	（− 5.50）	（− 6.31）	（− 4.52）
UW10	0.0023	0.0058	− 0.00073	0.054 **	0.020	0.021
	（0.26）	（0.55）	（− 0.06）	（2.00）	（0.53）	（0.28）
NTS	− 0.0087	− 0.085	− 0.15	− 0.020	0.12	0.63
	（− 0.08）	（− 0.58）	（− 0.74）	（− 0.05）	（0.34）	（1.13）
Age	− 0.0040	− 0.0036	− 0.0019	− 0.0063	− 0.012	− 0.018
	（− 0.66）	（− 0.49）	（− 0.24）	（− 0.43）	（− 0.52）	（− 0.37）
Size	− 0.0013	− 0.0047	− 0.0055	− 0.037 **	− 0.11 ***	− 0.16 ***
	（− 0.22）	（− 0.65）	（− 0.64）	（− 2.31）	（− 5.17）	（− 3.89）
Board	Yes	Yes	Yes	Yes	Yes	Yes
Industry	Yes	Yes	Yes	Yes	Yes	Yes
Year	Yes	Yes	Yes	Yes	Yes	Yes
_cons	0.012	0.12	0.17	− 0.30	2.14 ***	2.70 **
	（0.07）	（0.54）	（0.68）	（− 0.60）	（3.49）	（2.19）
adj. R^2	0.086	0.107	0.139	0.317	0.188	0.203
N	917	917	917	917	758	429

注：*** 、** 、* 分别表示回归系数在 1% 、5% 和 10% 的水平上统计显著。因变量为 CAR 和 BHAR（IPO 公司上市后短期和长期市场表现），CAR10、CAR20 和 CAR30 分别表示 IPO 公司上市后 10 天、20 天和 30 天的累积超额回报率（不包括上市首日），BHAR240、BHAR480 和 BHAR720 分别表示 IPO 公司上市后 240 天（约一年）、480 天和 720 天的买进并持有超额回报率（不包括上市首日）。其他变量的具体定义见表 2；括号内为经怀特（1980）异方差修正的 t 统计量。

六、结论及启示

本文借鉴和拓展了贝克和伍尔格勒（Baker and Wurgler，2007）的理论分析框架，利用 IPO 公司的独特样本，检验了投资者情绪对公司股票定价的影响，以及公司价值不确定性和投机风险对市场情绪和股票定价关系的影响。我们发现，IPO 溢价高达 45%，市场情绪和个股具体的情绪均显著影响 IPO 溢价，相对而言，市场情绪的影响更大；市场情绪对股票价格的影响程度因公司而异；具体地，公司价值不确定性越高，市场情绪对 IPO 溢价的影响越大；公司投机风险越高，市场情绪对 IPO 溢价的影响越小。此外，IPO 溢价较高的公司，其股价在上市后会逐渐反转。上述发现有两点重要启示。第一，鉴于本文发现 IPO 公司首日价格普遍被高估且高估程度受投资者情绪影响，未来文献研究 IPO 抑价相关话题时，需要考虑 IPO 首日回报率中的二级市场溢价部分，并且需要注重从投资者行为方面分析。第二，本文的结果表明，我国上市公司的股票价格很大程度上受投资者情绪影响，其影响程度因公司而异，因此研究上市公司的股价行为需要考虑投资者情绪的影响。尽管本文是以 IPO 公司为例研究投资者情绪对股票定价的影响，其结论对于理解二级市场的股价行为亦有帮助。

参考文献

［1］韩立岩、伍燕然：《投资者情绪与 IPOs 之谜——抑价或者溢价》，载《管理世界》2007 年第 3 期。

［2］何诚颖：《中国股市市盈率分布特征及国际比较研究》，载《经济研究》2003 年第 9 期。

［3］黄俊、陈信元：《媒体报道与 IPO 抑价——来自创业板的经验证据》，载《管理科学学报》2013 年第 2 期。

［4］江洪波：《基于非有效市场的 A 股 IPO 价格行为分析》，载《金融研究》2007 年第 8 期。

［5］李广子、唐国正、刘力：《股票名称与股票价格非理性联动——中国 A 股市场的研究》，载《管理世界》2011 年第 1 期。

［6］刘维奇、刘新新：《个人和机构投资者情绪与股票收益——基于上证 A 股市场的研究》，载《管理科学学报》2014 年第 3 期。

［7］刘煜辉、沈可挺：《是一级市场抑价，还是二级市场溢价——关于

我国新股高抑价的一种检验和一个解释》,载《金融研究》2011年第11期。

［8］邵新建、巫和懋、李泽广,等:《中国IPO上市首日的超高换手率之谜》,载《金融研究》2011年第9期。

［9］宋双杰、曹晖、杨坤:《投资者关注与IPO异象——来自网络搜索量的经验证据》,载《经济研究》2011年增1期。

［10］宋顺林、易阳、谭劲松:《A–H股溢价合理吗?》,载《南开管理评论》2014年待刊。

［11］苏冬蔚:《噪声交易与市场质量》,载《经济研究》2009年第9期。

［12］田利辉:《金融管制、投资风险和新股发行的超额抑价》,载《金融研究》2010年第4期。

［13］童盼、王旭芳:《公开增发市场反应与市场环境——基于投资者情绪的研究》,载《中国会计评论》2010年第1期。

［14］文凤华、肖金利、黄创霞,等:《投资者情绪特征对股票价格行为的影响研究》,载《管理科学学报》2014年第3期。

［15］伍燕然、韩立岩:《不完全理性、投资者情绪与封闭式基金之谜》,载《经济研究》2007年第3期。

［16］伍燕然、潘可、胡松明,等:《行业分析师盈利预测偏差的新解释》,载《经济研究》2012年第4期。

［17］许年行、江轩宇、伊志宏,等:《分析师利益冲突、乐观偏差与股价崩盘风险》,载《经济研究》2012年第7期。

［18］Aissia, D. B. , IPO first-day returns: Skewness preference, investor sentiment and uncertainty underlying factors. Review of Financial Economics, Vol. 23, No. 3, 2014, pp. 148–154.

［19］Baker, M. , Wurgler J. , Investor sentiment and the cross-section of stock returns. The Journal of Finance, Vol. 61, No. 4, 2006, pp. 1645–1680.

［20］Baker, M. , Wurgler J. , Investor sentiment in the stock market. The Journal of Economic Perspectives, Vol. 21, No. 2, 2007, pp. 129–151.

［21］Baker, M. , Wurgler J. , Yuan Y. , Global, local, and contagious investor sentiment. Journal of Financial Economics, Vol. 104, 2012, pp. 272 – 287.

[22] Barberis, N. , Thaler R. , A survey of behavioral finance. Handbook of the Economics of Finance, Vol. 1, 2003, pp. 1053 – 1128.

[23] Barberis, N. , Shleifer A. , Vishny R. , A model of Investor sentiment. Journal of Financial Economics, Vol. 49, No. 3, 1998, pp. 307 – 343.

[24] Daniel K. , Hirshleifer D. , Subrahmanyam A. , Investor psychology and security market under-and overreactions. The Journal of Finance, Vol. 53, No. 6, 1998, pp. 1839 – 1885.

[25] De Long, J. B. , Shleifer A. , Summers L. H. , Waldmann R. J. , Noise trader risk in financial markets. Journal of Political Economy, Vol. 98, No. 4, 1990, pp. 703 – 738.

[26] Derrien, F. , IPO pricing in "HOT" market conditions: who leaves money on the table? The Journal of Finance, Vol. 60, No. 1, 2005, pp. 487 – 521.

[27] Dorn, D. , Does sentiment drive the retail demand for IPOs? Journal of Financial and Quantitative Analysis, Vol. 44, No. 1, 2009, pp. 85 – 108.

[28] Fama E. F. , Efficient capital markets: II. The Journal of Finance, Vol. 46, No. 5, 1991, pp. 1575 – 1617.

[29] Harrison J. M. , Kreps D. M. , Speculative investor behavior in a stock market with heterogeneous expectations. The Quarterly Journal of Economics, Vol. 92, No. 2, 1978, pp. 323 – 336.

[30] Kim J. , Li Y. , Zhang L. , Corporate tax avoidance and stock price crash risk: Firm-level analysis. Journal of Financial Economics, Vol. 100, No. 3, 2011, pp. 639 – 662.

[31] Ljungqvist, A. , Nanda V. , Singh R. , Hot markets, investor sentiment, and IPO pricing. The Journal of Business, Vol. 79, No. 4, 2006, pp. 1667 – 1702.

[32] Malmendier U, Shanthikumar D. , Are small investors naive about in-

centives. Journal of Financial Economics, Vol. 85, No. 2, 2007, pp. 457 – 489.

[33] Miller, E. M. , Risk, uncertainty, and divergence of opinion. Journal of Finance, Vol. 32, No. 4, 1977, pp. 1151 – 1168.

[34] Morris S. , Speculative investor behavior and learning. The Quarterly Journal of Economics, Vol. 111, No. 4, 1996, pp. 1111 – 1133.

[35] Shiller, R. J. , From efficient markets theory to behavioral finance. The Journal of Economic Perspectives, Vol. 17, No. 1, 2003, pp. 83 – 104.

[36] Shleifer A, Summers L H. , The noise trader approach to finance. The Journal of Economic Perspectives, Vol. 4, No. 2, 1990, pp. 19 – 33.

[37] Song S. L. , Tan J. S. , Yi Y. , IPO initial returns in China: Underpricing or overvaluation? China Journal of Accounting Research, Vol. 7, No. 1, 2014, pp. 31 – 49.

[38] Stambaugh, R. F. , Yu J. , Yuan Y. , The short of It: Investor sentiment and anomalies. Journal of Financial Economics, Vol. 104, No. 2, 2012, pp. 288 – 302.

[39] Stambaugh, R. F. , Yu, J. F. , Yuan, Y. , The long of it: Odds that investor sentiment spuriously predicts anomaly returns. Journal of Financial Economics, Vol. 114, No. 3, 2014, pp. 613 – 619.

平衡的艺术：承销商定高价行为的理论解释和实证检验[*]

摘要： 询价制市场化改革之后出现的"三高"问题引起了广泛关注，阻碍了定价市场化改革的推进。本文的理论分析表明，中国承销商定高价的激励和约束机制不平衡是导致其偏爱定高价的根源。利用网下报价数据强制披露的契机，本文使用 2010～2012 年 478 家 IPO 公司的数据实证检验了承销商在新股最终定价阶段的调整行为。结果显示：第一，承销商的价格上调幅度与机构报价形成的超募资金比例显著负相关，与承销费——超募资金敏感度显著正相关。第二，承销商预估 IPO 抑价较低时，更不可能调高发行价；承销商声誉越高，越不可能调高发行价；承销商历史首日回报率越差，其当前承销项目机构参与网下询价的数量越少、报价越低。第三，承销商的价格上调幅度与 IPO 首日回报率显著负相关。本文有助于解释承销商偏爱定高价的根源，对新股定价市场化改革有重要政策启示。

一、引　　言

注册制改革无疑是当前中国资本市场最受瞩目、最为重要的改革。注册制的本质是将新股发行的审批权交给市场，由市场来判断新股的价值。注册制成功实施的一个重要前提是新股定价的市场化，并且市场能够对新股进行

---

　* 论文原文信息：宋顺林：《平衡的艺术：承销商高定价行为的理论解释和实证检验》，载《中国会计评论》2019 年第 2 期。论文探讨了中国市场承销商偏好高价发行的原因，对注册制后如何限制"三高"（高发行价、高市盈率、高超募）有重要参考价值。

合理定价。但是，最近的一次定价市场化改革（也是询价制后唯一的一次市场化改革）已经宣告失败，新股定价再次回到管制时代。对新股定价进行管制的直接原因是监管层认为市场化定价方式下新股定价过高、"三高"（高发行价、高市盈率和高超募资金）问题突出。因此，定价市场化改革的成功关键在于能否解决定价过高的问题。新股定价的两大参与主体（承销商和投资者）的定价能力是新股能否得到合理定价的关键，而承销商拥有新股定价的最终决定权。本文主要通过研究承销商在最终定价阶段的价格调整行为，探讨承销商的激励和约束在新股定价中的作用和后果。

世界范围内，新股抑价发行的现象普遍存在，但却很难得到完美解释，被称为 IPO 抑价之谜（Loughran，Ritter and Rydqvist，1994；Ritter and Welch，2002）。来自国外的文献，主要致力于发展理论模型解释 IPO 抑价，但这些理论均无法解释中国市场化定价阶段出现的新股定价过高问题。来自中国的文献，也主要借鉴国外的理论或基于中国的制度背景解释我国超高的首日回报率（郭泓、赵震宇，2006；田利辉，2010；汪昌云等，2015）。并且，由于无法获得机构投资者报价数据，早期的文献也无法打开承销商行为的黑箱、探讨承销商在最终定价阶段的调整行为。近期，少量文献开始关注新股定价过高问题以及承销商在最终定价阶段的价格调整行为（邵新建等，2013；俞红海等，2013；宋顺林、唐斯圆，2016）。有趣的是，一方面，俞红海等（2013）研究认为机构投资者之间过度竞争导致机构在询价中报价过高，新股"破发"频发；另一方面，邵新建等（2013），宋顺林和唐斯圆（2016）等研究均发现，最终定价阶段，承销商总体上倾向于在机构报价的基础上调高发行价。本文统计发现，如果承销商没有调整发行价，近 2/3 的新股并不会出现"破发"情况。一个有趣的问题是，既然机构投资者报价已经偏高、新股"破发"的风险很大，承销商为何选择在最终定价阶段调高发行价。

本文基于国外相关理论，以及中美 IPO 定价制度的差异，分析了中国承销商偏爱定高价的原因。理论分析发现，中国的承销商定高价的激励很强、定高价的约束很弱，承销商定高价的激励和约束不平衡是其倾向于定高价的根源。基于 2011～2012 年 457 家 A 股 IPO 公司的样本，实证检验了承销商最终定价阶段的价格调整行为。研究发现：第一，承销商的价格上调幅度与机构报价形成的超募比例显著负相关、与承销费——超募资金敏感度显著正相关。上述结果说明，承销商的价格调整行为会受到其承销费用契约影响，获取超额的承销费用是承销商调高发行价的重要影响因素。第二，承销商预估 IPO 抑价较低时，更不可能调高发行价；承销商声誉越高，越不可能调高发行价。这些结果说明，承销商有动机合理定价、降低新股"破发"的概率，承销商的声誉能够一定程度上约束其短期逐利行为。第三，承销商最近一次或最近三次承销的新股存在"破发"情况，则机构投资者报价会相对较低。并且，如果承销商最近三次承销的公司 IPO 首日回报率较低，机构投资者参与网下报价的数量更少、报价相对较低。这些证据从更微观的层面支持了承销商声誉约束机制的有效性。不过，从经济意义来看，承销商的历史回报率对当前项目的机构参与询价和报价影响较弱，说明目前声誉机制对承销商定高价的行为约束有限。第四，承销商的定价上调幅度与 IPO 首日回报率或 IPO 抑价显著负相关。这一结果与基于美国制度背景的研究结论完全相反，但与中国特殊的制度背景相符。中国承销商最终定价阶段的价格调整行为主要受其定高价的激励影响，而不是基于对机构投资者报价合理性的判断。承销商最终定价阶段价格调整行为的异化提高了新股定价失败的概率。

本文的可能贡献如下：首先，借鉴国外相关理论、立足中国制度背景，从理论上解释了中国承销商在市场化定价阶段偏爱定高价的行为根源，即承销商定高价的激励和约束不平衡。其次，首次检验了承销费用契约对其定价行为的影响以及承销商声誉机制的有效程度及微观基础，拓展了承销商价格调整行为的相关研究（邵新建等，2013；宋顺林和唐斯圆，2016）。再其次，检验了承销商价格调整与 IPO 首日回报率的关系，并提出了基于中国制度背景的解释。最后，实务方面，本项研究对新股定价市场化改革有重要政策启示，文末将对此展开详细讨论。

本文余下部分安排如下：第二部分评述相关文献；第三部分首先介绍影响承销商激励和约束的相关制度背景，然后进行理论分析、提出研究假说；第四部分介绍研究设计；第五部分报告实证结果；最后总结并讨论政策启示。

二、文 献 评 述

新股定价一直是国外公司财务领域的热点话题，其中 IPO 抑价之谜一直困扰和吸引着学术界。关于 IPO 抑价产生的原因，国外早期的文献主要从新股参与者之间的信息不对称角度解释，其中以基于发行人和非知情投资者之间信息不对称的"赢者诅咒"理论最为知名（Rock，1986；Beatty and Ritter，1986；Benveniste and Spindt，1989）；近期的文献则更关注参与者行为的影响，尤其是投资者行为和承销商行为（Loughran and Ritter，2004；Liu and Ritter，2010；Green and Hwang，2012）。本文重点介绍承销商选择抑价发行的原因。

首先，承销商基于长期声誉的考虑，为了吸引投资参与询价并提供有价值的信息、确保询价机制的顺利运行，有必要抑价发行。一方面，根据"赢者诅咒"理论，承销商必须抑价发行，以减轻不知情投资者的"赢者诅咒"风险，吸引他们参与询价（Rock，1986）。另一方面，根据信息揭示理论，承销商需要抑价发行并且分配新股时向常规投资者倾斜，以回报并吸引投资者参与新股定价并提供有价值的信息（Benveniste and Spindt，1989）。无论是"赢者诅咒"理论还是信息揭示理论，都得到了现有文献的大量实证支持（Ritter and Welch，2002）。

其次，承销商基于自身短期利益的考虑，为了利用新股分配权为自己谋利，也有动机抑价发行（Baron，1982；Loughran and Ritter，2002；Liu and Ritter，2010；Boeh and Dunbar，2016）。巴伦（Baron，1982）最早提供了基于代理冲突的 IPO 抑价解释。他认为，发行人与承销商存在利益冲突，前者是为了追求发行收入最大化，而后者还要考虑努力成本、发行风险和其他潜在收入等因素。当承销商拥有新股分配权时，承销商行使新股分配权时未必会以发行人的利益优先（Loughran and Ritter，2002）。有证据表明，承销商将新股分配给有经纪业务关系的客户以换取佣金收入（Pulliam and Smith，2001；Jenkinson and Jones，2008），或将新股分配给其他公司高管以获取潜在的投行业务（Liu and Ritter，2010）。

中国长期以来的超高首日回报率吸引着国内外学者的目光。大部分文献主要是借鉴国外的信息不对称或行为金融理论，解释中国超高的首日回报率（郭泓和赵震宇，2006，张学勇和廖理，2011；汪昌云等，2015）。与国外不同的是，现有研究发现，基于我国特有的定价管制和投资行为更能解释我国超高的首日回报率（刘煜辉和熊鹏，2005；朱红军和钱友文，2010；Song，Tan and Yi，2014）。

2009 年 6 月，中国进行了询价制第一阶段市场化改革。定价市场化改革提高了新股定价效率，但产生了新的"三高"（高发行价、高市盈率和高超募资金）问题。国外的文献显然无法解释中国的"三高"现象，国内相关的研究也不多。最近，少量文献利用机构投资者网下报价的数据，探讨了市场化定价阶段出现的新股定价过高的现象。第一，罗等（Luo et al.，2015）讨论了机构投资者与承销商之间的关系对新股定价的影响。他们研究发现，与券商关系密切的机构投资者更可能参与询价，并且报价更为乐观，提高了新股定价水平。他们的研究暗示，承销商有很强的动机提高发行价，并利用自己的关系付诸行动。第二，俞红海等（2013）、李冬昕等（2014）探讨了询价过程对"三高"问题的影响。俞红海等（2013）研究发现，询价机构之间过度竞争是导致 IPO 定价过高的原因之一，而李冬昕等（2014）发现机构询价报价意见分歧越严重，IPO 定价过高的问题越突出（最终的发行价将体现乐观投资者的意见）。第三，邵新建等（2013）、宋顺林和唐斯圆（2016）通过承销商的价格调整行为研究新股定价问题。邵新建等（2013）的研究发现，承销商总体上会调高发行价，而承销商声誉能够在一定程度上抑制这种调高定价的行为。宋顺林和唐斯圆（2016）的结果表明，投资者情绪影响机构投资者的报价水平，承销商利用机构报价中的情绪成分提高了发行价。

纵观现有文献，国内外的文献主要聚焦于解释承销商为什么愿意抑价发行，难以解释中国在市场化定价阶段出现的新股定价过高现象。俞红海等（2013）、李冬昕等（2014）等研究虽然讨论了机构报价行为对新股定价过高的影响，但均没有考虑到承销商可以在机构报价基础上进行调整，从而无法解释承销商偏爱定高价的根源。本文在邵新建等（2013）、宋顺林和唐斯圆

（2016）等研究的基础之上，从承销商激励和约束的角度更系统地分析和检验承销商偏爱定高价的原因，尤其是承销费用契约对承销商调整行为的影响以及承销商声誉机制的有效程度及微观基础，以更好地理解市场化定价阶段承销商偏爱定高价的原因。

三、制度背景

1. 中美新股发行定价流程比较。

根据 2010 年 11 月开始施行的《证券发行与承销管理办法》，中国市场化定价下新股发行定价的一般流程（2009 年 6 月至 2014 年 3 月）是初步询价—累积投标—最终定价。中小板和创业板可以不进行累积投标。初步询价时，发行人及其保荐机构（主承销商）向不少于 20 家询价对象进行初步询价，询价对象主要是基金、券商和保险等机构投资者。最终定价阶段（询价结束后的一两天内），发行人和承销商参考询价对象的报价结果确定发行价格。从发行人披露的信息来看，承销商最为看重机构投资者报价的加权平均数或中位数。但是，承销商并不完全依赖询价结果中的机构报价，而是选择在询价结果的基础上作上下调整。虽然承销商一般在正式公告声称"根据询价结果，综合考虑发行人基本面、所处行业及市场环境等因素确定发行价格"，但在实际过程中承销商如何进行发行价格调整仍然是一个黑箱。以森马服饰（002563）为例，机构报价加权平均值为 59.8 元，承销商最终确定的发行价为 67 元（上调近 7 元），首日收盘价为 62.11 元、IPO 首日回报率为 −7.3%。

与中国不同，美国上市公司的发行定价一般流程是：发行人和承销商确定发行价格区间—通过路演（Roadshow）向机构投资者搜集相关信息—确定最终发行价。以微软（MSFT）为例，承销商最初确定的发行价格区间是 16 ~ 19 美元，路演后的价格被提升到 21 美元（同时发行股份也增加了 14.8%），上市首日股价涨到了 27.75 美元，首日回报率达到了 32%。

2. 中美承销商定高价的激励和约束比较。

新股最终的发行价主要由发行人和承销商决定。发行人通常愿意发高价，所以承销商定高价的激励和约束将起到至关重要的作用。激励方面，获取承销费是承销商定高价的最大激励。中国承销商通常根据募集资金金额收取一定比例的承销费，承销费率主要跟募集资金有关，募集资金越多则承销费率越低。实践中，承销费率由承销商和发行人协商决定，双方的讨价还价能力是承销费率的重要决定因素。定价市场化改革后，超募现象（最终募集资金超过实际募集资金）成为新常态。据悉，承销商对超募资金部分收取的费率比预计募集部分要高 30%~50%（根据我们对样本公司的数据估计，这一比例是 88%）。因而，中国的承销商有很强的动机提高发行价，以获取高额的承销费。与中国类似，美国承销商也按募集资金的比例收取一定费用，但没有超募这一概念，因而美国承销商定高价以获取更高的承销费用的动机相对较弱。

约束方面，美国承销商对新股定高价面临较强的外部约束。首先，高价发行面临投资者认购不足、发行失败的约束。发行人与承销商存在利益冲突，前者是为了追求发行收入最大化，而后者还要考虑降低努力成本、发行失败风险等因素。作为风险厌恶者的承销商有动机有意压低新股发行价格，以降低承销失败的风险、减少努力成本（Baron，1982）。其次，高价发行面临得罪机构客户、损失佣金收入的约束。IPO 对于发行人来说是"一锤子买卖"，而承销商与投资者之间是"重复博弈"。承销商定高价虽然能提升短期业绩，但可能会损害随后的销售能力，进而影响其长期收益。美国承销商拥有自主分配权，承销商与机构投资者存在长期合作关系。如果承销商将新股价格定得太高，就会损害自己在机构投资者心目中的声誉，以后再向他们推销新股的难度将大大增加。相反，承销商可以将高抑价的新股分配给关联的机构投资者以获取佣金业务收入，或分配给有关联的上市公司高管以换取潜在的投行业务收入（Loughran and Ritter，2002；Liu and Ritter，2012）。因此，美国的承销商不仅定高价面临较强的外部约束，反而可能为了私利偏好抑价发行。

与美国不同，中国承销商定高价面临的约束较弱。首先，承销商为了提高未来发行的成功率而努力维护市场声誉的动机较弱。原因是，中国承销商的主要作用是帮助发行人通过发审委的审批，而不是销售股票。中国新股发行失败的风险非常低，大部分新股都会被"疯抢"。并且，我国实施保荐人负责制，保荐人和保荐机构之间可能存在代理问题。保荐人负责的项目数量较少且离职频繁（易阳、宋顺林和谭劲松，2016），他们可能更重视短期利益而不是承销商的长期声誉。其次，承销商没有分配新股的权力，只能摇号（中小板和创业板）或按比例配售（主板），导致一方面机构投资者获得首日"破发"的新股只能自认"倒霉"，另一方面承销商并没有动机抑价发行以对机构投资者进行"利益输送"。最后，虽然证监会并不希望新股首日大面积"破发"，但在定价市场化阶段（2009~2012年），没有明显的证据表明监管层对承销商定价过高的行为施加了约束或惩罚。陈运森和宋顺林（2018）研究发现，承销商受到证监会处罚会有严重的经济后果，但新股"破发"未在受处罚之例。

四、理论分析与研究假说

根据制度背景部分的讨论，承销商在新股最终定价阶段的价格调整行为取决于其定高价面临的激励和约束。激励主要取决于承销费用契约，约束则主要是来自承销商声誉机制。

根据激励理论，人们会对激励做出反应，承销商的定价行为会受其承销费用契约影响。根据中国现有的承销费模式，承销费用与募集资金挂钩，因而承销商有动机为了提高募集资金而提高发行价。更为严重的是，承销商对超募资金部分收取的费率比预计募集部分更高，进一步提升了承销商提高新股发行价以获取高额承销费的激励。不同券商的承销费用契约有所差异，对超募资金部分收取的比例会有所不同。预计承销费对超募资金的敏感度越大，承销商越有可能在最终定价阶段调高发行价。

既然超募（实际募集资金超过计划募集资金）会增加承销商的收费进而激励承销商调高发行价，那么预计承销商根据机构投资者报价预估的超募比例越低，越有可能调高发行价。尤其是当募集资金没有达到超募标准时，承销商有很强的动机提高发行价，以获得超募部分带来的更为可观的承销费。即使大部分公司机构的报价足以使募集资金达到超募水平，承销商仍然可能在超募比例较低时调高发行价。洛克伦和里特（Loughran and Ritter，2002）借鉴前景理论解释为什么发行人愿意接受抑价发行。他们认为，发行人更看重的是财富的变化，而不是财富的绝对量。虽然新股抑价发行对其财富绝对量造成一定损失，但考虑到所持股票份额上市后的升值，新股上市后总财富的增加让其更容易接受抑价发行的结果。询价过程中，机构投资者报价后，承销商可以根据机构的报价水平预估超募比例。根据前景理论的原理，预估的超募比例越低，承销商越不可能对承销费用水平满意（因为低于心理预期）。因此，预估的超募比例越低，承销商越有动机在机构报价的基础上调高发行价，以提升承销费用水平。

根据上述分析，本文提出假说 H1a、H1b。

H1a：承销费与超募资金的弹性越大，承销商越有可能在最终定价阶段调高发行价。

H1b：根据机构报价预计的超募比例越低，承销商越有可能在最终定价阶段调高发行价。

根据声誉理论，承销商声誉是承销商的重要资产，声誉机制能够约束行为主体追求短期收益。在美国，销售股票是承销商的重要职责之一，且承销商和投资者之间有稳定的合作关系。IPO 对于发行人来说是"一锤子买卖"，而承销商与投资者之间是重复博弈。要建立声誉是一个非常长期的系统性累积过程，但要使声誉受损则是瞬时的。承销商有很强的动机维护自己的长期市场声誉，承销商为长期声誉考虑更可能选择抑价发行而不是高价发行。

当然，来自美国市场的结论并不能简单推广到中国市场。在中国，由于发行失败风险较低、承销商没有新股分配权，承销商声誉机制的约束力量远不如美国强大。但是，一些研究发现，承销商声誉机制在我国也在一定程度上有效。市场份额高且执业质量好的承销商可以显著降低 IPO 发行抑价、减轻盈余管理程度、预示更好的 IPO 后长期业绩（徐浩萍和罗炜，2007；Chen，Shi and Xu，2013）。随着时间的推移，中国承销商越来越注重自己的声誉（Chen，Shi and Xu，2014）。只要承销商的声誉机制在一定程度上有效，可以预期，承销商为了避免新股"破发"，有动力根据机构的报价情况进行评估，在机构报价过低（高）时适当调高（低）发行价。此外，尽管承销商声誉机制的约束力量总体上相对国外要较弱，但不同类型的承销商应该会有所差异。市场份额较大的承销商，由于参与重复博弈的次数更多，应该更注重自身在市场上的声誉。最后，承销商声誉有效的微观基础是投资者会对承销商定高价的行为进行惩罚，表现为：其一，其承销的项目投资者参与询价的意愿较低；其二，其承销的项目投资者报价比较谨慎。根据上述分析，本文提出假说 H2a、H2b 和 H2c。

H2a：承销商根据机构报价预估的 IPO 抑价越低，越不可能在最终定价阶段调高发行价。

H2b：承销商的声誉越高（以市场份额度量），越不可能在最终定价阶段调高发行价。

H2c：承销商近期承销项目的首日回报率越低（或者"破发"），本期承销项目机构参与询价的热情越低、报价越低。

国外的研究发现，承销商在定价过程中存在调整不足的现象。最终的发行价超过初始的定价区间上限时，即定价过程中承销商上调了发行价时，IPO 首日回报率更高（Hanley，1993；Bradley and Jordan，2002）。原因是，承销商为了声誉考虑，选择抑价发行以回报投资者在询价过程中"说真话"的行为（Benveniste and Spindt，1989）。由于中国声誉机制的有效性和承销费用契约与美国均不同，定价过程中的价格调整与 IPO 首日回报率的关系也可能与美国存在差异。承销商价格调整的驱动因素影响承销商调整幅度与 IPO 首日回报率之间关系。具体而言，如果承销商调整价格的驱动受声誉影响，承销商将根据对市场价格的估计在机构报价的基础上进行调整。进一步，如果调整合理，则承销商价格调整与首日回报率不存在显著关系；如果调整不足，则显著正相关；调整过度，则显著负相关。但是，如果承销商仅仅是为了更高的承销费用进行价格调整，而不考虑机构报价是否过高，则承销商定价调整幅度与首日回报率显著负相关。

为了便于理解上述推论，表 1 用一些简单的数字演示了上面分析的几种可能情况。总的来说，在最终定价阶段，如果调整不足，则承销商的价格调整幅度与 IPO 首日回报率正相关；如果调整过度或为了承销费而调整时，价格调整幅度与 IPO 首日回报率负相关。由于无法判断价格调整与 IPO 首日回报率的关系，本文以零假说的方式提出 H3。

H3：最终定价阶段的价格调整幅度与 IPO 首日回报率无显著关系。

表1 不同情形下承销商调整幅度与首日回报率关系演示

情形1：调整合理			情形2：调整不足			情形3：调整过度			情形4：其他调整		
不相关			正相关			负相关			负相关		
IR1	Adjust	IR2	IR1	Adjust	IR2	IR1	Adjust	IR2	IR1	Adjust	IR2
20%	+20%	0%	20%	+10%	10%	20%	+30%	−10%	20%	+20%	0%
−20%	−20%	0%	−20%	−10%	−10%	−20%	−30%	10%	20%	+10%	10%

注：（1）第一行中的情形4：其他调整是指承销商不是为了合理定价，而是单纯为了提高承销费用而调整最终发行价的行为；（2）第二行的内容指不同情形下承销商价格调整幅度与 IPO 首日回报率之间的关系；（3）第三行的指标，IR1 指根据机构报价计算的 IPO 首日回报率，Adjust 指承销商在最终定价阶段的价格调整幅度，IR2 指根据最终发行价计算的 IPO 首日回报率；第四行和第五行分别是两家公司的相应指标；（4）情形1下，假设两家公司的 IR1 分别是20%和−20%，承销商在最终定价阶段分别将价格上调20%和下调20%，导致两家公司的 IR2 均为0%。情形1下，承销商对公司上市后的价格的预期合理，相应的价格调整也合理，导致承销商的价格调整幅度（Adjust）与最终的首日回报率（IR2）无相关关系。其他情形以此类推。

五、研究设计

（一）样本选择和数据来源

本文以 2010 年 11 月 23 日至 2012 年 10 月 11 日上市的 IPO 公司为研究样本，获得最初样本 478 个。剔除变量存在缺失值的样本后，获得最终样本 457 个。样本起始于 2010 年 11 月，原因是此时开始强制要求披露机构投资者报价的详细数据；样本结束于 2012 年的 10 月，原因是随后有长达一年多的 IPO 暂停。并且，2013 年底，IPO 重启之后，监管层重新开始对新股发行定价进行干预，要求新股网下报价将剔除最高部分，剔除量不低于总量的

10%。2014年3月后，证监会要求新股发行市盈率不超过23倍，宣告新股定价市场化改革正式结束，新股定价重回管制时代。本文的样本期间具有独特性，是唯一适合用来研究市场化定价阶段出现的新股定价过高现象的样本。尽管目前新股定价重回管制时代，但新股定价市场化改革是注册制改革的基本要求。本项研究可以为未来的定价市场化改革提供重要参考。

本文的数据来源说明如下：（1）机构投资者报价数据经 Wind 的一级市场子数据库和 IPO 发行相关公告数据手工整理而成；（2）分析师新股定位的数据整理自 Wind 一级市场子数据库和 CSMAR 的分析师数据库，两者相互补充；（3）其他诸如 IPO 公司特征、财务比率等数据主要来自 CSMAR。

（二）模型设定与变量定义

首先，本文采用如下模型检验承销商激励和约束等因素对承销商定价调整的影响：

$$Adjust = \beta_0 + \beta_1 UWFeeE + \beta_2 Extra\_ratio + \beta_3 IRUP\_bid$$
$$+ \beta_4 UWRP + \sum Controls + \varepsilon \qquad (1)$$

模型（1）中，因变量为 Adjust，表示承销商在机构投资者报价基础上的调整幅度，由（发行价 – 机构投资者报价)/机构投资者报价得出，机构投资者报价使用询价对象的加权平均报价或者询价对象的报价中位数。

主要自变量为 Extra_ratio、UWFeeE、IRUP_bid（或 IR_bid）和 UWRP，详细说明如下。

（1）UWFeeE 为承销费 – 超募资金敏感度，根据总承销费用与预计募集资金和超募资金的关系估计而来。通常超募部分的承销费率要高于预计募集费率。具体的承销费率由发行人和承销商商议决定，因此不同的承销商可能对超募部分和预计募集资金部分收取不同的承销费率。如下模型用以估计承销费—超费资金敏感度：

$$UWfee = \beta_2 PFund + \beta_2 CFund + \varepsilon \qquad (1a)$$

其中 UWfee 为承销费用，PFund 为预计的募集资金，CFund 为超募集资金。根据模型（1a）进行回归分析，就可以得出 β_2 的回归系数，即为承销费—超费资金敏感度。根据不同的承销商分别进行回归估计，可得出承销商层面的承销费——超募资金敏感度。

（2）*Extra_ratio* 为根据机构报价估计的超募比例，由（机构报价×发行数量－预计募集资金）/预计募集资金得出。

（3）*IRUP_Bid* 为根据机构报价估计的 IPO 抑价，用以估计承销商预估的 IPO 抑价，由（公司内在价值－机构报价）/机构报价得出。机构报价使用询价对象的加权平均报价，内在价值使用分析师新股定位价格预测的一致估计度量。参考宋顺林等（2014）的研究，公司内在价值等于分析师对新股价格预测的一致估计。内在价值估计步骤如下：首先对每个分析师的预测价格区间取均值，然后计算多个分析师的预测价格的均值，得到分析师对某个公司的价格预测的一致估计。*IR_bid* 为根据机构报价估计的 IPO 首日回报率，用以估计承销商预估的 IPO 抑价，由（首日收盘价－机构报价）/机构报价得出。

（4）承销商声誉，我们参考邵新建等（2013）的方法，根据承销商自询价制开始以来的数据分别计算按发行数量、发行金额和募集资金计算的市场份额，然后对三者进行算术平均。举例说明如下：截至 2010 年 12 月某承销商的承销数量为 10 个，同时截至 2010 年 12 月的所有承销商的累积承销数量为 100 个，则按承销数量计算该承销商的市场份额为 10%。

主要控制变量包括 *Offer_size*、*CAR20_offer* 以及行业哑变量等。*Offer_size* 和 *CAR20_offer* 分别表示募集资金规模和发行时的投资者情绪。此外，模型还控制了上市板块、行业和年度的固定效应。为消除异常值对实证结果的影响，本文对所有连续变量进行了上下 1% 的缩尾处理。变量的定义汇总列示于表 2。

表 2   变量定义

变量	变量定义
*Adjust*1	承销商在机构投资者报价基础上的调整幅度，由（发行价－机构投资者报价加权平均值）/机构投资者报价加权平均值得出

续表

变量	变量定义
Adjust2	承销商在机构投资者报价基础上的调整幅度，由（发行价 – 机构投资者报价中位数）/机构投资者报价中位数得出
IR	首日回报率，由（首日收盘价 – 发行价)/发行价得出
IR_bid	根据机构报价估计的首日回报率，由（首日收盘价 – 机构报价加权平均)/机构投资者报价加权平均值得出
IRUP	IPO 抑价，由（公司内在价值 – 发行价)/发行价得出
IRUP_bid	根据机构报价估计的 IPO 抑价，由（公司内在价值 – 机构报价加权平均值)/机构报价加权平均值得出
Extra_ratio	根据机构报价估计的超募比例，由（机构报价加权平均值×发行数量 – 预计募集资金)/预计募集资金得出
UWfeeE	承销费—超募资金敏感度，券商层面的数据，根据承销费用与预计募集资金和超募资金的关系估计
CAR20_List	IPO 公司上市时的市场情绪，根据 IPO 公司所在板块上市交易前最近 20 日（约一个月）的指数累积回报率衡量
CAR20_offer	IPO 公司定价时的市场情绪，根据 IPO 公司所在板块询价结束前最近 20 日的指数累积回报率衡量
UWRP	承销商声誉，按发行数量、发行金额和募集资金规模计算的承销商市场份额的算术平均
Ins_num	参与询价的机构投资者数量，取自然对数
Offersize	募集资金规模，等于实际募集资金规模的自然对数
i. Board	板块固定效应，共设 $n-1$ 个哑变量，n 等于板块数
i. Industry	行业固定效应，共设 $n-1$ 个哑变量，n 等于行业数
i. Year	年度固定效应，共设 $n-1$ 个哑变量，n 等于年度数

其次，本文采用如下模型检验承销商历史首日回报率对其当前承销项目定价的影响：

$$Ins\_num/IRUP\_bid = \beta_0 + \beta_1 \text{Ln. } IR/\text{Ln. } BOP + \sum Controls + \varepsilon \qquad (2)$$

模型（2）中，因变量为 *Ins_num* 或 *IRUP_bid*，分别表示参与询价的机构投资者数量和以机构投资者报价和公司内在价值估计的 IPO 抑价（用来度量机构报价的高低）。主要自变量为 Ln. *IR* 和 Ln. *BOP*，分别表示承销商最近 *N* 次承销 IPO 公司的首日回报率平均值或最近 *N* 次承销新股的"破发"次数，*N* 取 1 或 3。控制变量包括募集资金规模（*Offer_size*）、发行时的投资者情绪（*CAR20_offer*）以及上市板块、行业和年度的固定效应。

最后，本文采用如下模型检验承销商调价行为对 IPO 首日回报率或抑价的影响：

$$IR/IRUP = \beta_0 + \beta_1 Adjust + \sum Controls + \varepsilon \tag{3}$$

模型（3）中，因变量为 *IR* 或 *IRUP*，*IR* 为首日回报率，由（首日收盘价 – 发行价）/发行价得出。国外的文献通常用首日回报率度量 IPO 抑价，交替使用 IPO 首日回报率和 IPO 抑价两个概念，但国内 IPO 首日回报率和 IPO 抑价并不能简单等同，首日回报率中还包含较大程度的二级市场定价溢价（Song，Tan and Yi，2014；刘煜辉和沈可挺，2011）。因此，我们也根据公司的内在价值估计 IPO 抑价。*IRUP* 为 IPO 抑价，由（公司内在价值 – 发行价）/发行价得出，公司内在价值的估计同上。主要自变量 *Adjust* 的定义与模型（1）相同。控制变量包括募集资金规模（*Offer_size*）、上市时的投资者情绪（*CAR20_list*）以及上市板块、行业和年度的固定效应。

为了更好地理解文中主要变量的含义，图 1 展示了 IPO 定价中的几个重要概念。从时间先后来看，先有内在价值，然后有机构报价、发行价格和首日收盘价；从价格高低来看，通常的顺序是机构报价 < 发行价格 < 内在价值 < 首日收盘价。发行价格大于机构报价的部分为承销商价格调整幅度，发行价格低于内在价值的部分称为 IPO 抑价，首日收盘价高于内在价值的部分称为 IPO 溢价，IPO 首日回报率等于首日收盘价和发行价格之间的差额。

（三） 描述性统计与相关性分析

表 3 报告了本文主要变量的描述性统计，我们就其重点说明如下：第一，样本期间，IPO 首日回报率为 23.8%，虽然仍高于美国的同期水平，但已远

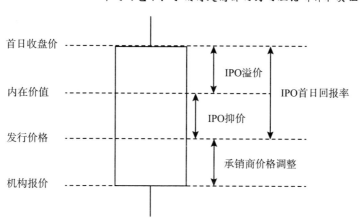

图1　IPO定价中的几个重要概念

低于定价管制期间的水平。鉴于中国二级市场的股价波动风险较大，机构投资者面临三个月的锁定期，23.8%的首日回报率并不算高，说明样本期间存在新股定价过高现象。第二，估计的IPO抑价（估计的内在价值减发行价）为8.4%，远低于IPO首日回报率，也低于美国同期的IPO首日回报率（12%），说明中国首日回报率较高主要源于二级市场的定价溢价，一级市场的发行抑价甚至还低于美国的水平。根据机构投资者报价估计的IPO抑价为17.5%。第三，*Adjust*为8.6%，平均而言，承销商在机构投资者报价的基础上上调了8.6%。未报告的统计结果显示，2011年的*Adjust*为7.8%，而2012年的*Adjust*上升到11.8%，我们猜测原因是承销商定价行为变得越来越激进，这可能也是2012年IPO首日回报率持续走低的原因。此外，90%左右公司*Adjust*大于0，这意味着绝大部分公司在机构报价的基础上调高了发行价。与此同时，由于参与询价的机构投资者竞争过于激烈，整体的报价水平本身就偏高（俞红海等，2013）。这些数据说明，承销商总体上偏爱高价发行。第四，*Extra_ratio*均值为1.101，说明样本期间以机构报价估算的IPO公司平均超募110%，但是也有将近10%的公司实际募集资金低于预计募集资金。*UWFeeE*的均值为0.044，意味着平均而言，超募资金每增加10亿元，承销费用提高4400万元，由此可看出承销商有很强的动机定高价以增加超募资金。

表3   描述性统计

变量	样本数	均值	中位数	标准差	最小值	最大值
IR	457	0.238	0.169	0.327	−0.144	1.916
$IRUP$	457	0.084	0.065	0.136	−0.170	0.425
$IRUP\_bid$	457	0.175	0.155	0.156	−0.154	0.603
$Adjust$	457	0.086	0.081	0.078	−0.154	0.327
$CAR20\_offer$	457	−0.015	−0.018	0.073	−0.160	0.170
$CAR20\_list$	457	−0.018	−0.019	0.068	−0.166	0.135
$Offer\_size$	457	1.905	1.814	0.673	0.722	4.736
$Extra\_ratio$	457	1.101	0.925	0.964	−0.450	4.100
$UWFeeE$	457	0.044	0.042	0.016	−0.020	0.093
$UWRP$	457	0.038	0.032	0.031	0.001	0.162
INS_num	457	3.867	3.829	0.364	3.178	4.883
$L1.NBOP$	457	0.206	0.000	0.405	0.000	1.000
$L3.NBOP$	457	0.586	0.000	0.708	0.000	3.000
$L1.IR$	457	0.271	0.203	0.341	−0.167	1.615
$L3.IR$	457	0.276	0.231	0.223	−0.059	1.025

　　表4报告了本文主要变量的相关系数。相关性分析类似于单变量分析，好处是可以直观地观察两个变量之间的关系，但可靠性不如更为严格的多元回归分析。我们就其重点说明如下：第一，$IRUP\_bid$、$Extra\_ratio$ 与 $Adjust$ 分别显著正相关和负相关，表明机构投资者报越低、报价阶段的超募比例越低，承销商越可能上调发行价。$UWFeeE$、$UWRP$ 与 $Adjust$ 分别正相关和负相关，符合预期，但没有达到显著性水平。第二，$L3.NBOP$ 与 INS_num 显著负相关，$L1.IR$、$L3.IR$ 与 INS_num 显著正相关，表明承销商历史"破发"次数越多、首日回报率越低，参与询价的机构数量越少；$L1.NBOP$、$L3.NBOP$ 与 $IRUP\_bid$ 显著正相关，$L1.IR$、$L3.IR$ 与 $IRUP\_bid$ 显著负相关，表明承销商历史"破发"次数越多、首日回报率越低，机构投资者的报价越低。第三，$Adjust$ 与 IR、$IRUP$ 均在 0.01 以下的显著性水平正相关，表明承销商定价上调幅度越大，IPO首日回报率和IPO抑价均显著更低。

表4

主要变量相关系数

变量	1	2	3	4	5	6	7	8	9	10	11	12	13	14	15
1. IR	1.00														
2. IRUP	0.21**	1.00													
3. IRUP_bid	0.11*	0.84**	1.00												
4. Adjust	-0.15**	-0.18**	0.38**	1.00											
5. CAR20_offer	0.18**	-0.22**	-0.18**	0.03	1.00										
6. CAR20_list	0.38**	0.03	0.07	0.07	0.51**	1.00									
7. Offer_size	-0.30**	-0.18**	-0.11*	0.08*	0.10*	-0.02	1.00								
8. Extra_ratio	-0.19**	-0.22**	-0.40**	-0.36**	0.06	-0.05	0.24**	1.00							
9. UWFeeE	-0.06	-0.03	-0.02	0.03	-0.03	0.03	0.01	0.09*	1.00						
10. UWRP	0.01	0.08*	0.06	-0.03	0.09*	0.07	0.13**	-0.03	0.16**	1.00					
11. INS_num	0.24**	-0.40**	-0.51**	-0.26**	0.37**	0.12**	0.28**	0.23**	-0.03	0.07	1.00				
12. L1. NBOP	0.08*	0.09**	0.16**	0.12**	0.07	0.11*	-0.04	-0.14**	-0.00	0.01	-0.07	1.00			
13. L3. NBOP	0.05	0.14**	0.18**	0.10*	-0.04	0.09*	-0.09*	-0.20**	-0.06	0.01	-0.15**	0.60**	1.00		
14. L1. IR	0.04	-0.08*	-0.09*	-0.02	0.04	-0.05	0.00	0.05	-0.12*	-0.11*	0.09*	-0.52**	-0.34**	1.00	
15. L3. IR	-0.01	-0.17**	-0.18**	-0.05	0.06	-0.11*	0.09*	0.13**	-0.17**	-0.15**	0.18**	-0.37**	-0.56**	0.66**	1.00

注：* 表示 p<0.10，** 表示 p<0.01。

六、实证结果

（一）承销商定价调整的决定因素

我们首先实证分析承销商定价调整的决定因素。表 5 报告承销费—募集资金敏感度、超募比例、预计 IPO 抑价、承销商声誉等因素对承销商调整行为的影响。表 5 列（1）的结果显示：第一，$UWFeeE$ 与 $Adjust1$ 显著正相关，$Extra\_ratio$ 与 $Adjust1$ 显著负相关，表明承销费—超募资金的敏感度越大、机构报价时超募比例越低，承销商越可能向上调整发行价，这两个结果一致地支持了承销商获取超额承销费用的激励会影响其价格调整行为。第二，$IRUP\_bid$ 与 $Adjust1$ 显著正相关，表明承销商估计的 IPO 抑价越高，越有可能调高发行价，说明承销商拥有一些公司内在价值的公开或私有的信息；$IRUP\_bid$ 回归系数为 0.14，意味着承销商估计的 IPO 抑价每增加 10%，承销商会向上调整 1.4%，说明承销商的调整总体上相对比较保守，表现为调整不足。第三，$UWRP$ 与 $Adjust1$ 显著负相关，说明承销商声誉（以市场份额度量）越高，越不可能上调发行价，这一结果支持了承销商声誉机制的约束作用。第四，其他控制变量中，定价时的市场情绪（$CAR20\_offer$）对承销商调整行为无显著影响，说明承销商并没有在市场情绪较低时定价更为谨慎；而募集资金规模（$Offer\_size$）与承销商上调行为显著正相关，说明募集资金规模越大，承销商越可能上调发行价。

表 5 列（2）中，我们以 IR_bid 代替 $IRUP\_bid$ 进行回归分析，其他变量不变。$IRUP\_bid$ 是根据机构报价和内在价值估计承销商预期的 IPO 抑价程度，而 IR_bid 是根据机构报价和上市首日收盘价估计承销商预期的 IPO 首日回报率。结果显示，IR_bid 仍然与 $Adjust1$ 显著正相关，但显著性和回归系数都要比列（1）的 $IRUP\_bid$ 低，说明相较于预计的 IPO 首日回报率，承销商更可能根据预计的 IPO 抑价程度进行定价调整，原因可能是首日收盘价比公司的内在价值更难估计。列（3）和列（4）中，对于因变量 $Adjust$ 我们更改

了机构报价的度量方式，以机构报价的中位数代替机构报价的加权平均值度量机构报价，以测试结果的稳健性。从实证结果来看，回归结果基本与列（1）和列（2）的结果保持一致。

表5 承销商定价调整的决定因素

变量	(1) Adjust1	(2) Adjust1	(3) Adjust2	(4) Adjust2
UWFeeE	0.49 ** (2.29)	0.48 ** (2.17)	0.48 ** (2.11)	0.47 ** (2.02)
Extra_ratio	− 0.012 *** (− 3.04)	− 0.016 *** (− 3.84)	− 0.0099 ** (− 2.37)	− 0.013 *** (− 2.97)
IRUP_bid	0.14 *** (5.78)		0.098 *** (3.62)	
IR_bid		0.040 *** (3.91)		0.027 ** (2.37)
UWRP	− 0.31 *** (− 3.06)	− 0.28 *** (− 2.65)	− 0.28 ** (− 2.58)	− 0.26 ** (− 2.33)
CAR20_offer	0.056 (1.26)	− 0.015 (− 0.33)	0.035 (0.76)	− 0.014 (− 0.28)
Offer_size	0.020 *** (3.27)	0.029 *** (4.10)	0.0076 (1.05)	0.014 (1.65)
i. Board	Yes	Yes	Yes	Yes
i. Industry	Yes	Yes	Yes	Yes
i. Year	Yes	Yes	Yes	Yes
_cons	− 0.020 (− 0.57)	− 0.059 (− 1.45)	− 0.019 (− 0.55)	− 0.044 (− 1.11)
adj. R^2	0.323	0.288	0.238	0.218
N	457	457	457	457

注：括号内为经异方差修正的 t 统计量，*、**、*** 分别表示回归系数在 0.1、0.05、0.01 的显著性水平下显著。变量定义见表2。

159

表 6 中，我们检验了承销商历史 IPO 回报率对当前承销项目询价结果的影响，以进一步验证承销商声誉约束机制的微观基础。表 6 的结果显示，$L1. BOP$、$L3. BOP$ 与 $IRUP\_bid$ 显著正相关，说明如果承销商前一次或前三次承销的项目存在首日"破发"时，投资者对其当前承销项目的报价相对较低。$L3. IR$ 与 INS_num 显著正相关，与 $IRUP\_bid$ 显著负相关，说明承销商前三次承销项目的平均首日回报率越低，当前承销项目参与询价的机构数量就会越少，且机构投资者的报价越低。这些证据进一步表明，市场能够给承销商一定的约束力量，从更微观的角度支持了承销商声誉约束机制的有效性。由于市场份额较大的公司，更有机会多次承销 IPO 项目，这一证据也可解读为，承销商声誉较高的公司更可能受到市场力量的约束。从回归系数来看，表 6 列（2）$L1. BOP$ 的回归系数为 0.043、表 6 列（8）$L3. IR$ 的回归系数为 -0.051，意味着前一次破发会导致当前项目机构报价低 4.3%，而前三次平均首日回报率低 10%，则当前项目机构报价低 0.5%。从经济意义上看，以往的历史首日回报率对当前机构报价的影响并不大，而最近一次首日"破发"的影响要相对大些。不过，承销商在最终定价阶段拥有调整发行价格的权力，其定价调整权会削弱市场对承销商定高价的约束作用。

（二）承销商价格调整与 IPO 首日回报率

表 7 进一步考察承销商调整行为与 IPO 首日回报率或 IPO 抑价的关系。表 7 的实证结果显示，承销商对发行价既可能调整不足，也可能为了更高的承销费进行价格调整。而根据我们的理论分析，调整不足会导致承销商调定价上调幅度与 IPO 首日回报率显著正相关，而承销商为了承销费进行的价格调整会导致价格上调幅度与 IPO 首日回报率显著负相关。因此，承销商定价调整幅度与 IPO 首日回报率的关系有待实证检验，取决于上述两种效应谁占主导。表 7 列（1）的结果显示，$Adjust1$ 与 IR 显著负相关，表明承销商上调幅度越大，IR 越低，这说明承销费的激励作用对承销商调价行为的影响占主导。这一结果与国外的结果不同，国外的研究通常发现两者存在负相关，原因可能是中国承销商特有的承销费用契约使其为了承销费用调高发行价的动

表6　　历史IPO首日回报率与当前询价结果

变量	(1) INS_num	(2) IRUP_bid	(3) INS_num	(4) IRUP_bid	(5) INS_num	(6) IRUP_bid	(7) INS_num	(8) IRUP_bid
L1.BOP	−0.029 (−0.87)	0.043** (2.36)						
L1.IR			0.028 (0.65)	−0.015 (−0.85)				
L3.BOP					−0.015 (−0.77)	0.016* (1.74)		
L3.IR							0.12* (1.89)	−0.051* (−1.77)
CAR20_offer	1.36*** (6.88)	−0.25*** (−2.62)	1.34*** (6.77)	−0.22** (−2.42)	1.35*** (6.82)	−0.23** (−2.47)	1.33*** (6.74)	−0.22** (−2.38)
Offer_size	0.054** (2.17)	−0.038*** (−2.85)	0.054** (2.20)	−0.039*** (−2.91)	0.053** (2.11)	−0.037*** (−2.74)	0.049** (1.98)	−0.036*** (−2.72)
i. Board	Yes	Yes	Yes	Yes	Yes	Yes	Yes	Yes
i. Industry	Yes	Yes	Yes	Yes	Yes	Yes	Yes	Yes
i. Year	Yes	Yes	Yes	Yes	Yes	Yes	Yes	Yes
_cons	4.52*** (26.32)	0.11 (1.68)	4.51*** (25.87)	0.12* (1.70)	4.53*** (26.37)	0.11 (1.54)	4.46*** (26.26)	0.13* (1.93)
adj. R^2	0.388	0.181	0.387	0.170	0.387	0.174	0.392	0.174
N	457	457	457	457	457	457	457	457

注：括号内为经异方差修正的t统计量，*、**、***分别表示回归系数在0.1、0.05、0.01的显著性水平下显著。变量定义见表2。

机较强。表 7 列（2）的结果表明，*Adjust*1 与 *IRUP* 显著负相关，表明承销商上调的幅度越大，IPO 抑价越低。由于 IPO 抑价相对于 IPO 首日回报率更容易估计，我们推测，承销商在进行价格调整的时候，实际可以预期到价格上调会导致 IPO 抑价下降，不过为了获取超额的承销费用，承销商可能不惜冒降低 IPO 抑价甚至首日"破发"的风险。根据表 7 列（3）和列（4），我们以 *Adjust*2 代替 *Adjust*1 进行回归分析，实证结果保持不变。

表 7　　　　　　　　承销商调整行为与 IPO 首日回报率

变量	(1)	(2)	(3)	(4)
	IR	*IRUP*	*IR*	*IRUP*
*Adjust*1	−0.55 ** (−2.45)	−0.45 *** (−4.78)		
*Adjust*2			−0.65 *** (−3.22)	−0.47 *** (−5.10)
*CAR*20_*list*	1.78 *** (9.35)	0.14 * (1.71)	1.77 *** (9.48)	0.14 * (1.71)
Offer_size	−0.26 *** (−9.59)	−0.042 *** (−3.66)	−0.27 *** (−9.75)	−0.047 *** (−4.10)
i. *Board*	Yes	Yes	Yes	Yes
i. *Industry*	Yes	Yes	Yes	Yes
i. *Year*	Yes	Yes	Yes	Yes
_*cons*	1.35 *** (8.07)	0.11 ** (2.01)	1.35 *** (8.06)	0.11 ** (2.05)
adj. R^2	0.366	0.153	0.373	0.164
N	457	457	457	457

　　注：括号内为经异方差修正的 t 统计量，* 、** 、*** 分别表示回归系数在 0.1、0.05、0.01 的显著性水平下显著。变量定义见表 2。

（三）进一步分析与稳健性检验

首先，我们检验了承销商定价调整与投资者情绪转变的相关性。中国资本市场一个明显的特征是二级市场的定价受投资者情绪影响较大，导致使用IPO首日回报率度量 IPO 抑价并不合理。一方面，承销商想利用投资者的情绪，尽可能提高发行价；另一方面，二级市场的交易价格较容易受短期情绪影响，投资者情绪转换的速度较快，定价时的情绪和交易上市时的情绪已发生变化。在此，我们进一步检验，承销商的定价调整行为是否与投资者的情绪转换有关，即承销商能否预期到投资者的情绪转变。结果发现，无论是用10 天、20 天，还是 60 天的市场累积收益率度量投资者情绪，承销商定价调整均未考虑投资者情绪的转变（上市交易时的市场回报减新股定价时的市场回报）。这一结果在情理之中，承销商通常无法预测短期投资者情绪的转变，从而也无法在定价调整时考虑投资者的情绪。

其次，我们检验了承销商声誉和承销商经验对承销商价格调整与 IPO 首日回报率或抑价两者关系的影响。表 8 的结果显示，承销商声誉与承销商调整的交互项与首日回报率显著正相关，说明，承销商声誉越高，越可能削弱承销商定价调整与首日回报率的负相关关系，这与承销商声誉能够降低承销商定价调整过程的过度激励相一致。与此同时，承销商经验并不能削弱两者的关系，可能的原因是，承销商能力并不是导致两者负相关的原因。由于承销商声誉和承销商经验两者的相关性比较强，本文也从另一个角度来检验这一结果。我们将样本按年度分组，检验 2012 年（更有经验）相比 2011 年，承销商定价调整和首日回报率之间的关系是否更弱。结果显示，总体上 2012 年相比 2011 年两者的关系并没有更弱，甚至更强，不支持随着承销商经验的增加，两者的关系得到减弱的结论。

最后，为了模型的简洁性，本文的实证模型只加入了最为重要的控制变量。实际上，本文也尝试加入更多的控制变量，以测试结果的稳健性。我们加入更多的公司治理变量（第一大股东持股比例、企业性质、审计师是否为"四大"等）和财务特征变量（资产收益率、主营业务增长率和资产负债率）

后，主要结果基本不变。此外，根据黄瑜琴、李莉和陶利斌（2013）的研究，我们还控制了询价机构的有信息程度，发现有信息程度与承销商价格调整显著负相关，但不影响本文的主要发现。

表8 承销商声誉和承销商经验对承销商定价调整与首日回报率关系的影响

变量	(1)	(2)	(3)	(4)
	IR	*IR*	*IR*	*IR*
Adjust × *UWRP*	0.64 * (1.89)	0.66 * (1.94)		
Adjust × *UWEXPE*			0.17 (0.49)	0.18 (0.53)
UWRP	− 0.038 (− 0.99)	− 0.035 (− 0.93)		
UWEXPE			− 0.0093 (− 0.23)	− 0.0091 (− 0.24)
Adjust	− 0.83 *** (− 2.70)	− 0.94 *** (− 3.20)	− 0.62 ** (− 1.99)	− 0.72 ** (− 2.49)
CAR20_list	1.78 *** (9.33)	1.77 *** (9.50)	1.78 *** (9.29)	1.77 *** (9.47)
Size	− 0.26 *** (− 9.60)	− 0.27 *** (− 9.78)	− 0.26 *** (− 9.68)	− 0.27 *** (− 9.84)
i. Board	Yes	Yes	Yes	Yes
i. Industry	Yes	Yes	Yes	Yes
i. Year	Yes	Yes	Yes	Yes
_cons	1.38 *** (8.02)	1.38 *** (8.05)	1.36 *** (7.98)	1.36 *** (7.99)
adj. R^2	0.369	0.377	0.363	0.370
N	457	457	457	457

注：列（1）和列（3）使用的自变量为 *Adjust*1，列（2）和列（4）使用的为 *Adjust*2；*UWRP* 和 *UWEXPE* 都使用的哑变量，分别表示承销商声誉和承销商经验的高低。承销商经验以2009年6月市场化定价后的承销次数度量；括号内为经异方差修正的 t 统计量，*、**、*** 分别表示回归系数在0.1、0.05、0.01的显著性水平下显著。变量定义见表2。

七、结论与启示

本文认为，除了承销商本身的定价能力以外，其面临的激励和约束也是影响承销商在定价过程中价格调整行为的关键因素，实证研究基本支持了我们的理论分析。本文发现，承销商获取高额承销费的动机对其价格调整行为有重要影响，而声誉约束机制只在一定程度上有效。中国新股发行制度的独特性在于，承销商对超募部分收取更高的承销商率，但承销商并没有新股的分配权力，并且新股发行失败的风险较低，导致承销商对新股定高价的动力很高，但定高价面临的约束却很低。简言之，激励和约束的不平衡是中国承销商偏爱定高价的根源。如果承销商不是根据其拥有的公开或私有信息对机构报价进行调整，而是为了更高的承销费用调高发行价，就会导致一个奇怪的现象：对于首日回报率较低，甚至首日"破发"的样本，承销商反而调高了发行价。承销商在机构报价基础上调整发行价的激励被扭曲的直接后果，是新股定价失败（定价过高或过低）的风险加大。

鉴于承销商定价过高及其新股"破发"的负面影响，证监会目前采取的措施是直接取消市场化定价，重新回到市盈率上限管制时代（发行市盈率不能超过 23 倍）。但是，注册制改革是中国股票市场未来的战略方向，定价市场化改革仍然是大势所趋。在市场化定价机制，发行人总是偏好高价发行，只有承销商没有动机定高价或偏好抑价发行，在最终定价阶段起决定作用的发行人和承销商两股力量才能达到平衡的艺术。

如何在定价市场化下，保持承销商定高价的约束和激励平衡？基于本文的理论和实证分析，可能的措施包括：第一，赋予承销商新股分配权，以加强机构投资者对承销商定高价行为的约束；第二，减少承销商定高价的激励，比如对承销商收费模式进行管制，防止承销商被过度激励；第三，加强新股定价过程中的透明度，以使投资者更能识别承销商调高定价的行为、防范新股定价过高的风险；第四，监管层对首日"破发"进行事后监管，以对承销商定高价的行为形成约束。值得指出的是，上述措施的使用需要谨慎。任何措施都可能有不利的一面，比如措施一可能导致承销商抑价发行对机构投资者进行利益输送，而措施二可能导致过度监管、破坏市场化的精神。总而言之，新股定价市场化改革需要综合考虑，市场化不彻底可能导致承销商定高价的激励和约束失衡，而掌握平衡的艺术可能是新股定价市场化改革成功的关键。

参考文献

［1］陈运森、宋顺林：《美名胜过大财：承销商声誉受损冲击的经济后果》，载《经济学（季刊）》2018 年第 1 期。

［2］郭泓、赵震宇：《承销商声誉对 IPO 公司定价，初始和长期回报影响实证研究》，载《管理世界》2006 年第 3 期。

［3］黄瑜琴、李莉、陶利斌：《机构投资者报价行为，承销商定价策略与 IPO 市场表现研究》，载《金融研究》2013 年第 7 期。

［4］李冬昕、李心丹、俞红海，等：《询价机构报价中的意见分歧与 IPO 定价机制研究》，载《经济研究》2014 年第 7 期。

［5］刘煜辉、沈可挺：《是一级市场抑价，还是二级市场溢价——关于中国新股高抑价的一种检验和一个解释》，载《金融研究》2011 年第 11 期。

［6］刘煜辉、熊鹏：《股权分置、政府管制和中国 IPO 抑价》，载《经济研究》2005 年第 5 期。

［7］邵新建、薛熠、江萍，等：《投资者情绪、承销商定价与 IPO 新股回报率》，载《金融研究》2013 年第 4 期。

［8］宋顺林、唐斯圆：《投资者情绪，承销商行为与 IPO 定价——基于网下机构询价数据的实证分析》，载《会计研究》2016 年第 2 期。

［9］汪昌云、武佳薇、孙艳梅，等：《公司的媒体信息管理行为与 IPO 定价效率》，载《管理世界》2015 年第 1 期。

［10］徐浩萍、罗炜：《投资银行声誉机制有效性——执业质量与市场份额双重视角的研究》，载《经济研究》2007 年第 2 期。

［11］易阳、宋顺林、谭劲松：《保荐代表人频繁离职是"荐而不保"的

体现吗——基于中国IPO市场的证据》，载《中国会计评论》2016年第1期。

[12] 俞红海、刘烨、李心丹：《询价制度改革与中国股市IPO"三高"问题——基于网下机构投资者报价视角的研究》，载《金融研究》2013年第10期。

[13] 张学勇、廖理：《风险投资背景与公司IPO：市场表现与内在机理》，载《经济研究》2011年第6期。

[14] 朱红军、钱友文：《中国IPO高抑价之谜："定价效率观"还是"租金分配观"?》，载《管理世界》2010年第6期。

[15] Baron D P, A model of the demand for investment banking advising and distribution services for new issues. Journal of Finance, Vol. 37, No. 4, 1982, pp. 955 – 976.

[16] Beatty R P, Ritter J R, Investment banking, reputation, and the underpricing of initial public offerings. Journal of financial economics, Vol. 15, No. 1, 1986, pp. 213 – 232.

[17] Benveniste L M, Spindt P A, How investment bankers determine the offer price and allocation of new issues. Journal of financial Economics, Vol. 24, No. 2, 1989, pp. 343 – 361.

[18] Boeh K K, Dunbar C, Underwriter deal pipeline and the pricing of IPOs. Journal of Financial Economics, Vol. 120, No. 2, 2016, pp. 383 – 399.

[19] Bradley D J, Jordan B D, Partial adjustment to public information and IPO underpricing. Journal of Financial and Quantitative Analysis, Vol. 37, No. 4, 2002, pp. 595 – 616.

[20] Chen C, Shi H, Xu H, Underwriter Reputation, Issuer Ownership, and Pre – IPO Earnings Management: Evidence from China. Financial Management, Vol. 42, No. 3, 2013, pp. 647 – 677.

[21] Chen C, Shi H, Xu H, The IPO underwriting market share in China: Do ownership and quality matter? Journal of Banking & Finance, Vol. 46, 2014, pp. 177 – 189.

[22] Green T C, Hwang B, Initial public offerings as lotteries: Skewness

preference and first-day returns. Management Science, Vol. 58, No. 2, 2012, pp. 432 – 444.

[23] Hanley K W, The underpricing of initial public offerings and the partial adjustment phenomenon. Journal of financial economics, Vol. 34, No. 2, 1993, pp. 231 – 250.

[24] Jenkinson T, Jones H, IPO pricing and allocation: a survey of the views of institutional investors. The Review of Financial Studies, Vol. 22, No. 4, 2008, pp. 1477 – 1504.

[25] Liu X, Ritter J R, The economic consequences of IPO spinning. The Review of Financial Studies, Vol. 23, No. 5, 2010, pp. 2024 – 2059.

[26] Loughran T, Ritter J R, Why Has IPO Underpricing Changed Over Time? Financial Management, Vol. 33, No. 3, 2004, pp. 5 – 37.

[27] Loughran T, Ritter J R, Why don't issuers get upset about leaving money on the table in IPOs? Review of Financial Studies, Vol. 15, No. 2, 2002, pp. 413 – 444.

[28] Loughran T, Ritter J R, Rydqvist K, Initial public offerings: International insights. Pacific – Basin Finance Journal, Vol. 2, No. 2 – 3, 1994, pp. 165 – 199.

[29] Luo W, Yue H, Zhang L, Friends Can Help: The Effects of Relationships in the Chinese Book – Building Process, Working paper.

[30] Pulliam S, Smith R, CSFB official set quota for repayment of IPO profits in form of commissions. Wall Street Journal, 2001, p. C1.

[31] Ritter J R, Welch I, A Review of IPO Activity, Pricing, and Allocations. The Journal of Finance, Vol. 57, No. 4, 2002, pp. 1795 – 1828.

[32] Rock K, Why new issues are underpriced. Journal of financial economics, Vol. 15, No. 1, 1986, pp. 187 – 212.

[33] Song S, Tan J, Yi Y, IPO initial returns in China: Underpricing or overvaluation? China Journal of Accounting Research, Vol. 7, No. 1, 2014, pp. 31 – 49.

下　篇

新股投机：现象与解释

IPO 定价管制、价值不确定性
与投资者"炒新"[*]

摘要： 本文以价值不确定性理论解释 IPO 定价管制对投资者"炒新"行为的影响，并以 2009 年 6 月至 2012 年 2 月的样本进行实证检验。结果发现，相对于定价市场化阶段，定价管制期间的 IPO 溢价（以首日收盘价减去估计的内在价值度量）显著更高。并且，新股上市前价值不确定性越大，定价管制对 IPO 溢价的影响越大；上市时二级市场投资者情绪越高，定价管制对 IPO 溢价的影响越大。上述发现都支持了价值不确定性理论对投资者"炒新"行为的解释。为增强结果的可靠性，我们使用双重差分模型控制时间序列上其他可能因素的影响，结论保持不变。本文的发现有助于理解新股定价管制的经济后果，并对注册制改革有重要启示。

一、引　　言

注册制改革无疑是中国资本市场一项至关重要的改革。注册制的本质是把企业上市资格的审批权交给市场上的投资者，其关键是投资者能否对新股进行合理定价。然而，就目前而言，中国企业 IPO 时还面临着严格的定价管制，投资者并没有对新股进行自由定价的权力。虽然近年来监管层曾尝试进行定价市场化改革，但随后出现的"三高"现象迫使改革停滞，新股定价重

---

　* 论文原文信息：宋顺林、唐斯圆：《IPO 定价管制、价值不确定性与投资者"炒新"》，载《会计研究》2017 年第 1 期。论文探讨了定价管制如何影响投资者的"炒新"行为，对理解注册制以后的新股炒作行为有一定参考价值。

回管制时代。不可否认，监管层对新股定价进行管制有正当理由（主要是防止定价过高），但定价管制无疑与注册制改革背道而驰。因此，探讨如何能够在放松定价管制的同时实现新股合理定价意义非凡，而这需要更深刻地理解定价管制和新股定价的关系。

现有文献已经对定价管制的经济后果进行了不少有益探讨，与本文比较接近的是检验定价市场化对新股定价效率影响的研究。一些研究发现，放开定价管制显著降低了 IPO 首日回报率、提高了新股定价效率（刘志远等，2011；张峥和欧阳珊，2012）；另一些研究表明，放开定价管制导致新股定价过高，进而引发了高发行价、高市盈率和高超募资金的"三高"问题（俞红海等，2013；邵建新等，2013；李冬昕等，2014）。不过，上述研究主要关注了定价管制对新股一级市场（新股上市前）定价的影响，少有研究关注发行定价管制对二级市场（新股上市后）交易价格的影响。现有研究一致表明，二级市场定价过高也是中国 IPO 首日回报率超高的重要原因（Song et al.，2014；刘煜辉和沈可挺，2011），并且二级市场的定价泡沫还会影响新股一级市场的定价行为（宋顺林和唐斯圆，2016）。

本文考察新股定价管制对二级市场定价的影响。根据价值不确定性理论，价值不确定性较高的公司，其股价更容易受乐观情绪或投机情绪影响，进而导致股价被高估。具体到新股定价环节，定价管制导致公司新股定价环节的价值发现缺失，新股上市前的价值不确定性没能得到有效释放，其首日价格容易被投资者乐观情绪或投机情绪影响，进而导致新股首日价格被高估。我们以 2009 年 6 月至 2012 年 2 月的 860 家 IPO 公司为样本进行了实证检验，结果发现：第一，在控制其他因素的影响后，相对于定价市场化阶段，定价管制期间的 IPO 溢价显著更高。第二，发行前价值不确定性越大的新股，定价管制对 IPO 溢价的影响越大；二级市场投资者情绪越高，定价管制对 IPO 溢价的影响越大。上述发现都支持了价值不确定性理论对投资者"炒新"行为的解释。此外，我们使用双重差分模型控制时间序列上其他事件的影响，实证结果进一步支持了定价管制导致了更高的 IPO 溢价的结论。

本文的学术贡献体现在以下几个方面：第一，丰富了定价管制经济后果的文献，尤其是定价管制对新股定价效率影响的文献。现有研究主要还停留在定价管制与对一级市场发行价的影响，而本项研究将定价管制的影响拓展到二级市场。第二，我们用价值不确定性理论解释定价管制对新股二级市场定价的影响，拓展了价值不确定性理论的应用，也有助于从理论上更好的理解 IPO 定价管制的后果。第三，我们发现定价管制对新股定价阶段的价值发现功能的破坏有损新股定价效率，而新股合理定价是注册制的重要前提，这项发现对注册制改革有一定启示。

本文余下部分的安排如下：第二部分介绍相关制度背景；第三部分进行文献评述、提出研究假说；第四部分为研究设计；第五部分报告实证结果；最后是总结。

二、制度背景

（一）发行定价的市场化改革历程

中国新股定价的发展历程可大致分为两个阶段：询价制之前和询价制之后。在此期间，监管层都曾尝试进行发行定价的市场化改革。表 1 总结了中国新股定价的几个重要阶段。

表 1 IPO 定价管制期间

时间段	定价方式	定价上限	是否管制
1999 年 9 月前	固定价格和固定市盈率	15 倍市盈率	是
1999 年 9 月～2001 年 8 月	累计投标定价	无	否
2001 年 11 月～2004 年 12 月	固定市盈率	20 倍市盈率	是
2005 年 1 月～2009 年 6 月	询价制	30 倍市盈率	窗口指导
2009 年 6 月～2012 年 4 月	询价制	无	否
2012 年 4 月～2014 年 3 月	询价制	参考同行业	是
2014 年 3 月至今	询价制	23 倍	窗口指导

资料来源：笔者参考王冰辉（2013）及最新的 IPO 发行制度改革整理。

在引进询价制之前，除 1999～2001 年出现了短暂的放开定价管制时期之外，发行定价管制在中国长期存在。2004 年末，证监会借鉴国外成熟市场的经验推出了询价制。询价制是通过向询价对象询价来确定发行价格的一种新股发行定价方式，询价对象主要包括基金管理公司、证券公司、信托投资公司等机构投资者。询价制是市场化的产物，是发达资本市场新股定价的常用方法。但是，与西方不同，中国的询价制大部分时间具有很强的行政干预色彩。虽然监管层在正式的文件中没有对发行价格设定上限，但是在实际操作中 A 股主板市场很少有公司发行市盈率超过 30 倍，监管层对发行价实施了较为隐秘的窗口指导。

为了提高新股发行定价的效率，保护中小股投资者的利益，证监会从 2009 年 6 月起，先后四次出台了相关指导意见，我们称之为询价制四个阶段的改革。2009 年 6 月中国实施了询价制第一阶段改革，此次改革证监会淡化了新股定价中的行政指导，实现了真正意义上的市场化定价；2010 年 11 月的询价制第二阶段改革坚持了第一阶段改革的市场化方向，并对询价机制和询价信息披露进行了进一步改善。虽然市场化的询价制降低了 IPO 首日回报率，但也提高了新股"破发"（跌破发行价）的风险。市场化定价期间，承销商和发行人利用信息优势高价发行新股，引发了创业板的"三高"现象；2012 年 4 月，证监会实施了询价制第三阶段改革，重新对发行价格启动管制；2013 年 11 月的第四阶段改革，监管层进一步坚定了市场化定价的改革方向，放松了发行定价管制，但是要求发行人和主承销商预先剔除申购总量中报价最高的部分，剔除的申购量不得低于申购总量的 10%。除了 10% 的明文规定外，证监会还对发行定价实施了窗口指导。2014 年 6 月后，新股发行价格被控制在 23 倍以内，新股定价彻底回到了管制时代。总体来看，询价改革期间，真正意义上的放开新股发行定价管制的时期仅限于 2009 年 6 月至 2012 年 4 月，即询价制改革的前两个阶段。

（二）新股定价过程

新股定价是指新股上市发行价格的确定。在市场化程度较高的市场，询价制（bookbuilding）和拍卖制（auction）是两种常用的新股定价方法。中国自 2005 年开始采用询价制进行新股定价。询价过程主要包括两个阶段：初步询价阶段，发行人及其保荐机构向不少于 20 家询价对象进行初步询价，并根据询价对象的报价结果确定发行价格区间及相应的市盈率区间；累计投标阶段，发行人及其保荐机构在发行价格区间内向询价对象进行累计投标，并根据累计投标询价结果确定发行价格，按此价格向投资者配售股票，所有合格的询价对象均可以参与。在两个阶段后（中小板和创业板公司可以不经过累计投票询价阶段），发行人和保荐人（主承销商）根据初步询价或累计投标询价结果，综合考虑发行人基本面、所处行业及市场环境等因素，确定最终的发行价格。询价制的本质是邀请机构投资者参与询价，获得新股需求的相关信息，根据获取的需求信息确定合理的新股价格。询价过程实际上是信息挖掘和价值发现的过程，承销商通过询价过程挖掘投资者的私有信息，确定新股在投资者心目中的价值，进行合理定价。在定价市场化阶段，承销商通常会选择在询价结果的中位数附近进行定价，但当定价受到管制时，承销商无法根据询价结果自由选择发行价，询价阶段的信息挖掘功能和价值发现功能被摧毁。因此，当发行价格完全受到管制时，询价制已名存实亡。

三、文献评述与研究假说

（一）文献评述

IPO 定价政策的频繁变化，从管制—放开管制—重回管制不断的轮回，为研究 IPO 定价管制的经济后果提供了绝佳的研究场景。定价管制的经济后果已得到现有研究的较多关注，尤其是与定价管制关系最为直接的是新股定价效率。首先，大量文献研究了定价管制对新股定价效率的影响。一些研究发现，政府管制提高了 IPO 抑价、降低了 IPO 定价效率（刘煜辉和熊鹏，2005；Cheung et al.，2009；Tian，2011），而放开定价管制显著降低了 IPO 首日回报率、提高了新股定价效率（刘志远等，2011；张峥和欧阳珊，2012），但定价市场化会引发中小股东的"赢者诅咒"问题①（刘志远等，2011），并伴随着大量新股首日"破发"和"三高"现象。其次，一些研究基于询价阶段发行价格的形成过程，分析了放开发行定价管制导致定价过高的原因。这些原因包括询价机构之间过度竞争（俞红海等，2013）、承销商在询价阶段过度利用定价权力（邵建新等，2013）、机构投资者意见分歧（李冬昕等，2014）、机构投资者乐观情绪（宋顺林和唐斯圆，2016）等。最后，一些文献关注了定价管制的其他负面后果。陈俊和陈汉文（2010）认为，审计师声誉机制有助于降低 IPO 抑价，改善新股定价效率，而定价管制削弱了审计师声誉机制的信号价值。王冰辉（2013）研究发现，定价管制导致 IPO 择时行为，抑制高成长性公司上市，从而显著降低了中国 A 股公司的成长性。陈等（2016）研究发现，定价管制期间，中国 IPO 公司的财务报告质量显著更低，且更倾向于聘请低质量的审计师。从现有文献来看，虽然已有不少研究关注了定价管制对新股定价的效率，但主要还停留在定价管制与对一级市场发行价的影响，没有注意到定价管制对新股二级市场交易价格的潜在影响，而现有研究已经表明，一级市场的定价与二级市场的定价并不是割裂的（宋顺林和唐斯圆，2016）。

价值不确定性理论最早可追溯到米勒（Miller，1977）。米勒认为投资者同质的预期假设是不合理的，价值不确定性和风险都会导致投资者意分歧。当市场存在卖空限制的时候，短期内股票价值主要反映乐观投资者的预期，从而产生股票溢价，可能导致风险高的股票收益率反而更低。米勒（1977）讨论了价值不确定性理论可能在股票定价、新股定价等领域的应用。新股定价也许是价值不确定性理论的最佳应用场景。新股在 IPO 之前缺乏历史交易数据，并且披露的财务数据也相当有限，投资者对股票价格存在较大的意见分歧在所难免。投资者对新股的判断可以从天上到地下，可以把新股当作"下一个微软"，也可以当作"马上要倒闭的公司"（Houge et al.，2001）。

---

① "赢者的诅咒"是指，当实际的首日回报率较低时，具有信息优势的投资者因预期到首日回报率较低而退出新股的申购，而具有信息劣势的投资者因不知道首日回报率较低而继续申购新股，最终导致具有信息劣势的投资者赢得了回报较低的新股申购。这一现象理论上被称为"赢者的诅咒"，即当"打新"回报较高时申购往往不成功，申购成功时往往是"打新"回报较低或者为负之时。

侯格等（Houge et al., 2001）直接检验了米勒（1977）的理论在新股市场的应用。侯格以开盘价差率、首笔交易时间和抛售比率等来衡量投资者的意见分歧，结果发现，投资者的意见分歧越大，股票的长期回报越低。近年来，一些文献开始应用价值不确定性理论解释中国的 IPO 定价问题。韩立岩和伍燕然（2007）认为，投资者意见分歧所反映的价值不确定性可以解释 IPO 公司的超高溢价。汪宜霞和张辉（2009）利用分析师对上市首日价格预测的离散程度来表示投资者意见分歧。他们发现，分析师预测的离散程度越大、上市首日换手率越高，IPO 首日回报率越高。宋顺林和王彦超（2016）研究发现，价值不确定性较大的公司，其股票定价更容易受投资的乐观情绪和投机情绪影响。曹等（Cao et al., 2015）利用机构投资者询价阶段的报价差异衡量投资者意见分歧研究发现，询价机构报价意见分歧越大，IPO 首日回报率越高。不过，李冬昕等（2014）研究发现，询价机构报价意见分歧越大，IPO 首日回报率反而越低，原因是投资者的意见分歧已经在一级市场定价环节被承销商所利用。以上文献主要利用价值不确定性理论解释中国的 IPO 首日回报率，即新股首日收盘价与发行价格之差。而最近的研究发现，IPO 首日回报率不仅包含一级市场的 IPO 抑价，而且还包括二级市场的 IPO 溢价[①]（Song et al., 2014；刘煜辉和沈可挺，2011）。价值不确定性一方面代表信息不对称程度，能够通过影响一级市场机构投资者报价，进而影响 IPO 首日回报率；另一方面代表的是投资者意见分歧，能够通过影响二级市场定价，进而影响 IPO 首日回报率。本文主要应用价值不确定性理论解释定价管制对新股二级市场定价的影响。

（二） 研究假说

新股在 IPO 之前缺乏历史交易数据，且财务数据有限，公司的价值不确定性较大（Houge et al., 2001）。询价制的本质是邀请机构投资者参与询价，获得新股价值和需求的相关信息，对新股进行合理定价。由于新股发行价格

[①] IPO 抑价指的是一级市场发行价低于其内在价值的现象，而 IPO 溢价是指二级市场首日收盘价高于新股内在价值的现象。

包含了专业投资者对公司价值评估的重要信息，发行价格可以作为公司内在价值的重要信号，降低公司价值的不确定性。但是，由于以下两个原因，新股定价管制会削弱发行价格作为内在价值的信号，从而无法在定价过程中降低公司价值的不确定性：第一，在新股定价管制的情景下，独特的"炒新"租金（超高的首日回报率）意味着，只要买到新股就能在首日交易中获利（韩立岩和伍燕然，2007）。与"新股不败"相伴随的是"赢者诅咒"的缺失，即投资者不用担心因为参与低质量公司的新股申购或询价过程中报一个较高的价格而遭受损失。"新股不败"一方面导致投资者缺乏动力对公司的相关信息进行搜集；另一方面导致投资者在询价过程中随意出价，使询价流于形式，询价结果难以反映股票的真实价值。第二，由于发行价格受到定价上限的限制，多数新股的价格被人为压价，发行价格被低估的现象很普遍，承销商和发行人无法根据询价的结果选择合理的发行价格，导致新股发行价很难体现公司的合理价格（刘志远等，2011）。

根据价值不确定性理论，在存在卖空限制的市场，二级市场的股票价格往往只能反映乐观投资者的预期。价值不确定性越大的公司，IPO 溢价或首日回报率越高（Houge et al.，2001；汪宜霞和张辉，2009；Song et al.，2014；宋顺林和王彦超，2016）。由于定价管制会增加新股上市交易时的价值不确定性，预期定价管制会提高 IPO 溢价，故而提出以下假说：

H1：相对于定价市场化阶段，定价管制时期的 IPO 溢价更高。

定价管制造就了中国独有的"炒新"租金，进而形成了中国股票市场特有的"炒新"文化（韩立岩和伍燕然，2007）。为获取更大的二级市场"炒新"溢价，投资者倾向于"炒作"发行上市前价值不确定性较大的新股，从而导致这些新股出现更高的二级市场 IPO 溢价。以往的研究已经证实，价值不确定性较大的新股，其 IPO 溢价越高（Song et al.，2014）。价值不确定性越高的公司，越需要通过新股定价过程的价值发现功能降低公司价值的不确定性，因而定价管制对这类公司二级市场定价的影响更大。

此外，国内外众多研究已经证实，投资者情绪可以用来解释 IPO 首日回报率，主要表现为投资者情绪影响 IPO 溢价（Ljungqvist et al.，2006；江洪波，2007）。投资者情绪能够影响公司股价的部分原因在于：在异质预期和卖空限制的条件下，股价只反映最乐观投资者的预期，乐观的投资者情绪会导致公司股价被高估（Miller，1977）。已有研究发现，新股价值的不确定性越大，投资者情绪对公司价格的影响越大（俞红海等，2015；宋顺林和王彦超等，2016）。前述分析已经论证定价管制会加剧新股价值的不确定性，因此预期新股二级市场价格更容易受投资者情绪影响。基于上述分析，我们提出如下假说：

H2：发行前价值不确定性越大的新股，定价管制对 IPO 溢价的影响越大。

H3：投资者情绪越高时，定价管制对 IPO 溢价的影响越大。

四、研究设计

（一）样本选择和数据来源

本文以 2006 年 6 月 19 日至 2012 年 2 月 28 日上市的中小板和创业板公司为研究样木。中国证监会于 2009 年 6 月 10 日颁布了《关于进一步改革和完善新股发行体制的指导意见》，放开市盈率不超过 30 倍的定价管制，因此本文将 2009 年 6 月 10 日之前的时间段定义为定价管制期间。证监会于 2006 年 6 月 19 日年颁布了《证券发行与承销管理办法》，对中国的证券发行与承销进行了统一规范，因此我们以此为研究样本的起点；而 2012 年 3 月开始，上交所和深交所陆续出台盘中停牌制度，以抑制新股炒作。为排除相关制度变化对新股定价的干扰，本文最终选择 2006 年 6 月 19 日～2012 年 2 月 28 日作为样本期间。由于主板询价机制和中小板、创业板询价机制有所不同，加之主板发行股票数量较少，参考俞红海等（2013）的做法，我们仅使用中小板和创业板的样本进行研究。在剔除了首日交易数据、分析师预测价格及公司特征等变量缺失的样本后，我们最终获得了 860 家 IPO 公司。分析师价格预测数据来自 Wind 和 CSMAR 数据库，其他数据来自 CSMAR 数据库。

（二）模型与变量定义

首先，本文采用如下模型考察定价管制对二级市场 IPO 溢价的影响：

$$IROP = \beta_0 + \beta_1 REGU + \beta_2 UNCER\_before + \beta_3 SENT + \beta_4 UW$$
$$+ \beta_5 TOPONE + \beta_6 AGE + \beta_7 ROA + B_8 SIZE + \beta_9 LEV$$
$$+ \beta_{10} EPS + \beta_{11} MACRO + \sum Industry + \varepsilon \quad\quad (1)$$

模型（1）中，因变量 $IPOP$ 表示二级市场 IPO 溢价，由（首日收盘价 – 内在价值）/发行价得出。其中，我们参考宋等（Song et al.，2014）、普尔那南达和斯瓦米纳坦（Purnanandam and Swaminathan，2004），分别采用分析师预测价格和配对公司法度量公司的内在价值，具体计算方法见表 2。自变量为 $REGU$，表示是否管制新股定价，是则为 1，否则为 0。发行前新股价值不确定性（$UNCER\_before$）采用分析师预测价格的变异系数来度量（汪宜霞和张辉，2009），我们加入该变量作为控制变量，以控制新股本身的价值不确定性对 IPO 溢价的影响。投资者情绪采用投资者情绪指数的虚拟变量（$SENT$）来度量，投资者情绪指数大于中位数取 1，否则取 0。投资者情绪指数借鉴贝克和伍尔格勒（Baker and Wurgler，2007）和伍燕然等（2012）的方法，利用情绪变量进行主成分分析后得出。另外，参考以往文献（俞红海等，2013；Song et al.，2014），我们加入了其他的相关控制变量。变量的具体定义参见表 2。为消除异常值对实证结果的影响，本文对连续变量进行了上下 1% 的缩尾处理。

表2　　　　　　　　　　　　　　　　变量定义

变量符号	变量定义
$IROP1$	IPO 溢价 1；由（公司首日收盘价 – 公司内在价值）/发行价得出。其中，公司内在价值等于分析师对新股预测价格的均值。内在价值计算步骤如下：首先对每个分析师的预测价格区间取均值；其次算多个分析师的预测价格的均值，得到分析师对某个公司的预测价格。样本中剔除了承销商分析师提供价格的预测，并对同一券商提供多次预测的情况取最后一次的预测

续表

变量符号	变量定义
IROP2	IPO 溢价 2；由（公司首日收盘价 – 公司内在价值）/发行价得出。其中，公司内在价值等于配对公司法计算的公司内在价值。内在价值计算步骤如下：首先找到同行业且销售收入相近的配对公司；其次用配对公司的市盈率估算 IPO 公司的市盈率；最后以估算的 IPO 公司市盈率乘以每股收益得到该公司的内在价值
REGU	是否进行发行定价管制虚拟变量，2009 年 6 月 10 之前，发行价格设市盈率上限，设为 1，否则设为 0
UNCER_before	上市前新股的价值不确定性：发行前分析师预测价格的变异系数；由分析师预测价格的标准差/分析师预测价格的均值得出
SENT	投资者情绪（虚拟变量）；投资者情绪指数大于中位数取 1，否则取 0。投资者情绪指数计算步骤如下：借鉴贝克和伍尔格勒（2007）与伍燕然等（2012）的方法，利用以下六个情绪变量进行主成分分析得出：（1）市场换手率（月度）；（2）封闭式基金折价率（月度）；（3）股东开户数（月度）；（4）A 股的整体市盈率（月度）；（5）上证指数近三个月的回报率；（6）A－H 股溢价
UW	承销商资产规模当年为前十大取 1，否则取 0
TOPONE	第一大股东持股比例
AGE	公司年龄；由发行当年减去公司成立年得出
ROA	总资产收益率；等于净利润与总资产的比值，取上市前三年平均
SIZE	资产规模；等于公司总资产的自然对数，取上市前三年平均
LEV	资产负债率；等于公司总负债与总资产的比值，取上市前三年平均
EPS	每股收益；等于公司总盈利与公司总股本的比值，取上市前三年平均
MACRO	工业增加值同比增长率
Industry	行业虚拟变量；参照证监会《上市公司行业分类指引（2012 年修订)》

其次，为排除其他政策或宏观因素对二级市场 IPO 溢价的影响，我们借鉴 DID 模型的思想，进行如下研究设计，以作更为严谨的检验。[①] 具体的模型设计如下：

———————————

① 需要说明的是，理想的 DID 模型应该是管制政策的变化只针对某一类公司，因而可以将样本按是否受管制政策影响划分为实验组和对照组，且要保证管制前后的样本公司保持一致。本项研究中，放开定价管制实际对所有新股有效，而且管制前的新股和管制后的新股并不是相同的公司。所以，本文只是借鉴了 DID 模型的思想，而并非真正意义上的 DID 模型。

$$IROP = \beta_0 + \beta_1 REGU + \beta_2 REGU \times TREAT + \beta_3 TREAT + \sum Controls + \varepsilon$$

$$(2)$$

其中，$TREAT$ 为受到发行定价管制影响的部分样本。如果定价管制确实导致了更高的二级市场溢价，那么对于受到发行定价管制影响的 $TREAT$ 组，这种影响应该更加显著。我们预期 β_2 显著大于 0，即对于 $TREAT = 1$ 的样本组，定价管制对 IPO 溢价的影响更加显著。定价管制期间，监管层对发行价格限定了 30 倍市盈率上限，说明发行市盈率高于 30 倍的公司在事实上受到了价格管制，因此本文把发行市盈率高于 30 倍的公司 $TREAT$ 设为 1，否则为 0。定价市场化期间，如果理论上的发行市盈率高于 30（我们使用分析师估计的公司价值除每股收益得出理论上的发行市盈率），说明发行价格可能会受到定价管制政策影响，$TREAT$ 设为 1，否则为 0。此外，为了保证管制前后的公司特征一致，本文还尝试利用倾向性匹配打分法（PSM）寻找放开管制期间与管制期间相似的公司。具体而言，我们以 $REGU$ 为因变量，以资产收益率（ROA）、资产负债率（LEV）、规模（$SIZE$）和第一大股东持股比例（$TOPONE$）为自变量，分别对 $TREAT = 1$ 和 $TREAT = 0$ 的公司进行回归分析，找到 $TREAT = 1$ 和 $TREAT = 0$ 两种情况下放开管制期间与定价管制期间相似的新股。模型（2）中的其他控制变量与模型（1）相同。

最后，为检验假说 H2 和假说 H3，我们在模型（2）中分别加入 $REGU \times UNCER\_before$（定价管制的虚拟变量与发行前新股价值不确定性变量的交互项）以及 $REGU \times SENT$（定价管制的虚拟变量与投资者情绪的虚拟变量的交互项）进行回归分析。

（三）描述性统计

表 3 报告了本文主要变量的描述性统计，结果显示：第一，样本期间，估计的二级市场 IPO 溢价平均高达 45%（$IROP1$）和 55%（$IROP2$），表明整体上中国上市公司新股上市首日的收盘价高于公司的内在价值。这部分是由于较低的新股定价效率导致投资者"炒新"行为经久不衰。第二，分析师对首日预测价格的分歧平均为 17%，说明在发行上市前，新股的价值不确定

性较大,而这种不确定性可能部分导致了二级市场较高的 IPO 溢价。

表3   描述性统计

变量	样本量	平均值	标准差	最小值	中位数	最大值
*IPOP*1	860	0.45	0.58	− 0.34	0.31	2.94
*IPOP*2	860	0.55	0.70	− 4.64	0.45	4.42
REGU	860	0.24	0.43	0.00	0.00	1.00
UNCER_before	860	0.17	0.07	0.02	0.16	0.37

五、实 证 结 果

(一) 主要实证结果

首先,我们考察定价管制对二级市场 IPO 溢价的影响。表4 的列(1)、列(4)报告了基于模型(1)的回归结果。其中,列(1)采用分析师预测的均值估计 IPO 溢价(*IROP*1),列(4)采用匹配公司法计算 IPO 溢价(*IROP*2)。结果显示,在控制其他因素后,*REGU* 与 *IRO*1*P* 和 *IROP*2 均在 0.01 的显著性水平下正相关,表明定价管制显著提高了二级市场的 IPO 溢价。此外,发行前的价值不确定性(*UNCER_before*)与 IPO 溢价显著正相关,与米勒(1977)等研究结论一致,说明价值不确定性理论可以部分解释 IPO 首日回报率的形成原因。表4 的结果初步验证了我们的假说 H1,即定价管制导致更高的二级市场估值溢价。表4 的列(2)、列(3)和列(5)、列(6)报告了基于模型(2)的回归结果,即利用 DID 模型进一步验证我们的假说 H1。表4 的列(2)和列(5)报告是全样本的分析结果,表4 的列(3)和列(6)报告是经 PSM 配对后样本的分析结果,只保留了管制前后公司特征相似的新股，因而样本量大幅减少。① 回归结果显示，在控制其他变量后，*REGU* × *TREAT* 的回归系数在至少 0.1 的显著性水平下显著为正，并且在列（2）和列（3）中显著性水平达到 0.01 以下。结果说明，相对于控制组（不受定价管制影响的公司），定价管制对实验组（受到定价管制影响的公司）IPO 溢价的正向影响更大。此外，*REGU* 在列（2）、列（3）和列（5）、列（6）中总体上不显著（只在列（2）中有显著影响），说明定价管制可能仅对实验组的 IPO 溢价有显著影响，这与我们的预期一致。

表 4　　　　　　　　　　　定价管制、价值不确定性与 IPO 溢价

变量	IROP1		IROP2			
	（1）	（2）	（3）	（4）	（5）	（6）
REGU	0.56 *** (10.75)	0.19 ** (2.11)	0.16 (1.56)	0.29 *** (3.88)	0.10 (0.60)	− 0.01 （− 0.05）
REGU * *TREAT*		0.43 *** (3.95)	0.36 *** (2.85)		0.32 * (1.83)	0.35 * (1.72)
TREAT		− 0.28 *** （− 5.35）	− 0.36 *** （− 3.83）		0.26 *** (3.67)	0.12 (0.90)
UNCER_before	0.57 ** (2.03)	0.47 * (1.66)	0.57 (1.00)	1.01 *** (2.69)	0.92 ** (2.47)	0.94 (1.21)
SENT	0.22 *** (6.62)	0.22 *** (6.73)	0.45 *** (7.04)	0.24 *** (6.13)	0.19 *** (5.18)	0.37 *** (4.73)
UW	− 0.07 * （− 1.96）	− 0.07 ** （− 2.00）	− 0.12 * （− 1.75）	0.00 (0.01)	− 0.02 （− 0.40）	− 0.06 （− 0.74）
TOPONEW	0.04 (0.35)	0.05 (0.47)	0.22 (1.00)	0.06 (0.44)	0.03 (0.26)	0.08 (0.27)

---

① 定价管制期间，*TREAT* = 1 和 *TREAT* = 0 的样本量分别为 160 个和 50 个。放开定价管制期间，全样本下 *TREAT* = 1 和 *TREAT* = 0 的样本量分别是 602 个和 48 个，利用 PSM 方法确定的 *TREAT* = 1 和 *TREAT* = 0 的样本量分别 122 个和 27 个。

续表

变量	IROP1		IROP2			
	(1)	(2)	(3)	(4)	(5)	(6)
AGE	-0.03 (-1.32)	-0.03 (-1.33)	-0.05 (-0.97)	-0.04 (-1.46)	-0.04 (-1.48)	-0.06 (-1.04)
ROA	-1.10*** (-3.76)	-1.09*** (-3.73)	-1.84** (-2.37)	-1.39*** (-3.61)	-1.13*** (-3.08)	-1.40 (-1.19)
SIZE	-0.11*** (-4.07)	-0.11*** (-4.31)	-0.24*** (-4.56)	-0.28*** (-6.86)	-0.25*** (-6.60)	-0.37*** (-4.37)
LVE	-0.19 (-1.16)	-0.19 (-1.23)	0.02 (0.06)	0.18 (0.79)	0.22 (1.00)	0.84 (1.63)
EPS	-0.03** (-2.29)	-0.04*** (-2.71)	-0.03 (-1.10)	-0.05** (-2.02)	-0.04* (-1.95)	-0.07 (-1.23)
MACRO	0.02*** (6.75)	0.03*** (7.81)	0.02** (2.58)	0.03*** (8.22)	0.03*** (7.66)	0.03*** (2.79)
CONSTANT	2.02*** (3.92)	2.38*** (4.46)	4.88*** (4.47)	5.08*** (6.49)	0.03*** (7.66)	0.03*** (2.79)
Industry	Yes	Yes	Yes	Yes	Yes	Yes
Year	No	No	No	No	No	No
N	860	860	359	860	860	359
Adjusted R^2	0.30	0.32	0.29	0.26	0.29	0.25

注：括号内为经异方差修正的 t 统计量，*、**、*** 分别表示回归系数在 0.1、0.05、0.01 的显著性水平下显著。变量定义见表 2。

表 5 报告了对假说 H2 和假说 H3 检验的实证结果。结果显示，在列（1）、列（2）中，REGU × UNCER_before 与 IROP1（IROP2）的相关系数在 0.01（0.05）的显著性水平下显著为正，验证了我们的假说 H2，即发行前价值不确定性越大的新股，定价管制对其 IPO 溢价的影响越大。在列（3）、列（4）中，REGU × SENT 与 IROP1（IROP2）的相关系数在 0.01 的显著性水平下显著为正，验证了我们的假说 H3，即新股上市时的投资者情绪越高，定价

管制对 IPO 溢价的影响越大。总的来说，基于交互项的结果，进一步验证了假说 H1 的逻辑，即定价管制能够通过影响公司的价值不确定性影响 IPO 溢价。

表 5　　　　　　　**定价管制、发行前价值不确定性与 IPO 溢价**

变量	IROP1	IROP2	IROP1	IROP2
	（1）	（2）	（1）	（2）
REGU	0.17 (1.18)	−0.11 (−0.59)	0.24 *** (4.30)	−0.00 (−0.05)
REGU × UNCER_before	2.13 *** (2.80)	2.20 ** (2.04)		
REGU × SENT			0.57 *** (6.19)	0.52 *** (4.00)
UNCER_before	−0.04 (−0.17)	0.39 (1.32)	0.38 (1.39)	0.84 ** (2.24)
SENT	0.20 *** (6.28)	0.23 *** (5.84)	0.08 *** (2.61)	0.12 *** (3.52)
CONTROLS	Yes	Yes	Yes	Yes
Industry	Yes	Yes	Yes	Yes
Year	No	No	No	No
N	860	860	860	860
Adjusted R^2	0.31	0.27	0.35	0.28

注：括号内为经异方差修正的 t 统计量，* 、** 、*** 分别表示回归系数在 0.1、0.05、0.01 的显著性水平下显著。变量定义见表 2。

（二）进一步分析

上市后，尤其是长期内，公司股价会向内在价值回归，公司上市时被高估的幅度越大，IPO 上市后的表现往往越差（Purnanandam and Swaminathan，2004；Song et al.，2014）。因此，新股上市后的市场表现可以作为上市首日公司股票价格是否高估的负向指标，从另一个角度量 IPO 溢价的幅度。我们分别计算了新股上市后 30 天和 90 天的超额市场回报来度量 IPO 后的短期市场表现，以及新股上市后 1 年和 2 年的购买持有超额收益来度量 IPO 后的长期市场表现。回归结果显示，*REGU* 与短期超额市场回报和长期购买持有超额回报均显著负相关，表明定价管制期间新股上市后的短期市场表现和长期市场表现都显著更差，与我们预期一致。同时，我们也采用 DID 模型进行回归分析。遗憾的是，*REGU* × *TREAT* 的回归系数不显著。[①]

在前文理论分析中，我们认为，定价管制能够显著推高 IPO 二级市场溢价的原因在于定价管制增加了二级市场公司价值的不确定性。在进一步分析中，我们尝试控制新股上市前的价值不确定性，检验定价管制对新股二级市场价值不确定性的增量影响。本文参照宋顺林和王彦超（2016）的方法，利用新股首日价格波动度量二级市场上公司价值的不确定性，即（首日最高价 – 首日最低价）/首日最高价与最低价的均值。回归结果显示，*REGU* 与二级市场上公司价值的不确定性显著正相关，表明定价管制显著增加了新股上市后价值不确定性；*REGU* × *UNCER_before* 与二级市场上公司价值不确定性显著正相关，表明新股上市前的价值不确定性越大，定价管制对其上市后的价值不确定性影响越大。[②]

六、结论与启示

本文首次利用价值不确定性理论考察定价管制的经济后果，并检验定价管制对新股二级市场定价的影响。结果发现，定价管制显著提高了新股二级市场的 IPO 溢价，其理论依据是定价管制会增强新股的价值不确定性，进而影响投资者对新股的炒作行为。为了控制时间序列上其他因素的影响，我们借鉴 DID 模型的思想设计更为严谨的实证模型进行检验，发现了类似的结

---

① 原因可能是 DID 模型中对照组的样本较小，并且上市后市场业绩变量相对于 IPO 溢价变量而言噪音较大（从较小的 R^2 可以看出）。

② 由于篇幅限制，未在文中报告实证结果，但留存备索。

果。我们的结果还显示，发行前价值不确定性越大的新股，定价管制对二级市场 IPO 溢价的影响越大；新股上市时的二级市场投资者情绪越高，定价管制对二级市场 IPO 溢价的影响越大。上述基于交互项的实证结果进一步支持了我们以价值不确定性理论为基础的解释。此外，我们的进一步分析发现，定价管制导致了 IPO 后显著更差的短期和长期市场反应，并提高了新股上市后的价值不确定性。

本文的发现对注册制改革有重要启示。注册制的实质是将新股上市的"审批权"交还给市场上的投资者，其前提是投资者能够对新股进行合理定价。对新股定价进行管制、剥夺投资者的定价权显然是与注册制背道而驰的。我们的实证结果显示，定价管制破坏了新股定价过程中的价值发现功能，助长了二级市场的"炒新"行为，不利于二级市场对新股进行合理定价。我们的研究暗示，放开新股定价管制，以释放新股一二级市场的价值发现功能、降低新股的价值不确定性，可能是对新股进行合理定价的重要途径。此外，从定价管制对新股首日定价和随后的市场表现来看，定价管制仅仅提高了投资者打新的"租金"，而无益于保护二级市场投资者的利益。

参考文献

［1］陈俊、陈汉文：《IPO 价格上限管制的激励效应与中介机构的声誉价值——来自中国新股发行市场化改革初期的经验证据（2001—2004）》，载《会计研究》2010 年第 12 期。

［2］韩立岩、伍燕然：《投资者情绪与 IPOs 之谜——抑价或者溢价》，载《管理世界》2007 年第 3 期。

［3］江洪波：《基于非有效市场的 A 股 IPO 价格行为分析》，载《金融研究》2007 年第 8 期。

［4］李冬昕、李心丹、俞红海，等：《询价机构报价中的意见分歧与 IPO 定价机制研究》，载《经济研究》2014 年第 7 期。

［5］刘煜辉、沈可挺：《是一级市场抑价，还是二级市场溢价——关于我国新股高抑价的一种检验和一个解释》，载《金融研究》2011 年第 11 期。

〔6〕刘煜辉、熊鹏:《股权分置、政府管制和中国 IPO 抑价》,载《经济研究》2005 年第 5 期。

〔7〕刘志远、郑凯、何亚南:《询价制度第一阶段改革有效吗?》,载《金融研究》2011 年第 4 期。

〔8〕邵新建、薛熠、江萍,等:《投资者情绪、承销商定价与 IPO 新股回报率》,载《金融研究》2013 年第 4 期。

〔9〕宋顺林、唐斯圆:《投资者情绪、承销商行为与 IPO 定价——基于网下机构询价数据的实证分析》,载《会计研究》2016 年第 2 期。

〔10〕宋顺林、王彦超:《投资者情绪如何影响股票定价?——基于 IPO 公司的实证研究》,载《管理科学学报》2016 年第 5 期。

〔11〕汪宜霞、张辉:《卖空限制、意见分歧与 IPO 溢价》,载《管理学报》2009 年第 9 期。

〔12〕王冰辉:《价格管制与 IPO 时机选择》,载《经济学(季刊)》2013 年第 2 期。

〔13〕伍燕然、潘可、胡松明,等:《行业分析师盈利预测偏差的新解释》,载《经济研究》2012 年第 4 期。

〔14〕俞红海、刘烨、李心丹:《询价制度改革与中国股市 IPO "三高"问题——基于网下机构投资者报价视角的研究》,载《金融研究》2013 年第 10 期。

〔15〕张峥、欧阳珊:《发行定价制度与 IPO 折价》,载《经济科学》2012 年第 1 期。

〔16〕Baker, M. , and J. Wurgler, Investor Sentiment in the Stock Market. Journal of Economic Perspectives, Vol. 21, No. 2, 2007, pp. 129 – 152.

〔17〕Cao, J. , T. Leng, B. Liu, and W. Megginson, Institutional Bidding in IPO Allocation: Evidence from China. Working paper.

〔18〕Chen, J. , B. Ke, D. Wu, and Z. Yang, The Consequences of Shifting the IPO Offer Pricing Power from Securities Regulators to Market Participants in Weak Institutional Environments: Evidence from China. Working paper.

〔19〕Cheung, Y. L. , Z. Ouyang, and W. Tan, How Regulatory Changes

Affect IPO Underpricing in China. China Economic Review, Vol. 20, No. 4, 2009, pp. 692 –702.

[20] Houge, T. , T. Loughran, G. Suchanek, and X. Yan, Divergence of Opinion, Uncertainty, and the Quality of Initial Public Offerings. Financial Management, Vol. 30, No. 4, 2001, pp. 5 –23.

[21] Ljungqvist, A. , V. Nanda, and R. Singh, Hot Markets, Investor Sentiment, and IPO Pricing. The Journal of Business, Vol. 79, No. 4, 2006, pp. 1667 –1702.

[22] Miller, E. M. , Risk, Uncertainty, and Divergence of Opinion. The Journal of Finance, Vol. 32, No. 4, 1977, pp. 1151 –1168.

[23] Purnanandam, A. K. , and B. Swaminathan, Are IPOs Really Underpriced? Review of Financial Studies, Vol. 17, No. 3, 2004, pp. 811 –848.

[24] Song, S. L. , J. S. Tan, and Y. Yi, IPO Initial Returns in China: Underpricing or Overvaluation? China Journal of Accounting Research, Vol. 7, No. 1, 2014, pp. 31 –49.

[25] Tian, L. , Regulatory Underpricing: Determinants of Chinese Extreme IPO Returns. Journal of Empirical Finance, Vol. 18, No. 1, 2011, pp. 78 –90.

首日价格管制与新股投机：
抑制还是助长？*

摘要： 新股首日涨停板制度（首日价格管制）类似于向上熔断机制，目的是抑制投资者"炒新"。但理论上，涨停板制度可能抑制新股投机，也可能反向助长投机。本文以 2006～2017 年的 2109 家 IPO 公司为样本，研究发现：首日价格管制导致 IPO 溢价更高；新股价值不确定性越大，首日价格管制对 IPO 溢价的影响越大；首日价格管制期间，投资者情绪对 IPO 溢价的影响更大。此外，首日价格管制还放大了新股上市后的股票换手率和股价波动率，导致新股上市后的股价短期内进一步非理性攀升，但长期来看，新股的换手率和波动率会回归正常水平，新股的股价也会向内在价值回归。最后，本文基于 PSM + DID 的方法进一步验证了本项研究的主要结果，结论依然成立。

一、引　　言

2016 年初实施的指数熔断机制，虽然只存活了短短四天（号称史上最短命的股市机制），但对于资本市场的参与者而言，至今仍然历历在目。熔断机制的初衷，是为了让投资者从股市短期大幅下跌的恐慌情绪中冷静下来，有时间获取充分的信息，从而重新做出理性的投资决策。然而，熔断机制作

---

* 论文原文信息：宋顺林、唐斯圆：《首日价格管制与新股投机：抑制还是助长？》，载《管理世界》2019 年第 1 期。论文探讨了首日涨停板制度如何影响投资者的新股投机，对理解注册制以后的新股投机行为有一定参考价值。

为美国稳定市场的利器，在中国却成了助纣为虐的凶器。值得庆幸的是，在目睹了熔断机制导致的市场恐慌后，监管层当机立断，纠正了这一在错误时点引入的制度。然而，颇为遗憾的是，中国新股市场存在一个类似于向上熔断机制的新股首日涨停板制度①，对新股上市后的交易价格和交易行为产生了深远影响，却一直没有得到实务界和学术界的足够重视。根据相关政策文件的表述，该制度的目的在于抑制投资者对新股的投机炒作行为，但其实施效果目前还没有确切结论。

理论上，新股首日涨停板制度对新股投机有利有弊。一方面，涨停板制度可以让投资者从乐观情绪中冷却下来，进而能够抑制新股投机；另一方面，涨停板制度使新股价值不确定性得不到有效释放，反而会助长新股投机。本文以 2006 ~ 2017 年的 2109 家 IPO 公司为样本，研究发现，首日价格管制（或称首日涨停板制度）导致 IPO 溢价更高，说明首日价格管制助长了新股投机。并且，当公司价值不确定性较大时，首日价格管制对 IPO 溢价的影响更大；首日价格管制期间，投资者情绪对 IPO 溢价的影响更大。基于交乘项的结果不易受时间序列上宏观因素的影响，进一步证实了首日价格管制通过作用于新股价值的不确定性（意见分歧）影响了新股的投机行为。此外，首日价格管制放大了新股上市后的股票换手率和股价波动率，导致新股上市后的股价短期内再次非理性攀升，这从另一个维度也说明价格管制助长了新股投机行为。但长期来看，新股的股票换手率和股价波动率会回归正常水平，新股的股价也会向内在价值回归。最后，本文将样本按受首日价格管制影响的程度分为高低两组，使用 DID（双重差分）+ PSM（倾向得分法）的方法进一步进行检验。研究发现，受影响程度较高的样本组，首日价格管制对 IPO 溢价的影响显著更强。该结果对本文的主要结论提供了强有力的支撑。

本项研究的主要贡献如下：第一，利用价值不确定性（意见分歧）理论解释新股交易价格管制对新股定价效率的影响，验证了价值不确定性理论在定价效率实证研究中的指导价值，尤其拓展了该理论在新股定价中的应用

---

① 熔断机制（circuit breaker），也叫自动停盘机制，是指当股指波动幅度达到规定的熔断点时，交易所为控制风险采取的暂停交易措施。新股首日涨停板制度类似于向上熔断机制，当新股首日涨幅达到一定幅度后（44%），股市已实际上暂停交易。

（Miller，1977；Scheinkman and Xiong，2003）。第二，丰富了新股定价的相关文献（Ritter and Welch，2002；Derrien，2005；Ljungqvist et al.，2006；宋顺林和唐斯圆，2017）。本文检验首日价格管制对投资者"炒新"行为的影响，不仅有助于理解定价管制可能带来的经济后果，也有助于解释新股交易市场上为什么同时存在"短期抑价"之谜和"长期市场表现低迷"之谜（Ritter and Welch，2002；Song et al.，2014）。第三，拓展了涨跌停制度的文献。现有研究主要关注涨跌停制度对二级市场定价效率的影响，本文则将研究重点放在涨停板制度对新股定价效率的影响。鉴于新股所在场景的独特性，本文的研究结论也可以为理解二级市场涨停板制度可能导致的经济后果提供新的洞见（Kim and Rhee，1997；Chan et al.，2005；王朝阳和王振霞，2017）。第四，本文同样具有重要的实践启示。相关的研究结论不仅有助于评估首日交易价格管制制度的政策效果，也可为后续抑制投资者"炒新"的政策制定提供重要参考。

二、制度背景

在 2006～2017 年的样本期间内，中国新股定价改革的政策虽然变动频繁，但从整体来看主要可分为两个维度：二级市场首日价格管制和一级市场发行定价管制。实际上产生重要影响的新股发行与定价制度变化并不多，主要是 2009 年 6 月的发行定价市场化改革、2014 年 6 月的发行定价重回管制，以及 2013 年 12 月的首日交易价格管制。下面将进行详细梳理。

（一）首日交易价格管制制度变迁

中国资本市场长期以来 IPO 首日回报率极高，投资者"炒新"蔚然成风。在首日无涨停板限制时，投机者通常在上市首日或随后的交易日买入新股，以择时卖出博取短期收益。投机者推高了新股上市后的价格、加大了上市后的价格波动，同时自身也可能因此蒙受亏损。鉴于此，监管层试图对新股首日交易价格实施管制，以抑制新股投机，进而维护市场稳定、保护投资者的利益。由于无可参考的国际经验，监管层一直在"摸着石头过河"。

表 1 的 Panel A 总结了首日交易价格管制制度。2006 年 9 月，深交所在中小板市场首次实施新股上市首日临时停牌制度，规定当股票上市首日盘中涨幅与开盘涨幅之差达到 ±50% 和 ±90% 时，实施临时停牌 15 分钟。由于此前政策实施效果并不理想，2007 年 8 月，深交所在 2006 年规定的基础上，增加了换手率提示公告，并延长了停牌时间，要求盘中涨幅与开盘涨幅之差达到 ±150% 和 ±200% 时，实施临时停牌 30 分钟。2012 年 3 月，上交所和深交所分别发布了盘中临时停牌制度，规定盘中涨幅较开盘价达到 ±10% 以上停牌 30 分钟，盘中涨幅较开盘价达到 ±20% 上以及盘中换手率达到 80% 以上停牌至 14∶55。但是，很多新股集合竞价期间开盘价就已被推高，该政策并未限制开盘价，对新股投机的影响有限。

表 1 　　　　　　　　　新股首日价格管制及发行定价管制相关制度

Panel A：新股首日价格管制制度

时间	交易所	政策	核心内容
2006 年 9 月 14 日	深圳	《关于加强中小企业板股票上市首日交易风险控制的通知》	股票上市首日盘中涨幅与开盘涨幅之差达到 ±50% 和 ±90% 时，实施临时停牌 15 分钟
2007 年 8 月 9 日	深圳	《关于进一步加强中小企业板股票上市首日交易监控和风险控制的通知》	盘中涨幅与开盘涨幅之差达到 ±150% 和 ±200% 时，实施临时停牌 30 分钟；换手率超过 80% 发布提示公告
2012 年 3 月 8 日	上海、深圳	《关于加强新股上市初期交易监管的通知》《关于完善首次公开发行股票上市首日盘中临时停牌制度的通知》	盘中涨幅较开盘价达到 ±10% 以上停牌 30 分钟，达到 ±20% 上以及盘中换手率（成交量除以当日实际上市流通量）达到 80% 以上停牌至 14∶55
2013 年 12 月 13 日	上海、深圳	《关于进一步加强新股上市初期交易监管的通知》《关于首次公开发行股票上市首日盘中临时停牌制度等事项的通知》	集合竞价阶段有效申报价格不得高于发行价格 120% 且不得低于发行价格的 80%，连续竞价阶段有效申报价格不得高于发行价格的 144% 且不得低于发行价格的 64%

续表

Panel B：新股发行定价管制制度

时间段	定价方法	市盈率上限	是否管制
1999 年 9 月前	固定价格和固定市盈率	15 倍市盈率	是
1999 年 9 月 ~ 2001 年 8 月	累计投标定价	无	否
2001 年 11 月 ~ 2004 年 12 月	固定市盈率	20 倍市盈率	是
2005 年 1 月 ~ 2009 年 6 月	询价制	30 倍市盈率	窗口指导
2009 年 6 月 ~ 2012 年 4 月	询价制	无	否
2012 年 4 月 ~ 2014 年 6 月	询价制	参考同行业	否
2014 年 6 月 ~ 2019 年 1 月	询价制	23 倍市盈率	窗口指导

2013 年 12 月，上交所和深交所首次对新股上市的开盘价进行了限制，规定集合竞价阶段有效申报价格不得高于发行价格 120% 且不得低于发行价格的 80%，连续竞价阶段有效申报价格不得高于发行价格的 144% 且不得低于发行价格的 64%。该政策对新股首日价格起到了根本性的限制作用，导致大部分公司首日涨幅都在 44% 左右，新股上市后出现连续涨停现象（市场称之为"连板"）。新政的本质是对新股首日实行了涨停板制度，尽管亚洲（如中国台湾和日本）市场也存在涨停板制度，但主要应用在二级市场，新股上市首日的涨停板制度尚属中国首创。

（二）新股发行价格管制制度变迁

新股发行价格大多数时候都面临管制，但近年来监管层也曾尝试进行发行定价的市场化改革。表 1 的 Panel B 总结了中国新股发行定价管制的几个重要阶段。在引入询价制之前，除 1999 年至 2001 年出现了短暂的放开发行定价管制时期之外，其他时间都实施了定价管制。2004 年末，证监会借鉴国外成熟市场的经验推出了询价制。与西方不同，中国的询价制在实施之初就有很强的行政干预色彩。2009 年 6 月起，监管层实施了询价制第一阶段改革，淡化了新股定价中的行政指导，实现了真正意义上的市场化定价。遗憾的是，虽然市场化改革提高了新股定价效率，但也同时引发了大面积的新股破发潮和普遍的"三高"（高发行价、高市盈率和高超募资金）现象（俞红海等，2013）。2012 年 4 月，证监会实施了询价制第三阶段改革，重新对发行价格施加一定约束。2014 年 6 月后，新股发行价格被控制在 23 倍 PE 以内，新股定价彻底回到了管制时代（宋顺林和唐斯圆，2017）。

三、相关文献评述

本文主要与两类文献相关：一类文献讨论涨跌幅限制可能导致的经济后果；另一类文献研究新股的投机炒作现象。

（一）涨跌幅限制的经济后果

理论上，价格限制（price limit）能够为投资者提供情绪释放的时间、减少恐慌性交易，从而减少投资者过度反应。但事实上，很多研究却发现，涨跌幅限制反而降低了市场效率（Kim and Rhee，1997；Chan et al.，2005；陈浩武等，2008；王朝阳和王振霞，2017）。

金和李（Kim and Rhee，1997）总结了价格涨跌幅限制的三种相互关联的负面效应：波动外溢（volatility spillover）、价格发现延迟（delayed price discovery）以及流动性干扰（trading interference）。涨跌停制度阻碍了价格在交易日当天达到均衡，导致真实价格要在接下来的交易日中才能实现，即存在价格发现延迟效应（Lee et al.，1994）。涨跌幅限制导致交易的流动性中断，这将使交易的流动性需求延续到后期，即流动性干扰效应（Lehmann，1989）。价格限制使得当天的股票价格不能及时纠正供需不平衡的状况，可能导致波动性外溢到随后的交易日，即波动外溢效应（Lehmann，1989）。金和李（1997）以东京股票市场为例，证实涨跌幅限制的上述三种效应均存在，涨跌幅限制降低了市场定价效率。陈等（2005）以吉隆坡证券交易所为例，研究发现，涨跌幅限制延迟了信息交易者的交易，扩大了报价的非均衡性，阻碍了价格发现过程。此外，涨跌停制度可能还存在磁力效应。磁力效应是指当股价接近当天的限制价格时，股价将会加速达到限制价格，即涨跌幅限制犹如一块磁铁，将股价吸向限制价格。苏布拉马尼亚姆（Subrahmanyam，1994）认为，产生磁力效应的原因有两个：一是非流动性；二是行为投资者。当股价接近限制价格时，行为投资者由于害怕股票失去流动性而争相抛售或抢购股票，导致股价加速向限制价格运动。

二级市场的涨跌停制度（当天的涨跌幅不能超过 10%）在中国已实施近 20 年，引起了学者们的广泛关注。首先，一些研究验证了涨跌幅限制的三种主要的负面效应，结论基本一致。陈平和龙华（2003）研究发现，涨跌幅限制有损资本市场的效率，国外研究发现的波动外溢效应、价格发现延迟效应以及流动性干扰效应在中国亦成立。秦芳等（2014）以 AH 股为样本，H 股作为控制组，研究发现，涨跌幅限制减少了触及涨跌停板交易日股票流动性，但没有发现交易阻碍效应。王朝阳和王振霞（2017）同样基于 AH 股研究发现，涨跌停制度是 A 股市场个股股价存在高波动率的重要原因。在实施涨跌停板的 A 股市场，融资融券制度的引入在现阶段也加剧了股价波动。其次，关于涨跌停制度与投资者过度反应的关系，还有一些争议。徐龙炳和吴林祥（2003）的研究发现，涨跌停时股价可能存在一定的过度反应。但吴林祥等（2003）认为，价格涨跌停本身并不是导致过度反应的原因，没有证据表明价格涨跌幅限制具有助涨助跌作用。最后，涨停制度和跌停制度的影响可能是非对称的。屈文洲（2007）研究发现，涨跌停限制加剧了股票市场的波动性，推迟了价格的发现，并阻碍了交易的进行。在对市场效率的阻碍上，涨停限制比跌停限制产生更大的影响。陈浩武等（2008）也发现在达到涨停过程中磁力效应存在的证据，而在跌停过程中磁力效应并不明显。

世界范围内，涨停板制度主要针对二级市场，中国也是近期才开始实施新股首日交易涨停板制度，因而相关研究非常少。孟夏（2014）以 2012 年 3 月上交所和深交所发布的临时停牌制度作为研究对象。研究发现，首日停牌制度实施后，首日高换手率、高涨幅以及首日涨幅的滞后效应依然存在，停牌制度对这三大风险的抑制作用并不显著。根据本文制度背景的介绍，2014 年前的新股首日交易价格管制制度的实际作用有限，真正起作用的是 2013 年底实施的以 44% 为上限的涨停板制度。这一制度对新股上市首日及上市后的交易行为产生了重要影响，但目前还没有研究对此进行实证检验。

（二）投资者"炒新"行为

新股投机现象在全世界范围内广泛存在。即使是在代表成熟市场的美国，新股投机也屡见不鲜。IPO 市场存在两个相互联系的"异常"：IPO 首日回报率显著为正，但上市后的长期表现低迷（Ritter and Welch，2002）。普尔那南达和斯瓦米纳坦（Purnanandam and Swaminathan，2004）的研究表明，IPO 公司发行价平均被高估 14% ~ 50%（根据不同的配对标准）。由此可见，较高的 IPO 首日回报率未必是发行价过低所致，也可能是因为首日的交易价格被严重高估，其背后原因是投资者的乐观情绪或投机行为。

由于市场环境和投资者结构等原因，中国新股市场的投机气氛更加浓厚。中国有着超高的 IPO 首日回报率，特别是在询价改革之前，居高不下的 IPO 首日回报率造就了中国股票市场特有的"炒新"文化（韩立岩和伍燕然，2007）。宋等（2014）认为，中国的 IPO 首日回报率包含 IPO 抑价和 IPO 溢价，IPO 抑价是指一级市场发行价格低于公司合理价格的部分，而 IPO 溢价是指二级市场首日收盘价高于公司合理价格的部分。现有研究表明，在中国，IPO 溢价可能占 IPO 首日回报率的主要部分（刘煜辉和沈可挺，2011；Song et al.，2014；邹高峰等，2012）。IPO 溢价主要是由于投资者乐观情绪或投机情绪导致（俞红海等，2015；宋顺林和王彦超，2016）。

新股投机不仅影响二级市场股价的稳定性和新股的投资价值，而且可能对一级市场的新股定价产生影响。永奎斯特等（Ljungqvist et al.，2006）、德里安（Derrien，2005）的研究表明，新股一级市场的定价会部分反映二级市场的投资者情绪。宋顺林和唐斯圆（2016）研究发现，投资者情绪越高，询价阶段的机构投资者报价越高，因为机构投资者预期可以将新股以更高的价格卖给二级市场的乐观投资者。抑制投资者"炒新"是重要而艰巨的任务，但相关研究非常少。宋顺林和肖土盛（2014）研究发现，以分析师预测价格法估计的 IPO 溢价（即 IPO 首日收盘价高于分析师预测价格部分）越高，新股上市后的短期和长期市场表现越差，说明投资者并未听从分析师的意见，分析师的新股预测能否抑制投资者"炒新"行为存疑。宋顺林和唐斯圆（2017）发现，新股发行定价管制会增大新股二级市场的价值不确定性，导致更高的二级市场 IPO 溢价，并且投资者倾向于"炒作"发行上市前价值不确定性更大的新股，说明通过一些措施减少新股的价值不确定性或许可以有助于抑制新股投机。

四、研究假说

涨跌停制度对市场效率的影响，不同理论有完全相反的预测方向。一方面，涨跌停制度存在冷却效应，可以为投资者提供冷却时间，以释放投资者情绪并让投资者有更充分的时间搜集和分析信息。涨跌停制度有助于其理性决策，从而提升市场效率。另一方面，涨跌停制度可能存在波动外溢效应、价格发现延迟效应以及流动性干扰效应，导致市场效率不升反降（Kim and Rhee，1997）。此外，涨跌停制度的磁力效应还有助涨助跌的效果。

中国 2013 年底实施的首日交易价格管制制度本质上是一种新股涨停板制度，因此二级市场涨跌停制度的相关理论，可以用来分析该制度对新股投机行为的影响。首先，根据冷却效应，新股涨停板制度可以释放投资者情绪，让投资者有更充分的时间搜集和分析相关信息，进而促进投资者理性决策、减少新股的投机性。而根据价格发现延迟效应以及流动性干扰效应，新股涨停板制度无非是将价格发现过程和部分交易延迟，并不能影响新股的价格和投机性。其次，根据波动外溢效应，涨停板制度反而可能会助长新股的投机性。波动性外溢是指涨跌幅限制导致随后的股价波动加剧。根据谢克曼和熊（Scheinkman and Xiong，2003）的理论模型，投资者进行投机的基本前提是存在投资者分歧，投机的目的是期望将股票卖给更为乐观的投资者。股价的预期波动越大，投机成功的可能性越大，因而股价波动会加剧投机行为。最后，根据磁力效应，新股在接近涨停价时，股价将会加速达到涨停价，导致股票延后打开涨停、股票价格被高估。

更为重要的是，涨跌停制度会增加新股的价值不确定性，进而加剧新股投机行为。新股披露的历史信息有限，且没有代表其市场估值的交易价格，因而价值不确定性较大（Houge et al.，2001）。投资者对新股的判断可以从天上到地下，某个新股可以被视为下一个"十倍股"，也可以被视为下一个"ST 股"。新股价值不确定性和风险都会导致投资者意见分歧（Miller，1977），而意见分歧是投机的基础（Scheinkman and Xiong，2003）。因此，股票的价值不确定性会影响股价的投机性。新股上市首日的交易是释放新股价值不确定性的重要途径。在成熟市场中，首日收盘价代表的是市场对新股价值的合理评估。新股首日价格受到管制时，新股首日的交易价格无法反映公司的合理价格，导致新股价值的不确定性得不到有效释放，投资者的意见分歧加大，股价的投机性随之增强。这意味着，新股上市后的股价可能包含较高的投机溢价。[①]

根据上述分析，提出假说 H1：

H1：新股首日涨停板制度实施期间，IPO 溢价更高。

涨停板制度主要通过提高新股的价值不确定性加剧新股的投机行为。一个自然的推论是，新股首日上市之前的价值不确定性越高，涨停板制度的影响越大。上市前价值不确定性越高的公司，越需要通过上市首日的价值发现功能降低公司价值的不确定性。因此，首日涨停板制度对这类新股上市后的股价影响更大。

此外，现有研究表明，新股价值的不确定性越大，投资者情绪对公司价格的影响越大（俞红海等，2015；宋顺林和王彦超，2016）。由于在异质预期和卖空限制的条件下，股价只反映最乐观投资者的预期，乐观的投资者情绪会导致公司股价被高估（Miller，1977）。价值不确定性提高了异质预期，使得股价更能反映乐观投资者的预期（宋顺林和唐斯圆，2017）。根据我们的分析，首日涨停板制度提高了新股价值不确定性。因此推测，在首日涨停板制度期间，新股二级市场价格更容易受投资者情绪影响。

---

① 从实务的角度来看，新股中签的投资者选择以什么价位卖出股票，主要取决于对何时开板（打开涨停板）的预期，而不是公司的内在价值。由于存在价格管制，首日收盘价失去了作为公司合理价格的参考意义，投资者根本不知道二级市场如何给新股估值，助长了他们的投机行为。

基于上述分析，提出假说 H2：

H2a：新股价值不确定性越大，首日涨停板制度对 IPO 溢价的影响越大。

H2b：首日涨停板制度期间，投资者情绪对 IPO 溢价的影响更大。

首日涨停板导致新股二级市场股价被高估，股价存在"非理性繁荣"。短期来看，新股上市后的股价不仅不一定会回归理性，反而可能会进一步非理性上涨。原因是，由于涨停板制度的限制，新股上市后的股价仍然存在较大投机气氛，公司的价值不确定性并没有得到有效释放。这导致新股上市后的一段时间内，新股的投机性仍然较强，表现为股票的波动率和换手率较高、股票价格短期内进一步非理性上升。此外，根据波动性外溢理论，新股涨停板打开后，公司随后的股价波动加剧，这也为新股投机提供了土壤。[①] 但无论如何，长期来看，理性可能迟到，但从不会缺席。非理性的泡沫终会破灭，公司股价也将逐渐向内在价值回归，而公司的股价波动率和换手率水平也会回归正常水平。不过，新股上市后的股价何时能够回归正常水平难以预测，需要实证进行评估，这可能取决于公司特征、市场氛围等因素。

基于上述分析，提出假说 H3：

H3a：首日涨停板制度期间，新股上市后的短期股票换手率和股价波动率更高。

H3b：首日涨停板制度期间，新股上市后的短期市场表现更好，但长期市场表现更差。

五、研 究 设 计

（一）样本选择和数据来源

本文以 2006 年 6 月 19 日至 2017 年 12 月 31 日上市的 IPO 公司为研究样

---

① 从实务的角度来说，还存在一个种可能，一些专业的游资专门从事炒作开板后新股的买卖。他们利用资金优势操纵公司股价，引导投资者跟风炒作。2017 年 8 月 4 日，中国证监会新闻发言人披露，行为人纠集违法团伙、筹集巨量资金、使用大量账户轮番炒作"次新股"。不过，这种非法炒作次新股的行为是不是普遍现象还有待验证。

本。证监会于 2014 年借鉴成熟市场的经验，实施了询价制，并于 2006 年 6 月 19 日颁布了《证券发行与承销管理办法》，对中国的证券发行与承销进行了统一规范，本文以此为研究样本的起点。样本的截止时间为 2017 年 12 月，这是我们能够获得的最新数据。在剔除了首日交易数据以及公司特征等变量缺失的样本后，最终获得 2109 家 IPO 公司。在部分分析中，由于部分新股上市后最新市场表现的数据缺失，样本量略小。本文分析师价格预测数据来自 Wind 和 CSMAR 数据库，两个数据库相互补充。其他诸如公司特征和股价表现等数据均来自 CSMAR 数据库。

（二）研究模型与变量定义

模型（1）用以检验假说 H1，即首日涨停板制度对 IPO 溢价的影响：

$$IROP = \beta_0 + \beta_1 \times REGU + \beta_2 \times SENT + \beta_3 \times UW + \beta_4 \times SIZE$$
$$+ \beta_5 \times LEV + \beta_6 \times ROE + \beta_7 \times AGE + \beta_8 \times TOPONE$$
$$+ \beta_9 \times MAINBOARD + \beta_{10} \times PE\_CAP + \sum INDU + \varepsilon \qquad (1)$$

模型（1）中，因变量 IROP 为 IPO 溢价，等于（公司收盘价 – 内在价值）/内在价值，表示新股上市后二级市场股价被高估的程度。其中，公司收盘价采用上市后第 30 个交易日收盘价和开板日（打开涨停板之日）收盘价两种方式进行度量。[①] 参考宋等（2014）和普尔那南达和斯瓦米纳坦（Purnanandam and Swaminathan，2004）的研究，本文分别采用分析师预测法和可比公司法估计公司的内在价值。根据分析师预测法，估计的内在价值等于分析师对新股合理价格的预测，多个分析师预测时取均值。分析师预测法有两个优势：一是分析师预测法在寻找可比公司时更有优势，因为分析师可以手工为 IPO 公司寻找可比公司；二是分析师在考虑应该给予新股该有的 PE 倍数时，可以考虑掌握的个股具体信息，相比可比公司法更有优势。根据可比

---

① 样本区间内，最长的连续涨停时间为 32 天（乐凯新材，代码：300446），一般不超过 20 天。综合考虑，我们选择第 30 天的收盘价度量新股二级市场价格。此外，在实施首日涨停板制度之前，新股首日收盘价即为开板日收盘价。实施首日涨停板制度之后，若公司首日涨幅未达到 44%，则公司开板日收盘价为公司首日收盘价；若公司首日涨幅达到 44%，则公司开板日收盘价为新股上市之后首次涨幅未达到 10% 当日的收盘价。

公司法，估计的内在价值等于行业可比公司市盈率×新股上市后每股收益。本文选择 Wind 四级行业[①]，以尽更可能确保新股与同行业的公司更为可比，如果四级行业少于 20 个公司，则进一步追溯到三级行业。此外，我们还剔除了上一年净利润为负或 PE 大于 150 的公司，以确保行业公司都是正常运营的公司。

本文主要自变量为 REGU，表示是否实施首日价格管制，是则为 1，否则为 0。根据假说 H1，预期模型（1）中 β_1 显著为正。控制变量中，我们加入了投资者情绪和公司特征等变量，以控制时间序列上的市场情绪及公司特征差异。参考以往文献（俞红海等，2013；Song et al.，2014），本文加入的控制变量包括 SENT（投资者情绪）、UW（承销商声誉）、SIZE（公司规模）、LEV（资产负债率）、ROE（公司业绩）、AGE（公司年龄）、TOPONE（第一大股东持股比例）、MAINBOARD（所属板块哑变量）、PE_CAP（公司是否处于发行定价管制期间）、INDU（行业哑变量）。为消除异常值对实证结果的影响，本文对所有连续变量进行了上下 1% 的缩尾处理。变量的具体定义参见表 2。

表 2   变量定义

变量	变量定义
IROP1	IPO 溢价 1；等于（新股上市后第 30 日收盘价 – 公司内在价值）/公司内在价值。其中，公司内在价值等于分析师对新股预测价格的均值。内在价值计算步骤如下：首先对每个分析师的预测价格区间取均值；其次算多个分析师的预测价格的均值，得到分析师对某个公司的预测价格。样本中剔除了承销商分析师提供价格的预测，并对同一券商提供多次预测的情况取最后一次的预测
IROP2	IPO 溢价 2；等于（新股上市后开板日收盘价 – 公司内在价值）/公司内在价值。实施首日涨停板制度之前，公司上市首日收盘价即为公司开板日收盘价。实施首日涨停板制度之后，若公司首日涨幅未达到 44%，则公司开板日收盘价为首日收盘价；若公司首日涨幅达到 44%，则公司开板日收盘价为公司上市之后日涨幅首次未达到 10% 当天的收盘价。内在价值计算步骤同 IROP1

---

① 本文以 Wind 的行业为类为准，因为只有 Wind 能查找股票每年的最新行业分类，CSMAR 数据库只公布股票最新所处行业，无法跟踪股票所处行业的历史变化。

续表

变量	变量定义
IROP3	IPO 溢价 3；等于（新股上市后第 30 日收盘价 – 公司内在价值）/公司内在价值。其中，公司内在价值参考普尔那南达和斯瓦米纳坦（2004），首先找到新股同行业的市盈率，以同行业可比市盈率估算 IPO 公司的市盈率；其次以估算的 IPO 公司市盈率乘以每股收益得到该公司的内在价值
IROP4	IPO 溢价 4；等于（新股上市后开板日收盘价 – 公司内在价值）/公司内在价值。公司开板日收盘价计算步骤同 *IROP2*，内在价值计算步骤同 *IROP3*
TURN	个股换手率。先计算月换手率，即月成交量/（发行总股数 × 交易天数）。在此基础上，扣除市场月平均换手率得出个股的换手率。本文计算了不同时间窗口的 *TURN*，*TURN_S* 为短期换手率，*TURN_L* 为长期换手率。短期为公司上市 30 天之后的第 1、第 3、第 6 月，长期为公司上市 30 天之后第 1、第 2、第 3 年
VOLATI	个股波动率。先计算当月个股日收益率的标准差。在此基础上，扣除市场月平均波动率得出个股的波动率，并乘以 100。时间窗口的定义与 *TURN* 相同
CAR	累计超额收益。计算公式如下：$CAR = \sum_{t=0}^{T} R_{i,t} - \sum_{t=0}^{T} R_{m,t}$。其中，$R_{i,t}$ 为考虑现金红利再投资的日个股回报率，$R_{m,t}$ 为分市场考虑现金红利再投资的日市场回报率（等权平均法）。短期为上市 30 天之后的 20 天、60 天、120 天，长期为上市 30 天之后的 250 天、500 天和 750 天
BHAR	买入并持有超额收益。计算公式如下：$BHAR = \prod_{t=0}^{T}(1 + R_{i,t}) - \prod_{t=0}^{T}(1 + R_{m,t})$。其中，$R_{i,t}$ 为考虑现金红利再投资的月个股回报率，$R_{m,t}$ 为分市场考虑现金红利再投资的月市场回报率（等权平均法）。时间窗口的定义与 *TURN* 相同
REGU	是否实施首日涨停板制度的虚拟变量。2013 年 12 月 13 日之后，首日盘中涨跌幅和开盘价受到限制，设为 1，否则设为 0
SENT	投资者情绪。参考贝克和伍尔格勒（2007）和伍燕然等（2012）的方法，利用以下四个情绪变量进行主成分分析得出：（1）当月市场换手率；（2）当月封闭基金平均折价率；（3）当月新增开户数；（4）上证指数近三个月的累积回报率（月度）
UW	承销商规模，资产规模当年为前十大取 1，否则取 0
SIZE	资产规模，等于公司总资产的自然对数，取上市前三年平均
LEV	资产负债率，等于公司总负债与总资产的比值，取上市前三年平均
ROE	净资产收益率，等于净利润与净资产的比值，取上市前三年平均
AGE	公司年龄，由发行当年减去公司成立年得出

变量	变量定义
TOPONE	第一大股东持股比例
MAINBOARD	上市公司所在板块的虚拟变量。主板取1，其他板块取0
PE_CAP	是否进行发行定价管制虚拟变量。2009年6月10日之前以及2014年6月之后发行价格均设定了市盈率上限，设为1，其他区间设为0
INDU	行业虚拟变量。参照证监会《上市公司行业分类指引（2012年修订)》

模型（2）和模型（3）用以检验假说 H2a 和 H2b：

$$IROP = \beta_0 + \beta_1 \times REGU + \beta_2 \times UNCER + \beta_3 \times UNCER$$
$$\times REGU + \sum Controls + \varepsilon \qquad (2)$$

$$IROP = \beta_0 + \beta_1 \times REGU + \beta_2 \times SENT + \beta_3 \times REGU$$
$$\times SENT + \sum Controls + \varepsilon \qquad (3)$$

在模型（2）中，本文以 PE_CAP 度量价值不确定性（UNCER）。本文将发行价格受到管制的时期，即 2009 年 6 月 10 日之前以及 2014 年 6 月之后，定义为公司发行价值不确定性较高的期间。该期间由于定价管制导致首日发行价格无法反映公司真实价值，价值不确定性得不到有效释放（宋顺林和唐斯圆，2017）。若公司在定价管制期间发行，则 PE_CAP 取 1，否则为 0。对投资者情绪的度量，我们主要参考贝克和伍尔格勒（Baker and Wurgler，2007）和伍燕然等（2012）的方法，利用以下四个情绪变量进行主成分分析得出：(1) 当月市场换手率；(2) 当月封闭基金平均折价率；(3) 当月新增开户数；(4) 上证指数最近三个月的累积回报率（月度）。根据假说 H2，我们预期模型（2）和模型（3）中的交乘项系数 β_3 均显著为正。

我们利用模型（4）和模型（5）来检验假说 H3a 和 H3b：

$$TURN/VOLATI = \beta_0 + \beta_1 \times REGU + \sum Controls + \varepsilon \qquad (4)$$

$$CAR/BHAR = \beta_0 + \beta_1 \times REGU + \sum Controls + \varepsilon \qquad (5)$$

模型（4）中，TURN 为个股的月度换手率，VOLATI 为个股的月度波动率，分别度量新股的投机性和股价的波动性。换手率在文献中可以表示流动性或投机性，由于新股的换手率极高，并且新股的主要参与者是个人投资者，新股的换手率更可能代表的是投机性而不是流动性。月换手率等于日度换手率的月平均值，日度换手率等于日交易股数除以日流通股数，月波动率等于日度收益率的月标准差。月换手率和波动率指标均扣除了市场月平均换手率和波动率。模型（5）中，新股上市后的市场表现采用累积超额收益（*CAR*）和买入并持有超额收益（*BHAR*）两种方式度量。超额收益率等于原始收益率减基准收益率（市场收益率）。市场收益率的计算有等权和市值加权两种方法，两种方法计算出来的结果有所差异（Su et al.，2011）。市值加权的收益率主要代表的是大公司的收益率，而新股主要是小公司为主。我们认为，计算 *CAR* 或 *BHAR* 时，以等权的方式计算的市场收益率更适合作为新股收益率的比较基准。因此，本文主要报告以等权方式计算 *CAR* 或 *BHAR* 的实证结果，同时以价值加权方式计算 *CAR* 或 *BHAR* 的结果进行稳健性分析。

为检验首日价格管制的短期效应和长期效应，本文计算了短期和长期的换手率、波动率、*CAR* 和 *BHAR*，定义短期为公司上市 30 天之后的 1 个月（或 20 个交易日）、3 个月（或 60 个交易日）、6 个月（或 120 个交易日），长期为公司上市 30 天之后共 1 年（或 250 个交易日）、2 年（或 500 个交易日）、3 年（或 750 个交易日）。模型（4）和模型（5）中变量的具体计算方法见表 2。根据研究假说 H3，预计当因变量为短期换手率和波动率时，模型（4）中 β_1 显著为正；因变量为短期 *CAR* 或 *BHAR* 时，模型（5）中 β_1 显著为正；因变量为长期 *CAR* 或 *BHAR* 时，预期 β_1 显著为负。

（三） 描述性统计

表 3 报告了本文主要变量的描述性统计，结果显示：第一，样本期间，平均而言，新股上市后的 *IPO* 溢价达到 45% ~ 62%。从最大值来看，公司上市后 30 天交易日的收盘价最高大于内在价值 4.36 倍左右，而新股上市打开涨停板后收盘价也高于内在价值近 5.02 倍。这表明上市初期二级市场整体投机炒作较为严重，短期内新股价格大幅高估。第二，新股上市后第二个月的换手率（*TURN_1Month*）和波动率（*VOLATI_1Month*）都远高于市场水平，

换手率平均比市场高8%。换手率（*TURN*）和波动率（*VOLATI*）的平均值从短期到长期呈现明显的下降，这来自市场交易逐渐回归理性。第三，市场表现（*CAR* 和 *BHAR*）的均值为负，并且随着时间的加长，负的规模越来越大。说明总体上新股上市后（30天后）的市场表现不佳，随着时间的推移，新股的股价逐渐向内在价值回归。其他变量的描述统计结果参见表3，不再赘述。

表3　　　　　　　　　　　　描述性统计

变量	样本量	平均值	标准差	最小值	最大值
*IROP*1	1712	0.54	0.80	− 0.33	4.36
*IROP*2	1712	0.62	0.86	− 0.26	5.02
*IROP*3	2057	0.45	0.85	− 0.66	3.89
*IROP*4	2057	0.52	0.86	− 0.61	4.13
*TURN*_1*Month*	2109	0.08	0.07	− 0.01	0.31
*TURN*_3*Month*	2107	0.05	0.05	− 0.02	0.26
*TURN*_6*Month*	2022	0.03	0.04	− 0.02	0.20
*TURN*_1*Year*	1794	0.01	0.03	− 0.03	0.14
*TURN*_2*Year*	1460	0.01	0.03	− 0.03	0.14
*TURN*_3*Year*	1260	0.00	0.02	− 0.04	0.08
*VOLATI*_1*Month*	2104	0.44	0.98	− 1.77	3.15
*VOLATI*_3*Month*	2095	0.35	1.01	− 1.75	3.51
*VOLATI*_6*Month*	1995	0.22	0.91	− 1.68	3.15
*VOLATI*_1*Year*	1756	0.20	0.91	− 1.47	3.29
*VOLATI*_2*Year*	1448	0.14	0.87	− 1.54	2.87
*VOLATI*_3*Year*	1236	0.18	0.88	− 1.47	3.05
*CAR*_20*Day*	2109	− 0.02	0.13	− 0.32	0.39
*CAR*_60*Day*	2098	− 0.06	0.20	− 0.50	0.57
*CAR*_120*Day*	2000	− 0.10	0.28	− 0.78	0.68
*CAR*_250*Day*	1756	− 0.21	0.38	− 1.17	0.76

续表

变量	样本量	平均值	标准差	最小值	最大值
CAR_500Day	1431	-0.23	0.49	-1.43	1.08
CAR_750Day	1216	-0.27	0.62	-1.72	1.43
$BHAR\_1Month$	2109	-0.01	0.13	-0.35	0.46
$BHAR\_3Month$	2107	-0.04	0.21	-0.50	0.71
$BHAR\_6Month$	2022	-0.07	0.28	-0.96	0.89
$BHAR\_1Year$	1794	-0.15	0.40	-1.71	1.14
$BHAR\_2Year$	1460	-0.17	0.58	-1.82	2.51
$BHAR\_3Year$	1260	-0.34	1.15	-4.17	4.50
$REGU$	2109	0.48	0.50	0.00	1.00
$SENT$	2109	-0.01	1.18	-3.30	4.44
UW	2109	0.47	0.50	0.00	1.00
$SIZE$	2109	20.22	1.21	18.16	25.14
LEV	2109	0.47	0.17	0.11	0.89
ROE	2109	0.29	0.13	0.08	0.75
AGE	2109	11.86	5.75	1.00	36.00
$TOPONE$	2109	0.38	0.15	0.09	0.77
$MAINBOARD$	2109	0.27	0.45	0.00	1.00
PE_CAP	2109	0.56	0.50	0.00	1.00

表 4 报告的是变量的相关性检验。结果显示：$IROP1 \sim IROP4$ 四个变量相关性较高，说明 IPO 溢价的不同度量方法具有一致性；$REGU$ 与短期市场 IPO 溢价（$IROP1 \sim IROP4$）显著正相关，这说明首日涨停板制度能够在较大程度上解释短期市场中非理性高涨的 IPO 溢价；$SENT$ 和 PE_CAP 与 $IROP$ 显著正相关，表明市场情绪以及发行定价管制能作用于新股股价，提升新股上市时 IPO 溢价；PE_CAP 和 $REGU$ 的相关性较高，原因是 2014 年 6 月后，证监会对新股发行定价实施了双重管制，即发行定价管制和首日价格管制。

表4

相关性检验

变量	IROP1	IROP2	IROP3	IROP4	REGU	SENT	UW	SIZE	LEV	ROE	AGE	TOPONE	MAINBOARD	PE_CAP
IROP1	1.00													
IROP2	0.85***	1.00												
IROP3	0.70***	0.57***	1.00											
IROP4	0.60***	0.71***	0.87***	1.00										
REGU	0.52***	0.48***	0.27***	0.27***	1.00									
SENT	0.19***	0.23***	0.08***	0.15***	0.06***	1.00								
UW	-0.09***	-0.10***	-0.04*	-0.05**	-0.05**	-0.01	1.00							
SIZE	-0.00	-0.01	-0.07***	-0.08***	0.20***	0.02	0.05**	1.00						
LEV	-0.17***	-0.17***	-0.10***	-0.11***	-0.25***	-0.04**	-0.00	0.47***	1.00					
ROE	-0.29***	-0.28***	-0.21***	-0.21***	-0.36***	-0.02	0.08***	-0.29***	-0.01	1.00				
AGE	0.19***	0.18***	0.06***	0.07***	0.49***	-0.00	-0.01	0.09***	-0.13***	-0.27***	1.00			
TOPONE	-0.01	-0.01	-0.06***	-0.05**	-0.03	0.02	0.04*	0.22***	0.09***	0.00	-0.07***	1.00		
MAINBOARD	0.10***	0.10***	-0.03	-0.02	0.37***	0.04*	0.03	0.53***	0.08***	-0.21***	0.17***	0.18***	1.00	
PE_CAP	0.43***	0.44***	0.23***	0.25***	0.76***	0.06***	-0.07***	0.19***	-0.12***	-0.35***	0.30***	0.02	0.32***	1.00

注：*、**、*** 分别表示相关系数在0.1、0.05、0.01的显著性水平下显著。

209

表5报告了单变量检验的结果，比较了首日涨停板制度实施前后，IPO溢价、新股上市后的换手率和波动率、新股上市后的短期和长期市场表现差异。结果显示：第一，在首日涨停板制度实施期间，IPO溢价（IROP）显著更高，这与相关性检验一致。第二，对于波动率和换手率（TURN 和 VOLA-TI）而言，新股上市30天后的第1、第3、第6个月以及1年的时间内，首日涨停板制度期间显著更高。但是，随着时间推移，首日涨停板制度前后的差异逐渐缩小。第三，从新股上市后的市场表现来看（CAR 和 BHAR），上市后的短期内，首日涨停板制度前后的差异不大，实施前的表现略好。但长期内，首日涨停板制度实施后的市场表现显著更差。单变量检验比较直观地展示了文中的一些主要结果，但主要结论应以控制其他因素影响以后的回归结果为主。

表5   单变量检验

变量	Period	REGU = 0		REGU = 1		Mean_Diff
		Num.	Mean	Num.	Mean	
IROP	IROP1	1104	0.24	608	1.10	−0.86 ***
	IROP2	1104	0.31	608	1.19	−0.88 ***
	IROP3	1079	0.23	978	0.68	−0.45 ***
	IROP4	1079	0.30	978	0.76	−0.46 ***
TURN	1 Month	1106	0.04	1003	0.11	−0.07 ***
	3 Month	1106	0.03	1001	0.07	−0.04 ***
	6 Month	1106	0.02	916	0.05	−0.03 ***
	1 Year	1106	0.01	688	0.01	0.00 ***
	2 Year	1106	0.01	354	0.01	0.00 ***
	3 Year	1106	0.00	154	−0.01	0.01 ***
VOLATI	1 Month	1106	0.10	998	0.81	−0.71 ***
	3 Month	1106	0.01	989	0.73	−0.72 ***
	6 Month	1106	0.00	889	0.49	−0.49 ***
	1 Year	1104	0.13	652	0.31	−0.18 ***
	2 Year	1105	0.14	343	0.15	−0.01
	3 Year	1100	0.20	136	0.04	0.16 **

续表

变量	Period	REGU = 0		REGU = 1		Mean_Diff
		Num.	Mean	Num.	Mean	
CAR	20Day	1106	-0.02	1003	-0.03	0.01
	60Day	1106	-0.06	992	-0.05	-0.01
	120Day	1106	-0.10	894	-0.10	0.00
	250Day	1106	-0.17	650	-0.26	0.09 ***
	500Day	1106	-0.19	325	-0.35	0.16 ***
	750Day	1106	-0.23	110	-0.68	0.45 ***
BHAR	1Month	1106	-0.01	1003	-0.02	0.01 **
	3Month	1106	-0.04	1001	-0.04	0.00
	6Month	1106	-0.05	916	-0.08	0.03 **
	1Year	1106	-0.10	688	-0.22	0.12 ***
	2Year	1106	-0.09	354	-0.42	0.33 ***
	3Year	1106	-0.27	154	-0.84	0.57 ***

注：*、**、*** 分别表示均值差异在 0.1、0.05、0.01 的显著性水平下显著，变量定义见表 2。

六、实 证 结 果

（一）首日涨停板制度与 IPO 溢价

为检验研究假说 H1，我们首先对模型（1）进行回归，考察首日涨停板制度对二级市场短期 IPO 溢价的影响。回归结果见表 6。表 6 中列（1）~列（4）因变量分别为 IROP1 ~ IROP4。列（1）~列（4）的结果显示，无论是以分析师预测法还是可比公司法度量 IPO 溢价，在控制其他变量后，REGU 与 IPO 溢价均在 0.01 的显著性水平下正相关，即首日涨停板制度实施期间，新股上市后的价格高估程度更大。^① 上述结果验证了我们的假说 H1。其原理是，首日交易价格管制导致新股的价值不确定性无法在首日及时释放、投资意见分歧加大，助长了投资者的新股投机行为，进而引发新股上市后的价格被严重高估。

表6 首日涨停板制度与 IPO 溢价

变量	IROP1	IROP2	IROP3	IROP4
	（1）	（2）	（3）	（4）
REGU	0.73 *** (9.88)	0.64 *** (8.02)	0.55 *** (6.26)	0.45 *** (5.24)
SENT	0.09 *** (4.46)	0.13 *** (5.75)	0.05 *** (2.72)	0.10 *** (4.80)
UW	− 0.06 * （− 1.81）	− 0.07 ** （− 2.06）	0.01 （0.25）	− 0.00 （− 0.06）
SIZE	− 0.09 *** （− 4.63）	− 0.10 *** （− 4.84）	− 0.17 *** （− 5.64）	− 0.17 *** （− 5.99）
LEV	0.02 （0.12）	− 0.05 （− 0.37）	0.29 ** （2.10）	0.26 * （1.92）
ROE	− 1.07 *** （− 8.55）	− 1.07 *** （− 8.38）	− 1.26 *** （− 8.45）	− 1.22 *** （− 8.10）
AGE	− 0.01 ** （− 2.50）	− 0.01 （− 1.48）	− 0.02 *** （− 4.42）	− 0.01 *** （− 3.64）
TOPONE	0.12 （1.05）	0.07 （0.60）	0.06 （0.52）	0.05 （0.42）

---

① 稳健性测试中，我们也借鉴普尔那南达和斯瓦米纳坦（2004）的方法和程序为每个新股找到一个控制样本的方法计算 IPO 溢价。控制样本选择的具体方法是，先找到同行业的所有公司（行业的分类与文中的方法一致），然后按销售收入的分位数分三组，在每组下继续按利润增长率的分位数分三组，最后找到同行业同组下销售收入最接近的公司作为可比公司。此外，我们也尝试控制更多宏观变量（如 GDP 季度增长率、生产价格指数、当月规模以上工业增加值）和公司特征（上市前收入增长率、分析师价格预测分歧）变量，主要结果不变。

变量	IROP1	IROP2	IROP3	IROP4
	(1)	(2)	(3)	(4)
MAINBOARD	-0.09 (-1.56)	-0.07 (-1.14)	-0.16*** (-3.11)	-0.15*** (-3.05)
PE_CAP	0.17*** (4.35)	0.29*** (7.67)	0.02 (0.32)	0.13** (2.48)
CONSTANT	2.39*** (6.21)	2.51*** (6.42)	3.96*** (6.80)	4.01*** (7.15)
YEAR	No	No	No	No
INDU	Yes	Yes	Yes	Yes
N	1712	1712	2057	2057
Adj. R - squared	0.337	0.326	0.181	0.197

注：括号内为经异方差修正的 t 统计量，*、**、*** 分别表示回归系数在 0.1、0.05、0.01 的显著性水平下显著。变量定义见表 2。

从控制变量来看，SENT（投资者情绪）与 IROP 在 0.01 的显著性水平下正相关，表明在新股上市期间投资者情绪越乐观，新股上市后的价格越可能被高估；PE_CAP（发行定价管制）总体上与 IROP 显著正相关，表明发行定价管制期间，新股上市后的价格更可能被高估，这与以往文献一致（宋顺林和唐斯圆，2017）。此外，公司规模较小（SIZE）、业绩较差（ROE）和在中小板上市的新股，上市后的股价更可能被高估，这可能与我国"炒小、炒差"的投资文化有关。

为更好地展示首日涨停板制度对二级市场短期 IPO 溢价的影响，我们绘制了 2006 ~ 2017 年新股的 IPO 抑价（IPO Underpricing）及 IPO 溢价（IPO Overvaluation）图。IPO 抑价 =（内在价值 - 发行价）/内在价值，IPO 溢价 =（新股上市开板后收盘价 - 内在价值）/内在价值，内在价值以分析预测法估计。如图 1 所示，IPO 溢价水平在发行定价和首日交易价格双重管制期间（2014 ~ 2017 年）最高，发行定价管制期间居中（2006 ~ 2008 年），在市场化定价阶段（2009 ~ 2012 年）最低，并且双重管制期间的 IPO 溢价水平要远远高于发行定价管制期间。此外，IPO 抑价水平在市场化定价阶段明显低于发行管制期间，与预期相符。

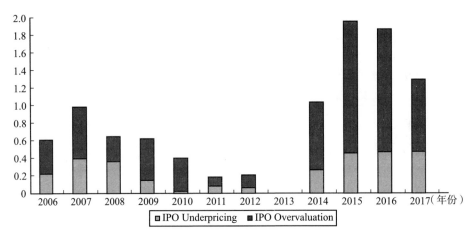

图 1　IPO 抑价（IPO Underpricing）及 IPO 溢价（IPO Overvaluation）2006 ~ 2017 年

（二）首日涨停板制度与 IPO 溢价：基于价值不确定性和投资者情绪的分析

为检验研究假说 H2，我们对模型（2）、模型（3）进行回归分析，回归结果见表 7。表 7 中的 Panel A 考察了新股价值不确定性（新股定价管制）对首日涨停板制度和 IPO 溢价两者关系的影响。列（1）~ 列（4）的结果一致显示，$PE\_CAP \times REGU$ 与 $IROP$ 均在 1% 的水平下显著正相关，说明新股价值不确定性越高，首日涨停板制度对 IPO 溢价的正向影响越大。该结果支持了我们的假说 H2a。其原理是，新股价值不确定性越大，越需要通过上市首日投资者之间的自由交易释放其价值不确定性、减少投资者意见分歧。在市场化定价的询价制度下，在机构投资者询价结果基础上制定的发行价可以向市场传递新股的价值信号，释放新股的价值不确定、减少投资者意见分歧。而在定价管制下，发行价格受到管制，新股价值信号缺失。

表 7 中的 Panel B 考察了首日涨停板制度对投资者情绪和 IPO 溢价两者关系的影响。列（1）~ 列（4）的回归结果一致显示，$REGU \times SENT$ 与 $IROP$ 显

著正相关，说明首日涨停板制度实施期间，投资者情绪对 IPO 溢价的正向影响更大。该结果支持了我们的假说 H2b。其原理是，首日涨停板制度增加了新股的价值不确定性，而价值不确定性会导致投资者的乐观情绪更可能反映到公司股价中（Baker and Wurgler，2007）。总的来说，基于交乘项的分析结果，进一步支持了表 6 的结果以及本文的分析逻辑——首日涨停板制度通过影响价值不确定性影响新股的投机行为和股价高估程度。此外，基于交乘项的结果，更不容易受时间序列上宏观因素的影响，从而进一步加强了本项研究主要结果的稳健性。

表 7　首日涨停板制度与 IPO 溢价：基于价值不确定性和投资者情绪的分析

Panel A：基于价值不确定性交乘项的分析

变量	IROP1	IROP2	IROP3	IROP4
	(1)	(2)	(3)	(4)
REGU	0.55 ***	0.30 ***	-0.09	-0.22 ***
	(6.55)	(4.09)	(-1.01)	(-2.60)
PE_CAP × REGU	0.25 ***	0.47 ***	0.85 ***	0.91 ***
	(2.59)	(5.30)	(9.54)	(9.80)
PE_CAP	0.12 ***	0.20 ***	-0.17 ***	-0.07
	(2.71)	(4.67)	(-3.13)	(-1.26)
CONTROLS	Yes	Yes	Yes	Yes
YEAR	No	No	No	No
INDU	Yes	Yes	Yes	Yes
N	1712	1712	2057	2057
Adj. R − squared	0.338	0.332	0.197	0.216

Panel B：基于投资者情绪交乘项的分析

变量	IROP1	IROP2	IROP3	IROP4
	(1)	(2)	(3)	(4)
REGU	0.74 ***	0.66 ***	0.56 ***	0.47 ***
	(10.09)	(8.40)	(6.48)	(5.59)
REGU × SENT	0.21 ***	0.27 ***	0.18 ***	0.23 ***
	(5.59)	(5.80)	(4.98)	(5.69)

续表

Panel B：基于投资者情绪交乘项的分析

变量	IROP1	IROP2	IROP3	IROP4
	（1）	（2）	（3）	（4）
SENT	-0.00 （-0.13）	0.01 （1.33）	-0.03^{*} （-1.77）	-0.01 （-0.34）
CONTROLS	Yes	Yes	Yes	Yes
YEAR	No	No	No	No
INDU	Yes	Yes	Yes	Yes
N	1712	1712	2057	2057
Adj. R - squared	0.364	0.364	0.196	0.222

注：括号内为经异方差修正的 t 统计量，*、**、*** 分别表示回归系数在 0.1、0.05、0.01 的显著性水平下显著。变量定义见表 2，表 7 的控制变量与表 6 相同。

（三）首日涨停板制度对新股上市后换手率、波动率以及市场表现的影响

为检验研究假说 H3a，我们对模型（4）进行回归分析，考察首日涨停板制度对二级市场股票换手率和股价波动率的影响，回归结果见表 8。表 8 Panel A 报告的是短期换手率和波动率的回归结果。列（1）~列（6）的结果显示，不同时间窗口，REGU 与 TURN_S、VOLATI_S 均显著正相关，即首日涨停板制度实施期间，新股上市后的换手率和波动率都显著更高。该结果支持了假说 H3a。其原理是，首日涨停板制度阻碍了价值发现功能，导致新股的价值不确定性未能得到有效释放，助长了投资者的投机行为。此外，结果显示，从列（1）到列（3）或从列（4）到列（6），随着时间窗口的拉长，回归系数呈现逐渐减小的趋势，这与我们预期相符。原因是，随着时间的推移，新股的价值不确定性逐步释放，投机气氛逐渐削弱。

表 8 Panel B 报告的是长期换手率和波动率的回归结果。列（1）、列（2）和列（4）的结果显示，REGU 与 TURN_L、VOLATI_L 显著正相关，而列（3）、列（5）和列（6）的结果显示，REGU 与 TURN_L、VOLATI_L 无显

著相关性。说明首日涨停板制度实施期间，新股上市后一年的换手率和波动率显著更高，但上市后三年的换手率和波动率并无显著差异。原因是，首日涨停板制度助长了新股上市后的投机行为，这种投机气氛在上市后一段时间内（比如一年）仍将持续，但长期还是会向理性回归。

表8 首日涨停板制度与新股上市后换手率和波动率

Panel A：短期换手率和波动率

变量	Dep. Variable：TURN_S			Dep. Variable：VOLATI_S		
	（1）	（2）	（3）	（4）	（5）	（6）
	1 Month	3 Month	6 Month	1 Month	3 Month	6 Month
REGU	0.09 *** (17.29)	0.06 *** (12.10)	0.03 *** (9.15)	1.01 *** (11.19)	0.97 *** (10.68)	0.84 *** (9.62)
CONTROLS	Yes	Yes	Yes	Yes	Yes	Yes
YEAR	No	No	No	No	No	No
INDU	Yes	Yes	Yes	Yes	Yes	Yes
N	2109	2107	2022	2104	2095	1995
Adj. R − squared	0.347	0.223	0.188	0.205	0.208	0.179

Panel B：长期换手率和波动率

变量	Dep. Variable：TURN_L			Dep. Variable：VOLATI_L		
	（1）	（2）	（3）	（4）	（5）	（6）
	1 Year	2 Year	3 Year	1 Year	2 Year	3 Year
REGU	0.01 *** (4.70)	0.00 (0.24)	0.00 (0.40)	0.36 *** (3.73)	0.16 * (1.75)	0.05 (0.41)
CONTROLS	Yes	Yes	Yes	Yes	Yes	Yes
YEAR	No	No	No	No	No	No
INDU	Yes	Yes	Yes	Yes	Yes	Yes
N	1794	1460	1260	1756	1448	1236
Adj. R − squared	0.074	0.083	0.145	0.091	0.108	0.112

注：括号内为经异方差修正的 t 统计量，＊、＊＊、＊＊＊分别表示回归系数在 0.1、0.05、0.01 的显著性水平下显著。变量定义见表2，表8 的控制变量与表6 相同。

为更好地展示新股上市后的股票交易行为，我们分别绘制了管制和非管制期间新股上市后的换手率和波动率走势。图 2 为新股上市后 3 年内个股换手率（月度数据）走势图，图 3 为股价波动率（月度数据）走势。图 2 和图 3 显示，相比于非管制期间，首日交易价格管制期间，新股上市后的很长时间内换手率和波动率均明显更高，直到上市 24 个月之后其换手率和波动率才更低。这与回归结果得出的结论基本一致。

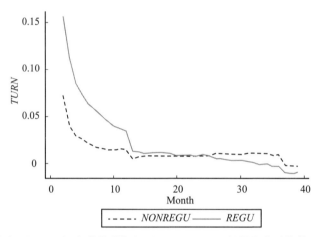

图 2 管制期间（*REGU*）和非管制期间（*NONREGU*）新股上市后的换手率（*TURN*）

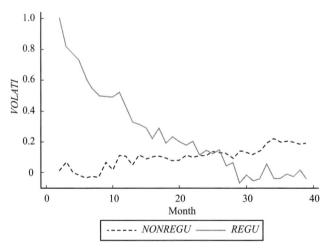

图 3 管制期间（*REGU*）和非管制期间（*NONREGU*）新股上市后的波动率（*VOLATI*）

为检验研究假说 H3b，我们对模型（5）进行回归分析，考察首日涨停板制度对新股上市后市场表现的影响，回归结果见表 9。表 9 Panel A 报告的是短期市场表现的回归结果。结果显示，*REGU* 与 *CAR_S* 和 *BHAR_S* 的回归系数均在 0.01 的显著性水平下为正（只有 20 天的 *CAR_S* 或一个月的 *BHAR_S* 不显著或显著为负），即首日涨停板制度实施期间，新股上市后的短期市场表现更好。[①] 原因是，首日涨停板制度阻碍了价值发现功能，导致新股上市后的股价高估，并且会助长新股上市后一段时间内的投机行为，导致股价在上市后一段时间内进一步非理性上涨。

表 9 Panel B 报告的是长期市场表现的回归结果。结果显示，1 年期的回归中 *REGU* 与 *CAR_L* 和 *BHAR_L* 的回归系数不显著，但 2 年期和 3 年期的回归中 *REGU* 与 *CAR_L* 和 *BHAR_L* 的回归系数显著为负。这说明，相比非管制期间，首日交易价格管制期间，新股上市后的长期市场表现显著更差。原因是，首日涨停板制度期间，新股上市后股价被严重高估，虽然上市后股价短期内会受投机情绪推动保持高估或进一步高估，但长期内会慢慢向理性回归。

表 9   首日涨停板制度与新股上市后短期和长期市场表现

Panel A：短期市场表现

变量	Dep. Variable：*CAR_S*			Dep. Variable：*BHAR_S*		
	（1）	（2）	（3）	（4）	（5）	（6）
	20Day	60Day	120Day	1 Month	3 Month	6 Month
REGU	− 0.00 （− 0.32）	0.07 *** （3.46）	0.06 ** （2.08）	− 0.03 ** （− 2.07）	0.04 * （1.76）	0.03 （1.09）
CONTROLS	Yes	Yes	Yes	Yes	Yes	Yes
YEAR	No	No	No	No	No	No
INDU	Yes	Yes	Yes	Yes	Yes	Yes

---

① 上述结果度量 *CAR* 或 *BHAR* 时，以等权方式计算市场收益率。基于价值加权计算市场收益率的结果未报告，但留存备索。总的来说，相对于等权方式，以价值加权方式计算市场收益率时，新股上市后市场表现相对更好，但首日价格管制期间（相对于非管制期间）的短期市场表现仍然显然更好、长期市场表现仍然显著更差，与正文中结果一致。

续表

Panel A：短期市场表现

变量	Dep. Variable：CAR_S			Dep. Variable：BHAR_S		
	（1）	（2）	（3）	（4）	（5）	（6）
	20Day	60Day	120Day	1Month	3Month	6Month
N	2109	2098	2000	2109	2107	2022
Adj. R – squared	0.003	0.023	0.025	0.028	0.026	0.041

Panel B：长期市场表现

变量	Dep. Variable：CAR_L			Dep. Variable：BHAR_L		
	（1）	（2）	（3）	（4）	（5）	（6）
	250Day	500Day	750Day	1Year	2Year	3Year
REGU	– 0.01 （– 0.16）	– 0.12 ** （– 2.10）	– 0.40 *** （– 4.67）	– 0.02 （– 0.37）	– 0.38 *** （– 5.46）	– 0.61 *** （– 4.07）
CONTROLS	Yes	Yes	Yes	Yes	Yes	Yes
YEAR	No	No	No	No	No	No
INDU	Yes	Yes	Yes	Yes	Yes	Yes
N	1756	1431	1216	1794	1460	1260
Adj. R – squared	0.045	0.091	0.095	0.067	0.101	0.051

注：括号内为经异方差修正的 t 统计量，*、**、*** 分别表示回归系数在 0.1、0.05、0.01 的显著性水平下显著。变量定义见表 2，表 9 的控制变量与表 6 相同。

为更好地展示新股上市后的股价走势，我们分别绘制了管制和非管制期间新股上市后的市场表现走势。图 4 报告的是 IPO 之后两年（30～530 天）市场表现的整体趋势图。如图 4 所示，首日涨停板制度实施期间，新股上市 30 天后的股价短期保持平稳趋势，其收益率显著高于非首日涨停板制度期间。在 200 个交易日前后，这种平缓的趋势结束，开始震荡向下。在 400 个交易日前后，首日涨停板制度实施期间的收益率下跌至低于非首日涨停板实施期间的收益率，且这种差异随着时间的推移逐步扩大。总体上，首日涨停板制度导致新股上市后的股价短期内会进一步非理性繁荣或保持高估状态，直到 200 个交易日左右后（新股解禁），新股股价才开始逐渐向理性回归。

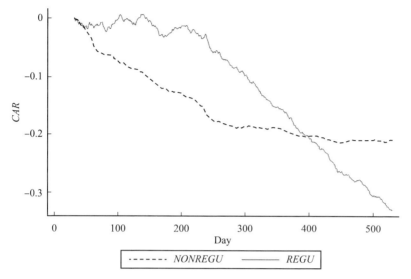

图4 管制期间（*REGU*）和非管制期间（*NONREGU*）新股上市后的市场表现（*CAR*）

（四）基于 PSM + DID 回归的进一步分析

本文检验首日涨停板制度对新股投机行为的影响，首日涨停板制度针对的是一定期间内上市的所有新股，无法进行严格的 DID（双重差分）检验。可能导致研究结果容易受到时间序列上其他因素的干扰，例如，涨停板制度期间的市场环境与非涨停板制度期间有所差异。主要结果部分，我们通过控制市场情绪和公司特征的差异，部分解决了这个问题。稳健性部分，我们借鉴 DID 模型的思想，进行如下研究设计，以进一步检验结果的稳健性。具体的模型设计如下：

$$IROP = \beta_0 + \beta_1 \times REGU + \beta_2 REGU \times TREAT$$
$$+ \beta_3 \times TREAT + \sum Controls + \varepsilon \qquad (6)$$

DID 设计的原理是，如果首日涨停板制度助长了新股投机，导致 IPO 溢价更高，那么对于更容易受到新股首日涨停板制度影响的 TREAT 组（实验组），这种影响应该更加显著，即 β_2 预期显著大于 0。相对而言，小盘股更可能在上市首日及随后的交易日触发涨停板，这类股票更容易受到首日涨停板制度影响。因此，我们按照新股发行后流通市值的中位数进行分组，低于中位数的公司 *TREAT* 取 1，否则为 0。此外，为了保证管制前后的公司特征一致，我们利用 PSM（倾向得分法）寻找首日涨停板期间与非首日涨停板期间相似的公司。具体而言，我们以 *REGU* 为因变量，以净资产收益率（*ROE*）、资产负债率（*LEV*）、规模（*SIZE*）和第一大股东持股比例（*TOPONE*）为自变量，分别对 *TREAT* = 1 和 *TREAT* = 0 的公司进行回归分析，找到 *TREAT* = 1 和 *TREAT* = 0 两种情况下首日涨停板与非首日涨停板期间相似的新股。其他控制变量与前文相同。

表 10 报告了 DID 的回归结果。Panel A 列（1）和列（2）为全样本的结果，列（3）和列（4）为按 PSM 方法匹配后的子样本的结果。结果显示，*REGU* × *TREAT* 的回归系数均显著为正，说明相对于控制组（流通市值较大的公司），首日涨停板制度对实验组（流通市值较小的公司）IPO 溢价（*IROP*1 和 *IROP*2）的正向影响更大。此外，Panel B 的结果显示，以可比公司法度量 IPO 溢价（*IROP*3 和 *IROP*4），交乘项 *REGU* × *TREAT* 的回归系数仍然显著，结果稳健。上述结果与我们的预期一致，也为我们的主要结果提供了强有力的支撑。

表 10　　　　　　　　　　　　**基于 DID + PSM 的回归分析**

Panel A：基于分析预测法估计 IPO 溢价的结果

变量	(1)	(2)	(3)	(4)
	*IROP*1	*IROP*2	*IROP*1	*IROP*2
REGU	0.38 *** (5.61)	0.28 *** (3.90)	0.35 *** (3.70)	0.26 *** (2.70)
TREAT × *REGU*	0.80 *** (10.54)	0.82 *** (9.60)	0.84 *** (9.27)	0.80 *** (8.33)
TREAT	− 0.19 *** (− 6.67)	− 0.29 *** (− 9.58)	− 0.27 *** (− 4.53)	− 0.30 *** (− 5.00)
CONTROLS	Yes	Yes	Yes	Yes
YEAR	No	No	No	No

Panel A：基于分析预测法估计 IPO 溢价的结果

变量	（1）	（2）	（3）	（4）
	IROP1	IROP2	IROP1	IROP2
INDU	Yes	Yes	Yes	Yes
N	1712	1712	939	939
Adj. R − squared	0.391	0.374	0.364	0.348

Panel B：基于可比公司法估计 IPO 溢价的结果

变量	（1）	（2）	（3）	（4）
	IROP3	IROP4	IROP3	IROP4
REGU	0.14 (1.63)	0.14 (1.63)	0.06 (0.54)	0.06 (0.54)
TREAT × REGU	0.87*** (13.63)	0.87*** (13.63)	0.93*** (10.69)	0.93*** (10.69)
TREAT	− 0.46*** (− 10.46)	− 0.46*** (− 10.46)	− 0.45*** (− 5.50)	− 0.45*** (− 5.50)
CONTROLS	Yes	Yes	Yes	Yes
YEAR	No	No	No	No
INDU	Yes	Yes	Yes	Yes
N	2057	2057	1301	1301
Adj. R − squared	0.242	0.242	0.270	0.270

注：括号内为经异方差修正的 t 统计量，＊、＊＊、＊＊＊分别表示回归系数在 0.1、0.05、0.01 的显著性水平下显著。变量定义见表 2，表 10 的控制变量与表 6 相同。

七、结论与启示

最近几年，A 股出现了处于全球之巅的次新股泡沫，而这一次新股泡沫的出现很可能与 2014 年实施的首日价格管制有关。本文利用价值不确定性理论，分析了首日交易价格管制对新股投机的可能影响，并以 2006～2017 年的

2109 家 IPO 公司为样本进行了实证检验。本文发现，新股首日价格管制（或称首日涨停板制度）不仅没能起到抑制新股投机的作用，反而助长了投资者"炒新"，导致新股上市后的股价严重高估。表现为新股首日涨停板制度实施期间，IPO 溢价更高。其原理是，首日价格管制使得新股的价值不确定性得不到有效释放，加大了投资者意见分歧，引发了更为严重的新股投机。进一步地，本文从以下几个方面加强了主要结论的可靠性和稳健性：第一，分别利用价值不确定性和投资者情绪进行交乘分析，以减少时间序列干扰因素对实证结果的影响，为本项研究的理论分析逻辑进一步提供支撑。第二，以上市后二级市场短期和长期的换手率、波动率以及市场表现为因变量，从另一个维度检验首日价格管制对新股投机的影响。第三，利用 DID + PSM 的分析方法，以更严谨的研究设计验证研究的主要结论。研究结果支持了研究的主要结果和分析逻辑，证实了首日交易价格管制对新股投机的负面影响。

本项研究的发现至少有以下三点启示：第一，研究结果显示，首日涨停板制度不仅没有起到抑制新股投机的作用，反而助长了投资者"炒新"，表现为新股上市后出现了"三高一低"（高估值、高换手率、高波动率和低长期市场表现）的现象。并且，研究结果暗示，A 股最近几年出现的大规模次新股泡沫可能与首日涨停板制度的实施有关。鉴于此，监管层应当纠正这一不太合理的制度，并尽快考虑其他更有效的方式抑制新股投机。第二，分析表明，首日价格管制影响新股投机的原因是价格管制导致新股的价值不确定性得不到有效释放，加大了投资者的意见分歧，而意见分歧会吸引投资者参与投机新股。因此，如何降低（或不增加）新股的价值不确定，是值得考虑的政策方向。可能的措施包括取消发行定价管制、要求承销商提供新股估值报告、要求新股上市后定期发布风险提示公告并在公告里披露券商和分析师的估值报告等。第三，实证结果也暗示，良好的政策初衷有时会取得适得其反的效果，股灾期间的熔断机制就是前车之鉴，其原因是投资者行为的复杂性。当政策的实施涉及引导投资者行为时，需要额外谨慎。政策的实施后果可能出乎意料，这要求政策制定者在政策实施之前仔细分析和评估政策实施效果。政策实施之前，征求市场专业人士的意见并反复论证是必要的。

参考文献

[1] 陈浩武、杨朝军、范利民：《中国证券市场涨跌幅限制的磁力效应研究——兼论适当放宽涨停限制的合理性》，载《管理科学学报》2008 年第 5 期。

[2] 陈平、龙华：《中国股市涨跌停绩效的经验分析及政策建议》，载《世界经济》2003 年第 2 期。

[3] 韩立岩、伍燕然：《投资者情绪与 IPOs 之谜——抑价或者溢价》，载《管理世界》2007 年第 3 期。

[4] 刘煜辉、沈可挺：《是一级市场抑价，还是二级市场溢价——关于我国新股高抑价的一种检验和一个解释》，载《金融研究》2011 年第 11 期。

[5] 孟夏：《新股上市首日临时停牌制度对三种首日交易风险的影响研究》，复旦大学硕士论文，2014 年。

[6] 秦芳、吴昱、何勤，等：《涨跌幅限制、价格和流动性——基于 A + H 股日交易数据的研究》，载《投资研究》2014 年第 4 期。

[7] 屈文洲：《交易制度对中国股票市场效率的影响——基于涨跌幅限制的实证研究》，载《厦门大学学报（哲学社会科学版）》2007 年第 3 期。

[8] 宋顺林、唐斯圆：《IPO 定价管制、价值不确定性与投资者"炒新"》，载《会计研究》2017 年第 1 期。

[9] 宋顺林、唐斯圆：《投资者情绪、承销商行为与 IPO 定价——基于网下机构询价数据的实证分析》，载《会计研究》2016 年第 2 期。

[10] 宋顺林、王彦超：《投资者情绪如何影响股票定价？——基于 IPO 公司的实证研究》，载《管理科学学报》2016 年第 5 期。

[11] 宋顺林、肖土盛：《投资者该听从分析师的意见吗——基于新股定位的经验证据》，载《中国会计评论》2014 年第 12 期。

[12] 王朝阳、王振霞：《涨跌停、融资融券与股价波动率——基于 AH 股的比较研究》，载《经济研究》2017 年第 4 期。

[13] 吴林祥、徐龙炳、王新屏：《价格涨跌幅限制起到了助涨助跌作用

吗?》, 载《经济研究》2003 年第 10 期。

[14] 伍燕然、潘可、胡松明, 等:《行业分析师盈利预测偏差的新解释》, 载《经济研究》2012 年第 4 期。

[15] 徐龙炳、吴林祥:《股价涨跌停与市场过度反应: 实证分析》, 载《中国会计评论》2003 年第 0 期。

[16] 俞红海、李心丹、耿子扬:《投资者情绪、意见分歧与中国股市 IPO 之谜》, 载《管理科学学报》2015 年第 3 期。

[17] 俞红海、刘烨、李心丹:《询价制度改革与中国股市 IPO "三高"问题——基于网下机构投资者报价视角的研究》, 载《金融研究》2013 年第 10 期。

[18] 邹高峰、张维、徐晓婉:《中国 IPO 抑价的构成及影响因素研究》, 载《管理科学学报》2012 年第 4 期。

[19] Baker, M. and J. Wurgler, Investor Sentiment in the Stock Market. Journal of Economic Perspectives, Vol. 21, 2007, pp. 129 – 152.

[20] Chan, S. H., K. A. Kim and S. G. Rhee, Price Limit Performance: Evidence from Transactions Data and the Limit Order Book. Journal of Empirical Finance, Vol. 12, 2005, pp. 269 – 290.

[21] Derrie, Francois, IPO Pricing in "Hot" Market Conditions: Who Leaves Money on the Table? The Journal of Finance, Vol. 60, 2005, pp. 487 – 521.

[22] Houge, T., T. Loughran, G. Suchanek and X. Yan, Divergence of Opinion, Uncertainty, and the Quality of Initial Public Offerings. Financial Management, Vol. 30, 2001, pp. 5 – 23.

[23] Kim, K. A. and S. G. Rhee, Price Limit Performance: Evidence from the Tokyo Stock Exchange. The Journal of Finance, Vol. 52, 1997, pp. 885 – 901.

[24] Lee, C. M. C., M. J. Ready and P. J. Seguin, Volume, Volatility, and New York Stock Exchange Trading Halts. The Journal of Finance, Vol. 49, 1994, pp. 183 – 214.

［25］Lehmann, N. Bruce, Commentary: Volatility, Price Resolution, and the Effectiveness of Price Limits. Journal of Financial Services Research, Vol. 3, 1989, pp. 205 – 209.

［26］Ljungqvist, A. , V. Nanda and R. Singh, Hot Markets, Investor Sentiment, and IPO Pricing. The Journal of Business, Vol. 79, 2006, pp. 1667 – 1702.

［27］Miller, E. Edward, Risk, Uncertainty, and Divergence of Opinion. The Journal of Finance, Vol. 32, 1977, pp. 1151 – 1168.

［28］Purnanandam, A. K. and B. Swaminathan, Are IPOs Really Underpriced? Review of Financial Studies, Vol. 17, 2004, pp. 811 – 848.

［29］Ritter, J. R. and I. Welch, A Review of IPO Activity, Pricing, and Allocations. The Journal of Finance, Vol. 57, 2002, pp. 1795 – 1828.

［30］Scheinkman, J. A. and W. Xiong, Overconfidence and Speculative Bubbles. Journal of Political Economy, Vol. 111, 2003, pp. 1183 – 1219.

［31］Song, S. L. , J. S. Tan and Y. Yi, IPO Initial Returns in China: Underpricing or Overvaluation? China Journal of Accounting Research, Vol. 7, 2014, pp. 31 – 49.

［32］Su, C. , K. Bangassa and D. Brookfield, Long – Run Performance of Chinese Initial Public Offerings: Further Evidence. Asia – Pacific Journal of Financial Studies, Vol. 40, 2011, pp. 285 – 316.

［33］Subrahmanyam, Avanidha, Circuit Breakers and Market Volatility: A Theoretical Perspective. The Journal of Finance, Vol. 49, 1994, pp. 237 – 254.

新股投机泡沫：现象和原因[*]

摘要： A 股市场历来有"炒新"的传统，监管层为了遏制"炒新"政策频出，但收效甚微，甚至反而制造了"全球之巅"的次新股泡沫。本文利用 2014 年 6 月至 2017 年 12 月 936 家 IPO 公司的数据，试图系统地描绘和解释了最近出现的次新股泡沫。我们的研究发现：第一，次新股泡沫呈现"三高一低"的特征，即高估值、高换手率、高波动率以及低长期市场表现。第二，意见分歧和卖空限制、整体市场情绪和次新股情绪、锚定理论以及同步性理论均对新股上市时的高估值有重要解释力。第三，累积前景理论以及正反馈理论可以一定程度上解释新股上市后的投机行为。第四，监管层对投资者"炒新"的打击有利于降低新股上市时的高估程度，但对新股上市后的投机行为效果不佳。本文的研究发现不仅有助于理解中国独特的新股定价行为，也能为国外的股票定价理论提供新的证据。

一、引　　言

A 股市场历来有"炒新、炒小、炒差、炒短、炒概念"的传统，阻碍了多层次资本市场健康发展的推进。2014 年底以来，随着沪港通、深港股的陆续开通，A 股的国际化进程持续推进，投资者投机行为似乎得到一定程度的抑制，市场风格逐渐转向价值投资。但是，投资者"炒新"行为并没有随着

　＊ 论文原文信息：宋顺林：《新股投机泡沫：现象和原因》，中央财经大学工作论文，2020 年。论文描述了 A 股市场新股投机泡沫的现象，并系统地检验了新股投机泡沫形成的原因，对理解注册制之后的新股投机行为有重要参考价值。

资本市场国际化有所减缓，反而在 IPO 发行定价双重管制下愈演愈烈。新股投机对股票市场健康发展有诸多害处。新股投机造成的新股价格波动会波及整个股票市场，影响股票市场的稳定性。并且，投机文化的盛行，不利于监管层提倡和宣传价值投资理念。更为重要的是，新股投机还会妨碍 IPO 注册制改革的推进。新股发行定价市场化改革是注册制改革的关键一环，但其改革道路异常曲折，任重道远。投资者"炒新"是阻碍新股发行定价市场化改革的关键原因。新股发行定价重回管制的关键原因是市场化发行体制下出现的"三高"问题（高发行价、高发行市盈率和超高的募集资金），而"三高"的根源在于二级市场新股投机导致的高估值会传导至一级市场新股发行定价（宋顺林和唐斯圆，2016）。

显然，监管层已一定程度上意识到了遏制投资者"炒新"的重要性。近年来，证监会多次出台了打击新股投机的相关政策，但是收效甚微，甚至反而造就了"全球之巅"的次新股泡沫。新股投机是 A 股资本市场的一大顽疾，要从根本上解决这一问题，不仅需要战略上重视，也需要战术上对投资者"炒新"行为背后的行为逻辑有更深刻的认识。遗憾的是，截至目前，投资者"炒新"相关的研究十分稀缺，最近的次新股泡沫还没有得到学术界应有的关注。本文利用 2014 年 6 月至 2017 年家 936 家 IPO 公司的数据，试图描绘和系统地解释最近出现的次新股泡沫，以更好理解新股上市时的高估值以及上市后的投机行为背后的理论和行为逻辑。

本文的主要研究发现如下：第一，与历史上其他的泡沫类似，次新股泡沫也有"三高"的特征：高估值、高换手率、高波动率。新股上市后的估值平均是分析师预测内在价值的 2 倍，在某些月份甚至超过 3 倍。上市后三个月内，次新股的日均换手率平均超过 10%（即投资者平均持有次新股不超过10 天），是市场换手率水平的 10 倍。次新股的波动率也远超过市场的波动率，平均是市场水平的 4 倍以上。第二，与"三高"相对应的是"一低"，即新股上市后的长期收益率较低。新股上市后两年要跑输基准（同行业收益率）30% 左右。有效市场假说认为，股票的价格很难预测，但新股上市后的股价表现似乎并不难预测，新股上市时的高估程度与上市后的长期市场表现显著负相关。第三，实证检验证明，经典的意见分歧加卖空限制对新股价值高估程度有重要解释力；整体市场情绪和次新股情绪也会影响新股价值高估程度，并且从经济意义来看，次新股情绪对新股定价的影响要高于整体市场情绪，说明次新股已经成为一个独立于整体市场的投机市场；锚定理论和同步性理论对新股首日定价也有重要解释力，进一步说明"炒新"者进行的是价格投机还不是价值投资。第四，累积前景理论以及正反馈理论可以用来解释新股上市后的投机行为，累积前景理论解释了为什么新股投机者"十赌九输"但仍然趋之若鹜，而正反馈理论说明投机者在新股市场上采用了追涨杀跌的投机策略。第五，监管层对投资者"炒新"的打击有利于降低新股上市时的高估程度，但对新股上市后的投机行为效果不佳。

本文的研究贡献至少有以下两个方面。首先，本文对新股定价文献有重要贡献。虽然里特和韦尔奇（Ritter and Welch，2002）呼吁学者们更多从投资者非理性的角度解释 IPO 抑价，但真正系统地研究新股定价高估现象和投资者"炒新"行为的文献很少。本文系统地刻画和解释了中国新近的"次新股泡沫"，有助于理解中国资本市场的新股定价逻辑。并且，鉴于中国资本市场投资者"炒新"文化的严重性，基于中国场景的研究更有助于检验投资者非理性行为在新股定价中的作用。其次，本文对资产泡沫的文献有重要补充。珐玛教授在其"诺奖"演讲中对泡沫的否定引起了巨大争议，相关研究开始复苏（Greenwood，Shleifer and You，2017）。以往关于泡沫的实证研究主要集中于解释互联网泡沫的兴起和衰落，相关理论能否解释其他场景下的资产异常还未可知（Ofek and Richardson，2003）。中国的次新股泡沫与美国的互联网泡沫最大的不同在于，次新股泡沫中，投资者的非理性情绪起的作用更少，更多的是理性投机者的参与。本文利用中国次新股泡沫的独特场景，验证了国外这些理论的普适性。

本文余下部分安排如下：第二部分介绍投资者"炒新"的相关制度背景；第三部分评述资产泡沫和新股定价两个方面的文献；第四部分为数据和样本来源；第五部分报告实证结果；最后为结论与启示。

二、制 度 背 景

A 股市场历来有"炒新、炒小、炒差、炒短、炒概念"传统。究其根源，投机文化和散户主导的投资者结构是主要原因，两者相辅相成。新中国的股票市场从无到有，短短三十年时间市场规模就高居世界第二，取得了举世瞩目的成就。截至 2017 年末，A 股总市值达 56.64 万亿元，占 GDP 的比例达 70%。但是，与此同时，成熟的投资理念和文化并不是一朝一夕能建立的，中国股票市场投机文化十分盛行。此外，虽然近年来 A 股专业投资者（公募、私募和保险等）比例持续提升，比重达到 16.3% 的水平，但个人投资者仍然占主导，剔除个人大股东后，个人投资者的市值占比仍占28.35%。[①] 个人投资者普遍具有资金量小、经验和知识不足的特点，并且个人投资者喜欢短线投资、技术分析和追涨杀跌，对自己的投资能力过度自信。[②]

次新股同时具备新和小两大特点，颇具想象空间。投资者对新股的判断可以从天上到地下，可以把新股当作"下一个微软"，也可以当作"马上要倒闭的公司"（Houge et al.，2001）。在 A 股市场中，次新股历来是投机者的主战场。上市三年以内的次新股，通常投机价值多过投资价值。因此，次新股的主要参与者以个人投资者为主，专业投资者通常铭记"新股等三年"的市场智慧。以张家港行（002839）为例，上市后第一季度户均持股数为 3460股、户均持有金额 10 万左右，一个季度后，户均持股 2161 股、金额 3.4 万左右。

鉴于次新股"炒作"在 A 股市场的普遍性、危害性和重要性，证监会近年来多次出台了打击投资者"炒新"的相关政策。2006 ~ 2012 年，深交所和

---

① 申万宏源：《中国证券投资者结构全景分析报告》，2017 年 7 月 22 日，http：//stock. hexun. com/2017 - 07 - 22/190184978. html？from = rss。
② 深交所：《2017 年个人投资者状况调查报告》，2018 年 3 月 14 日，http：//www. sac. net. cn/hyfw/hydt/201803/t20180319_134756. html。

上交所曾多次发布和修订打击新股炒作的盘中停牌制度，首日盘中涨幅和换手率达到一定比例就触发临时停牌。但是，很多新股集合竞价期间开盘价就已被推高，该政策并未限制开盘价，对新股投机的影响有限。2013 年 12 月，上交所和深交所对首日交易严格实行了更为严格的管制，规定连续竞价阶段有效申报价格不得高于发行价格的 144% 且不得低于发行价格的 64%，即首日涨幅不能超过 44%。在新股市场化定价的情况下，该政策影响尚不明显。但是，2014 年 6 月以后，新股一级市场发行定价重回管制，规定新股发行市盈率不能超过 23 倍。由于新股发行价较低，大部分公司首日涨幅都达到了 44% 的上限，新股上市后出现连续涨停现象（市场称之为连板）。2013 年 12 月实施的首日价格管制的初衷是为了抑制投资者"炒新"，但事与愿违，遏制炒新的新政不仅没有起到应有的作用，反而助长了投资者"炒新"热情。在 IPO 定价双重管制下，投资者炒作新股的热情高涨、新股定价泡沫盛行。

三、文 献 评 述

（一） 美国互联网泡沫

股价泡沫是指股票价格远远高于其内在价值的行为。何为"远远高于"，则是仁者见仁，智者见智的问题了。但是，由于股票内在价值的估计依赖很多假设，学术上对股价泡沫还有一种操作性更强的定义，即股价的大幅度上涨和大幅度下跌。诺贝尔奖得主珐玛教授就持这种观点：泡沫即预示着大幅下跌的非理性大幅上涨（Fama，2014）。华人金融学家熊伟基于众多历史泡沫事件，总结了泡沫的四大特征：（1）它们倾向于与技术或金融创新的时点相吻合；（2）它们倾向于与投资者之间的疯狂交易相配合，尤其是积极交易的新入市投资者；（3）它们易受股票供应增加的影响；（4）泡沫可能戛然而止，毫无征兆（Xiong，2013）。

最受学术界关注的泡沫事件无疑是美国的互联网泡沫，不仅是因为其影响力较大，而且是因为其受到学术界的公认。就连有效市场的捍卫者马尔基尔（Malkiel，2003）都承认互联网股票在 1999～2001 年存在泡沫。关于美国科技股泡沫发生的原因，学术界有很多研究，但主要有两个代表性的理论观点：正反馈循环理论（The Feedback Loop Theory）和意见分歧理论（Divergence of Opinion）。正反馈循环理论，简而言之，就是价格上涨与投资者情绪之间的正向循环。股票价格上涨—人们之间的心理传染、夸大的故事传播—刺激投资者热情、吸引更多人加入—股票价格上涨（Shiller，2015）。正反馈循环理论可追溯到德隆等（De Long et al.，1990）的正反馈交易（Positive Feedback）理论。正反馈交易俗称追涨杀跌，可以用来解释短期动量、长期反转等股价行为。

意见分歧理论最早可追溯到米勒（Miller，1977）、哈里森和克雷普斯（1978），进一步发展于谢克曼和熊（2003）和洪等（Hong et al.，2006）的研究。意见分歧是指投资者对公司的价值（或价格）有不同的意见，其来源主要有两类：一是每个人掌握的信息不一样，所以意见不一样；二是在同样的信息下，每个人的知识背景、性格等不一样，意见也可能不同。存在卖空限制的情况下，意见分歧往往一定会导致股价高估，因为股票价格只能反映乐观投资者的意见（Miller，1977）。艾里欧菲克和理查森（Eliofek and Richardson，2003）的研究发现，意见分歧加卖空限制可以用来解释美国 2001 年的互联网泡沫。互联网在当时是新兴事物，投资者的意见分歧很大，在乐观者眼中，任何一个科技股都有可能是下一个苹果或微软。有效市场捍卫者认为，即使存在乐观投资者，只要理性投资者存在并占多数，他们会纠正噪音投资者导致的价格偏离。但是，作者认为，虽然在美国股票是可以卖空的，但由于卖空成本很高，阻碍了卖空的实施。并且，理性投资者不仅可能无法通过卖空实施套利、消除泡沫，反而可能倾向于利用泡沫（riding the bubble）。布鲁内尔迈尔和纳格尔（Brunnermeier and Nagel，2004）的研究发现，在互联网泡沫中，最应该起到利用套利消除泡沫作用的对冲基金（hedge funds）反而利用泡沫赚取超额收益。他们认为，由于投资者情绪的可预测性和套利的限制，理性投资者可能更偏好享受泡沫带来的高估值而不是利用卖空套利。

中国的次新股泡沫与美国的互联网泡沫既有相似之处，也有不同。相同之处是都有"新"的特点，美国互联网泡沫是新兴行业的定价泡沫，中国次新股泡沫则是新股的定价泡沫。"新"意味着想象空间，想象空间能产生乐观情绪、意见分歧。此外，互联网泡沫期间有很多新上市的高科技公司，这些公司在泡沫期间也可以称得上是次新股，也存在大量等待解禁的限售股。不同之处是，互联网泡沫从底部到泡沫顶点花了近两年时间，而次新股上市开板后或上市后不久股价就达到最高点。根据希勒（Shiller，2015）的正反馈循环理论，互联网泡沫的形成过程中，投资者之间的情绪传染、夸大的故事传播功不可没，很多投资者真的相信"这次不一样"，相信高估值是合理的。但是，次新股不同，没有夸大的故事、没有非理性情绪传染，新股上市后也能立即享受超高的估值。我们相信，相对而言，次新股泡沫中，投资者的非理性情绪起的作用更少，更多的是理性投机者的参与。

（二）新股定价高估

IPO 文献有两个经典谜团：IPO 首日收益率之谜和新股上市后的长期表现欠佳之谜（Loughran，Ritter and Rydqvist，1994；Ritter and Welch，2002）。关于这两个经典谜团，相关的理论和实证文献都很多。但是，直到最近，学者才开始意识到 IPO 首日收益率并不意味着发行价过低（或称 IPO 抑价），也可能是二级市场定价过高（或称 IPO 溢价）。例如，普尔那南达和斯瓦米纳坦（Purnanandam and Swaminathan，2004）的研究表明，样本期间（1980 ~ 1997 年），IPO 公司发行价平均被高估 14% ~ 50%（根据不同的配对标准）。互联网泡沫期间（或称 IPO 泡沫期间），互联网公司的平均首日收益率达到 89%，新股上市时的高估程度应该更高，或许可以称得上泡沫（Ljungqvist and Wilhelm，2003；Lowry，Officer and Schwert，2010）。由此可见，较高的 IPO 首日收益率更需要从投资者行为角度解释。

来自我国的经验证据一致表明，IPO 溢价可能占 IPO 首日收益率的主要部分，尤其是在新股市场化定价阶段（刘煜辉和沈可挺，2011；Song，Tan and Yi.，2014；邹高峰等，2012）。宋等（2014）估计 2006 ~ 2011 年，中国 IPO 公司上市时股价平均被高估 44% ~ 53%，2007 年的牛市期间高估比例超过 100%。是什么造就了中国严重的新股高估现象？国内众多研究发现，国外文献中的意见分歧、卖空限制和投资者情绪理论均有一定解释力（邵新建等，2013；李冬昕等，2014；俞红海等，2015；宋顺林和王彦超，2016）。此外，中国独有的居高不下的首日回报率造就了股票市场特有的"炒新"文化（韩立岩和伍燕然，2007），而发行资格、发行定价以及新股分配等方面的独特管制，助长了投资者对新股的追捧（Chan，Wang and Wei，2004；宋顺林和唐斯圆，2017）。

2014 年后，A 股在 IPO 双重管制的背景和投资者"炒新"情绪的推动下，新股市场出现了前所未有的泡沫。2016 年 11 月，有财经评论人称："次新股泡沫已达到全球之巅"。本文研究的次新股泡沫与以往的新股定价高估既有相似之处，也有不同。相似之处是都是研究新股高估以及投资者的"炒新"；不同之处是本次新股高估程度以及投机气氛都要远高于以往，到了可以称之为泡沫的程度。此外，新股定价制度上与以往也有明显不同，样本期间监管层首次实施了首日涨停板制度，产生了一些新的特征。来自次新股泡沫期间的证据，可以更好地验证新股高估的相关理论，并拓展和丰富新股高估的现有解释。

四、数据、变量与描述性统计

（一）样本选择与数据来源

本文以 2014 年 6 月至 2017 年 12 月上市的 IPO 公司为研究样本。证监会于 2014 年 1 月开始执行首日涨幅不超过 44% 的新政，并于 2014 年 6 月开始执行发行市盈率不超过 23 倍 PE 的新政。两个政策叠加在一起，造就了 A 股有史以来最大的次新股泡沫。样本截止期间为 2017 年 12 月，以尽可能获得更多的样本。最初获得的 IPO 公司数量为 965 个，剔除金融行业公司、已经发行 H 股或者 A 股、H 股同时上市的公司以及主要变量存在缺失的情况后，最终样本为 936 个。上市后的长期市场表现需要获得更长时间的数据，样本量小于总样本。样本的具体年度月度分布参见表1。

表 1 样本分布

时间	2014 年	2015 年	2016 年	2017 年	Total
1 月	0	22	1	51	74
2 月	0	20	7	33	60
3 月	0	26	16	47	89
4 月	0	30	11	38	79
5 月	0	44	12	38	94
6 月	4	42	13	35	94
7 月	9	5	13	30	57
8 月	9	0	27	36	72
9 月	11	0	19	36	66
10 月	15	0	21	25	61
11 月	8	0	32	36	76
12 月	20	27	44	23	114
总计	76	216	216	428	936

　　本文的数据主要来源于 Wind 和 CSMAR 数据库。分析师价格预测数据来自 Wind 和 CSMAR 数据库,两个数据库相互补充,以获得更完整的分析师预测数据。IPO 公司披露的同行业可比公司市盈率数据来自 Wind 数据库,其他诸如股票价格、公司特征等数据均来自 CSMAR 数据库。

(二) 变 量 定 义

　　本文使用的主要变量定义于表2,部分变量的定义重点说明如下。

表 2   变量定义

变量	变量定义
IR	等于首日收盘价/发行价，首日收盘价指新股上市后首次打开涨停板（开板）后当日的收盘价
PV1	等于首日收盘价/内在价值，首日收盘价指新股上市后首次打开涨停板后当日的收盘价；内在价值等于分析师预测的合理价格，多位分析师则取均值
PV2	等于首日收盘价/内在价值，首日收盘价指新股上市后首次打开涨停板后当日的收盘价；内在价值＝新股行业可比公司市盈率×新股上市后每股收益
TURN	换手率，等于交易量/总流通股数，日度数据
TURNr	等于新股前三个月的平均换手率/市场前三个月的平均换手率，前三个月指开板后的 61 个交易日
VOL	波动率，等于当月 20 个交易日的平均绝对离差，月度数据
VOLr	等于新股前三个月收益的平均波动率/市场三个月收益的平均波动率
BHA1r	买进并持有 1 年期原始收益率，1 年以 244 个交易日估计（历史数据显示，一年平均约 244 个交易日）
BHAR1e	买进并持有 1 年期超额收益率，预期收益率以等权的市场收益率估计
BHAR1v	买进并持有 1 年期超额收益率，预期收益率以市值加权的市场收益率估计
BHAR1ei	买进并持有 1 年期超额收益率，预期收益率以等权的行业收益率估计
BHAR1vi	买进并持有 1 年期超额收益率，预期收益率以市值加权的行业收益率估计
BHA2r	买进并持有 2 年期原始收益率，2 年以 488 个交易日估计
BHAR2e	买进并持有 2 年期超额收益率，预期收益率以等权的市场收益率估计
BHAR2v	买进并持有 2 年期超额收益率，预期收益率以市值加权的市场收益率估计
BHAR2i	买进并持有 2 年期超额收益率，预期收益率以等权的行业收益率估计
BHAR2vi	买进并持有 2 年期超额收益率，预期收益率以市值加权的行业收益率估计
MV	上市时的总市值规模，等于上市后的股份总数×发行价
FLOATr	卖空限制哑变量，上市时流通比例为 25％ 为 1，否则为 0
MCAR3	综合 A 股最近 60 个交易日累积收益率
NCAR3	次新股（上市不到一年）最近 60 个交易日累积超额收益率
ANAn	对新股价格进行预测的分析师数量，取自然对数

续表

变量	变量定义
Chinext	上市公司所在板块的虚拟变量，创业板取 1，其他取 0
Growth	新股上市前一年的利润增长率
ROE	上市前一年净资产收益率，等于净利润/净资产
LEV	上市前一年资产负债率，等于总负债/总资产
INDU	行业虚拟变量，参照证监会《上市公司行业分类指引（2012 年修订）》设置

1. 市值内在价值比。

我们以市价与内在价值的比值度量新股上市后被高估的程度。市价通常由首日收盘价度量。由于 A 股新股首日价格面临管制，我们以打开涨停板限制后（简称开板）的首日收盘价度量市价。开板的界定是首日涨幅未达到 44%，或者首日后上涨幅度未达到 10% 或首日后上涨幅度虽然达到 10% 涨停板但换手率超过 10%。

本文主要以两种方法估计内在价值：一是分析师预测法，以分析师对新股的合理价格预测估计内在价值，有多个分析师提供价格预测则取均值；二是可比公司法，以新股披露的行业可比公司市盈率×新股上市后每股收益估计内在价值。本文的可比公司法相对普尔那南达和斯瓦米纳坦（2004）使用的可比公司法更有优势。普尔那南达和斯瓦米纳坦（2004）的方法需要通过自己设定的程序寻找可比公司，找到的可比公司实际上未必与新股可比，而 IPO 公司披露的可比公司通过手工查找，相对更为精确。同样，分析师预测法在寻找可比公司时更有优势，因为分析师可以手工为 IPO 公司寻找可比公司。并且，分析师在考虑应该给予新股该有的 *PE* 倍数时，可以考虑掌握的个股具体信息，相比可比公司法更有优势。

2. 长期市场表现。

本文以 *BHAR*（买入并持有超额收益）度量新股上市后的长期市场表现，计算公式如下：

$$BHAR = \prod_{t=0}^{T} (1 + R_{i,t}) - \prod_{t=0}^{T} (1 + R_{m,t})$$

其中，$R_{i,t}$ 为新股考虑现金红利再投资的实际收益率，$R_{m,t}$ 为比较基准现金红利再投资的收益率（或称预期收益率）。度量 *BHAR* 的难点在比较基准的选择。现有文献通常以整个市场或控制样本作为比较基准（Chan，Wang and Wei，2004；Su，Bangassa and Brookfield，2011）。这两种方法都有不足，以整个市场作为基准的不足是新股与市场上的代表性公司并不相同，而以控制样本作为基准的不足是并不总是能够为新股找到合适的配对样本，尤其是通过统计程序的方式寻找控制样本时。

本文最初使用了市场收益率、行业收益率以及控制样本收益率三个比较基准。但是，我们的数据显示，控制样本收益率与新股的收益率的相关性较小，说明按照现有文献的方法根据行业和市值选择的控制样本与新股实际上相似性较差。因而，本文最终决定以市场收益率和行业收益率作为新股收益率的比较基准。市场收益率的计算有市值加权和等权两种方法。这种方法计算出来的 *BHAR* 相关性虽然很大，但结果相差较大。市值加权主要代表的是大公司的收益率，而新股主要是小公司为主。我们认为，计算 *BHAR* 时，以等权的方式计算的市场收益率更适合作为新股收益率的比较基准。

在计算行业收益率时，本文以 Wind 的行业为类为准，因为只有 Wind 能查找股票每年的最新行业分类，CSMAR 数据库只公布股票最新所处行业，无法跟踪股票所处行业的历史变化。本文选择 Wind 四级行业，以尽更可能确保新股与同行业的公司更为可比，如果四级行业少于 20 个公司，则进一步追溯到三级行业。此外，我们还剔除了上一年净利润为负或 PE 大于 150 的公司，以确保行业公司都是正常运营的公司。借鉴市场收益率的计算方式，我们分别以价值加权和等权两种方式计算行业的收益率。结果发现，以市值加权和等权方式计算的行业收益率差异并不大，原因可能是因 A 股公司市值规模的差异主要归结于行业差异。新股所处的行业往往与市场中市值规模较大的行业并不一致，这也说明了控制行业的必要性。鉴于行业收益率对等权和价值加权计算方式更不敏感，我们相信，行业收益率更适合作为新股收益率的比较基准。

3. 意见分歧和卖空限制。

现有文献通常以分析师预测分歧或公司规模等特征变量度量投资者分歧

（Diether，Malloy and Scherbina，2002；Baker and Wurgler，2006；宋顺林和王彦超，2016）。由于样本期间内，单个新股提供价格预测的分析师数量较少，本文主要以公司市值规模度量投资者意见分歧，其原理是相对大公司，投资者对小公司的意见分歧更大。在投资者眼中，小公司可能是下一个阿里巴巴或腾讯控股，也可能是一个将要倒闭的公司。此外，本文使用的变量中，是否在创业板上市、历史成长性也一定程度上能够代表投资者意见分歧。历史成长性高的公司，投资者对其未来的成长性分歧较大，而创业板公司大部分集中于高新技术行业，投资者对这些公司容易产生意见分歧。

次新股通常不是融资融券标的，因而是完全禁止卖空的。但是，根据谢克曼和熊（2006）的观点，限售股实际上类似于禁止卖空。限售使得新股的原始股东或内部高管即使在股价严重高估时，也无法卖出股票，相当于看空的内部股东禁止卖空。因此，新股发行时的限售股份的比例一定程度上可以用来度量卖空限制。根据我国发行政策，新股上市时的流通股份比例一般是10%或25%。

4. 投资者情绪。

以往文献通常以单一指标或者构建投资者情绪因子度量投资者情绪（Baker and Wurgler，2006；易志高和茅宁，2009）。本文拟采用单一的市场表现度量整体市场情绪，以更好的与次新股情绪指标比较。整体市场情绪和次新股情绪分别以前 60 个交易日的 A 股累积收益率和次新股（上市时间不到一年的新股）的累积超额收益度量。

（三）描述性统计

表 3 报告了本文主要变量的描述性统计，结果显示：第一，样本期间，首日收益率（*IR*）平均达到 307.4%，最高达 1978%，即中签一只新股大约平均可获得近 3 倍的回报，最高可获得近 20 倍的回报；市价内在价值比（*PV*1）平均达到 215.2%，最高达 723.4%，即市场价平均比公司内在价值高出 1 倍多，最高可达到内在价值的 7 倍以上。第二，从 *TURNr* 和 *VOLr* 的描述性统计来看，样本期间新股上市后前三个月换手率和波动率平均分别是

市场的 11.5 倍和 4.2 倍。第三，从 *BHAR* 的描述性统计来看，新股上市后一年和两年的平均原始收益率分别只有 – 5.1% 和 11%；不同度量方法较为一致地表明，新股上市后的超额收益率显著为负。以 *BHAR1vi* 和 *BHAR2vi* 为例，新股上市后一年和两年的超额收益率分别为 – 27.1% 和 – 35.2%。第四，86.4% 新股发行上市后的流通股份占总股份的比例为 25%，创业板公司占样本为 35.5%。此外，未报告的结果显示，约 74% 的新股至少有一名分析师提供新股合理价格预测，约 50% 的公司至少有两名分析师提供新股价格预测。①其他变量的描述统计结果不再赘述。

表3 主要变量描述性统计

变量	样本	mean	p50	sd	min	max
IR	936	3.074	2.396	2.306	0.584	19.780
PV1	545	2.152	1.848	1.140	0.760	7.234
PV2	936	1.829	1.527	1.073	0.486	6.353
TURNr	936	11.478	9.399	7.202	2.283	36.082
VOLr	936	4.247	3.951	2.079	1.309	10.717
BHAR1r	546	– 0.051	– 0.202	0.524	– 0.678	1.985
BHAR1e	546	– 0.288	– 0.356	0.472	– 1.445	1.282
BHAR1v	546	– 0.107	– 0.211	0.527	– 0.942	1.697
BHAR1ei	546	– 0.185	– 0.255	0.453	– 1.271	1.356
BHAR1vi	546	– 0.271	– 0.343	0.511	– 1.374	1.499
BHAR2r	293	0.110	0.026	0.602	– 0.757	2.174
BHAR2e	293	– 0.513	– 0.500	0.562	– 1.853	1.542
BHAR2v	293	0.051	– 0.031	0.545	– 0.926	2.057
BHAR2ei	293	– 0.291	– 0.283	0.566	– 1.764	1.438
BHAR2vi	293	– 0.352	– 0.354	0.600	– 1.891	1.479
MV	936	21.272	21.108	0.733	20.102	23.500

① 没有分析师提供价格预测的情况主要发生在 2016 年和 2017 年。我们推测，原因可能是次新股普遍存在的价格泡沫使得分析师失去了提供合理价格预测的动力。

变量	样本	mean	p50	sd	min	max
FLOATr	936	0.864	1.000	0.343	0.000	1.000
MCAR3	936	0.133	0.072	0.256	−0.245	1.112
NCAR3	936	−0.014	−0.025	0.159	−0.283	0.594
ANAn	936	0.996	0.693	0.779	0.000	2.565
Chinext	936	0.355	0.000	0.479	0.000	1.000
Growth	936	0.217	0.130	0.409	−0.465	2.179
ROE	936	0.196	0.183	0.078	0.057	0.479
LEV	936	0.406	0.406	0.164	0.086	0.794

五、实证结果

（一）次新股泡沫的"三高"

熊（2013）回顾了世界上的主要资产泡沫，他发现，资产泡沫一般具有"三高"特征：高估值、高换手率以及高波动率。我们发现，次新股泡沫也不例外，具有资产泡沫典型的"三高"特征。

表4报告了样本期间的 *IR*、*PV*、*TURNr* 及 *VOLr*，即首日收益率、市价内在价值比、新股换手率与市场换手率之比、新股收益波动率与市场波动率之比。结果显示：第一，样本期间，*IR* 为307.4%，不仅在世界范围内的新股市场居首，也创中国近年来新股市场表现的新高。2014～2017年，首日收益率先增后降，2016年达到407.6%，2017年有所下降。当然，高首日收益率不一定代表新股估值过高，首日收益率实际包含IPO抑价和IPO溢价两部分，前者是发行价低于内在价值的部分，后者才是二级市场价格高于内在价值的部分。第二，以分析师预测法或可比公司法估计的 *PV* 为2.152或1.829，即市场价格比估计的内在价值高出115.2%或82.9%。2014～2017年，*PV* 的趋势与 *IR* 基本一致，原因是我国 *IR* 首日收益率的主要受二级市场高估程度影

响。第三，样本期间，*TURNr* 和 *VOLr* 分别为 11.478 和 4.247，表明新股的换手率和波动率都远高于整体市场水平。并且，与 *PV* 不同的是，这两个比率总体上呈上升趋势，在 2017 年 *PV* 和 *IR* 有所下降的背景下，仍然保持上升趋势。

表4   次新股泡沫的高估值、高换手和高波动率特征描述

变量	2014 年	2015 年	2016 年	2017 年	总计
IR	1.946	3.616	4.076	2.495	3.074
*PV*1	1.859	2.387	2.383	1.712	2.152
*PV*2	1.793	1.725	2.173	1.714	1.829
TURNr	6.979	5.873	12.817	14.429	11.478
VOLr	2.591	2.023	4.543	5.514	4.247

注：*IR*、*PV*、*TURNr* 和 *VOLr* 分别是首日回报率、市值内在价值比、新股换手率与市场换手率之比和新股波动率和市场波动率之比。

此外，图1绘制了 *PV*、*TURNr* 和 *VOLr* 这三个比率的月度走势图，以更清晰展示次新股泡沫的"三高"特征及其趋势。图1显示，大部分样本期间，*PV* 都远大于1，即新股上市后的市场价格远远高于估计的新股内在价值，2015 年 5 月和 2016 年 4~6 月，*PV* 值甚至超过 3 倍。2016 年后，*PV* 值呈现逐渐下降的趋势。但是，*TURNr* 和 *VOLr* 这两个比率并没有跟随 *PV* 值下降，反而呈现上升趋势，表明虽然新股二级市场高估程度有所降低，但投资者对次新股的投机热情仍然没有消退。

（二）新股上市后市场表现

新股上市后的长期市场表现普遍低迷（Ritter，1991；Ritter and Welch，2002）。但是，来自中国的证据取得的结论却非常不一致（Shen，Chen and Sun，2015；Su，Bangassa and Brookfield，2011；Chan，Wang and Wei，2004）。究其原因，一是中国资本市场发展较快、新股相关政策也经常调整，

导致不同样本期间得出的结果很不一致；二是不同期间上市的公司特征与市场上现有公司有较大差异，导致不同的比较基准得出的结论差异较大。本文的样本期间，新股定价面临双重管制，新股上市时被严重高估，预期新股上市后的市场表现将较差。根据变量定义部分的讨论，我们认为，新股同行业其他公司的收益率更适合作为新股市场表现的比较基准。尽管如此，我们同时也报告了以整体市场收益为比较基准的结果，作为对比参考。

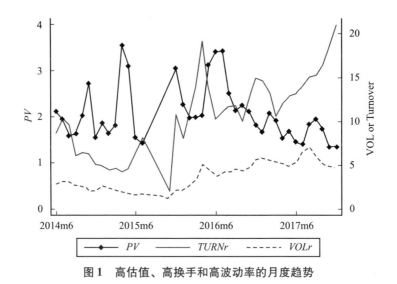

图 1 高估值、高换手和高波动率的月度趋势

如图 2 所示，新股上市后两年的原始回报（*BHAR2r*）经历了先上升后下降的趋势，即即使新股上市时已经严重高估，上市后一段时间内仍然可能继续上涨。这可能是投资者"炒新"的结果，也正是因为新股上市后的股价有可能继续上涨，才会吸引部分投机者参与次新股炒作。此外，根据未报告的结果，新股约一半的公司在"开板"后的 26 个交易日达到上市后一年内的最高价，从"开板"价到达最高价，收益率的平均值和中位数分别达到 61%和 32%。如此高的短期收益率，也许是次新股炒作者趋之若鹜的原因。

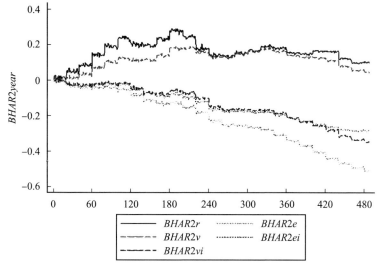

图2　新股上市后两年的市场表现（*BHAR2year*）

从剔除业绩比较基准的市场表现来看，以市场价值加权收益率和等权收益率作为比较基准时，*BHAR* 的差异较大。以价值加权市场收益率作为基准时（*BHAR2v*），收益率与原始回报类似。但以等权市场收益率作为基准时（*BHAR2e*），新股上市后的表现极差，上市后一年要跑输基准20%左右，上市后两年跑输基准50%左右。此外，以行业收益率度量作为新股市场表现基准时，无论是以价值加权方式还是以等权方式计算行业收益率，得出的新股市场表现都较为一致。从 *BHAR2vi* 和 *BHARei* 的曲线来看，新股上市后的市场表现一直弱于基准，两年后跑输基准30%左右。

此外，图3展示了新股上市后市场表现、波动率和换手率的趋势。结果发现，虽然新股上市后的原始收益率可能先上升后下降，但其换手率和波动率一直呈下降趋势。说明随着时间的推移，投机者对新股的"炒作"情绪逐渐冷却。尤其是上市一年后左右，即部分原始股东解禁之后，换手率已经下降大半，且下降趋势变得平缓。

新股上市时的股价被高估，但长期来看，投资者情绪逐渐冷却，股价会向内在价值回归。因而，预期新股上市时的高估程度与新股上市后的长期市场表现显著负相关。表5检验了新股上市后两年的市场表现（*BHAR2*）与新

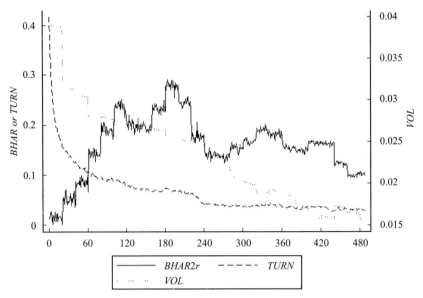

图3 新股上市后两年的市场表现（BHAR）、换手率（TURN）与波动率（VOL）

股上市时股价高估程度（PV）的关系。列（1）的结果显示，BHAR2r与PV1在0.01的显著性水平下负相关，即新股上市时高估程度越大，上市后的长期市场表现越差。从经济意义来看，PV1的回归系数为 -0.25，说明PV值每增加1个百分点，BHAR2r要下降0.25个百分点。列（2）~列（5）的结果一致地显示，在剔除基准的影响后，BHAR2仍然与PV1显著负相关，不过回归系数略有下降。列（6）~列（10）的结果显示，以PV2代表PV1度量市价内在价值比时，结果基本保持不变。此外，表5的回归结果显示，MV（规模）与BHAR显著负相关，即市值规模越大的新股，上市后的市场表现越差。鉴于市场有"炒小"的传统，我们推测，相比规模较小的公司，规模较大的新股更可能在上市后两年向内在价值回归。最后，我们也检验了新股上市后一年的市场表现（BHAR1）与新股上市时新股高估程度（PV）的关系，结果显示（未报告），BHAR1r与PV1显著负相关，回归系数为 -0.20，说明在其他条件不变的情况下，上市一年后，PV值增加1个百分点，BHAR1r要下降0.2个百分点。

表5

BHAR 和 PV 的关系

变量	(1) BHA2r	(2) BHAR2e	(3) BHAR2v	(4) BHAR2ei	(5) BHAR2vi	(6) BHA2r	(7) BHAR2e	(8) BHAR2v	(9) BHAR2ei	(10) BHAR2vi
PV1	-0.25*** (-11.26)	-0.095*** (-4.33)	-0.19*** (-8.02)	-0.11*** (-5.25)	-0.14*** (-5.98)					
PV2						-0.25*** (-8.94)	-0.13*** (-4.99)	-0.21*** (-7.31)	-0.15*** (-5.71)	-0.18*** (-6.59)
MV	-0.34*** (-7.24)	-0.29*** (-6.66)	-0.30*** (-6.87)	-0.30*** (-6.60)	-0.31*** (-6.43)	-0.31*** (-6.18)	-0.28*** (-6.65)	-0.29*** (-6.20)	-0.29*** (-6.64)	-0.30*** (-6.55)
Chinext	0.023 (0.33)	-0.039 (-0.56)	-0.030 (-0.42)	0.028 (0.41)	0.045 (0.60)	0.028 (0.39)	-0.033 (-0.48)	-0.019 (-0.25)	0.037 (0.56)	0.054 (0.72)
Growth	0.078 (0.55)	-0.011 (-0.09)	0.073 (0.54)	0.010 (0.09)	0.079 (0.60)	0.15 (0.95)	0.015 (0.11)	0.13 (0.89)	0.043 (0.34)	0.12 (0.85)
ROE	-0.43 (-0.86)	-0.44 (-1.04)	-0.47 (-1.00)	-0.76* (-1.71)	-0.86* (-1.82)	-0.70 (-1.25)	-0.65 (-1.50)	-0.75 (-1.54)	-0.98** (-2.18)	-1.14** (-2.36)
LEV	-0.082 (-0.47)	-0.081 (-0.50)	-0.090 (-0.52)	-0.12 (-0.71)	-0.18 (-0.98)	-0.0078 (-0.04)	-0.064 (-0.40)	-0.045 (-0.26)	-0.098 (-0.59)	-0.15 (-0.82)
_cons	8.01*** (7.70)	5.22*** (5.36)	6.63*** (6.64)	6.17*** (6.17)	6.57*** (6.09)	7.04*** (6.28)	5.07*** (5.30)	5.94*** (5.74)	5.93*** (6.08)	6.28*** (6.04)
adj. R^2	0.409	0.346	0.257	0.359	0.343	0.333	0.355	0.224	0.362	0.350
N	289	289	289	289	289	293	293	293	293	293

注：BHAR2 为上市后两年的市场表现，PV 新股市价与内在价值之比，变量的具体定义参见表2。括号内为 T 检验值，* $p < 0.10$，** $p < 0.05$，*** $p < 0.01$。

（三）次新股泡沫产生原因的分析

1. 什么决定了新股高估程度。

这里，我们主要检验次新股泡沫产生的原因。我们首先利用多元回归分析检验市价内在价值比（*PV*）的决定因素，结果见表 6。表 6 列（1）的结果显示，*MV*（公司市值规模）与 *PV*1（市价内在价值比）在 0.01 的显著性水平下负相关，即新股市值规模越小，新股上市时股价的高估程度越高；*MV* 的回归系数为 −0.51，即 *MV* 每下降 1 个单位（由于 *MV* 变量取对数，相当于规模缩小 2.71 倍），*PV*1 值上升 51 个百分点。*FLOATr*（流通股比例）与 *PV*1 在 0.01 的显著性水平下负相关，即流通股份比例越大，新股上市时的高估程度越低。*FLOATr* 的回归系数为 −0.48，即控制市值规模后，上市时流通股份比例为 25% 的公司比流通比例股份为 10% 的公司 *PV* 值小 48 个百分点。*MCAR*3（市场情绪）与 *PV*1 在 0.01 的显著性水平下正相关，即整体市场情绪越好，新股上市时的高估程度越高。*MCAR*3 的回归系数为 1.09，即整个市场近三个月的累积收益率每上升 1 个百分点，*PV* 值上升 1.09 个百分点。*NMCAR*3（新股情绪）与 *PV*1 在 0.01 的显著性水平下正相关，即次新股市场情绪越好，新股上市时的高估程度越高。*NMCAR*3 的回归系数为 2.57，即市场近三个月的累积超额收益率每上升 1 个百分点，*PV* 值上升 2.57 个百分点。

表 6 列（2）、列（3）中以 *PV*2 或 *IR* 因变量代替 *PV*1 进行回归时，上述四个主要变量的回归系数显著性保持了不变，但回归系数的规模有所差异。此外，列（2）、列（3）中，*ANAn*（分析师数量）和 *Growth*（利润增长率）的回归系数显著为正，我们推测，原因可能是 *ANAn* 能够代表市场关注度，利润增长率与意见分歧正相关，而意见分歧和投资者关注度能够影响新股股价被高估的程度。

表 6 列（4）与列（5）进一步检验锚定效应对新股定价的影响。特沃斯基和卡尼曼（1974）在《不确定性一的决策：启发性和偏差》一文最早讨论了锚定效应。所谓锚定效应（Anchoring Effect）是指当人们需要对某个事件做定量估测时，会将某些特定数值作为起始值，起始值像锚一样制约着估测

值。对于中签新股的投资者而言，他们需要估计新股的涨停板个数，以决定何时卖出新股。通过对投资者论坛（如雪球）投资者的讨论观察，我们发现，投资者通常以最近上市的新股的涨停板个数作为锚。因此，最近上市的公司的涨停板个数可能会影响新上市公司的涨停板个数，导致一段时期内新股的涨停板个数或者首日收益率高度相关。

表6   PV 的决定因素

变量	（1）	（2）	（3）	（4）	（5）
	PV1	PV2	IR	IR	LimitNum
IR_l5				0.47 *** （9.78）	
LimitNum_l5					0.50 *** （12.16）
MV	− 0.51 *** （− 6.54）	− 0.52 *** （− 6.92）	− 1.35 *** （− 11.88）	− 1.25 *** （− 11.68）	− 3.19 *** （− 13.38）
FLOATr	− 0.48 *** （− 4.44）	− 0.60 *** （− 4.94）	− 1.36 *** （− 6.67）	− 1.27 *** （− 6.80）	− 3.09 *** （− 7.78）
MCAR3	1.09 *** （4.82）	0.76 *** （3.84）	2.29 *** （7.05）	0.91 *** （2.77）	2.41 *** （3.71）
NMCAR3	2.57 *** （6.67）	1.50 *** （5.05）	4.79 *** （9.30）	3.63 *** （7.14）	6.80 *** （7.06）
ANAn	0.17 （1.60）	0.26 *** （3.79）	0.33 *** （3.12）	0.36 *** （3.67）	0.69 *** （3.49）
Chinext	− 0.11 （− 1.16）	0.044 （0.61）	0.36 *** （3.16）	0.38 *** （3.55）	0.88 *** （3.86）
Growth	− 0.087 （− 0.88）	0.096 （1.25）	0.44 *** （3.30）	0.47 *** （3.55）	0.96 *** （3.75）
ROE	− 1.26 ** （− 2.33）	− 2.80 *** （− 6.14）	− 3.14 *** （− 3.94）	− 3.45 *** （− 4.44）	− 8.06 *** （− 4.67）

续表

变量	(1) PV1	(2) PV2	(3) IR	(4) IR	(5) LimitNum
LEV	-0.16 (-0.77)	0.45 ** (2.45)	-0.067 (-0.24)	-0.025 (-0.09)	-0.20 (-0.35)
_cons	12.7 *** (7.40)	12.2 *** (7.31)	30.2 *** (12.03)	27.5 *** (11.67)	72.0 *** (13.78)
adj. R^2	0.437	0.320	0.549	0.606	0.672
N	565	959	960	955	955

注：PV 新股市场价与内在价值之比，IR 为首日回报率，LimitNum 为上市后涨停板个数，变量的具体定义参见表2。括号内为 T 检验值，* p < 0.10，** p < 0.05，*** p < 0.01。

为检验锚定效应，我们分别以 IR（首日回报率）或 LimitNum（涨停板个数）为因变量，以最近一个周（五个交易日）上市的 IR 或 LimitNum 的平均值作为自变量，以影响 IR 或 LimitNum 的其他变量为控制变量，检验近期上市新股的估值是否影响当期新股的定价。结果显示，控制其他因素后，最近上市的新股的平均 IR 或 LimitNum 对新股的 IR 或 LimitNum 有非常显著的影响。并且，从回归系数来看，经济意义也很重要，最近一周的 IR 上升 1 个百分点会导致新股的 IR 提高 0.47 个百分点。

总的来说，上述结果说明，意见分歧和卖空限制对新股的高估程度有重要影响，这与来自美国互联网泡沫的证据一致。此外，整个市场情绪和新股市场情绪均能影响新股上市时的高估程度，在控制整个市场情绪后，新股市场情绪仍然能够影响新股的高估程度。并且，从经济意义来看，新股市场情绪比整体市场情绪对新股投机的影响更大，说明新股市场已经成为一个独立于整个市场投机市场。锚定效应对新股定价也有重要影响。原因是，A 股新股上市后的价格不完全不取决于公司的内在价值，相当一部分取决于股价中包含的投机成分，具有很大的不确定性，而不确定性下的决策正是锚定效应产生的基础。

尽管新股上市后估值已经偏高，但上市后股价短期可能会进一步上升

（如图2所示）。新股上市后的一段时期内，股价的投机性非常高。为此，我们进一步检验新股上市后短期市场表现的影响因素，以进一步考虑次新股的投机行为，结果见表7。结果显示，从 *TURN3m* 和 *TURN6m*（换手率）的回归系数来看，短期市场表现与新股的换手率显著正相关，说明短期的市场表现更可能是因为投资者对股价的意见分歧或投机情绪推动。此外，从 *Chinext*（创业板）的回归系数看，创业板上市后的短期市场表现更好，可能是因为创业板以科技股为主，上市后更容易受到投机者青睐。从 *Growth*（利润增长）和 *ROE*（净利润收益率）的回归系数来看，绩优股上市后的短期市场表现更好，原因可能是绩优股更容易让部分股东产生乐观情绪，从而让投机者更容易将股票以更高的价格卖给更为乐观的投机者。值得指出的是，*Chinext*、*Growth* 和 *ROE* 对新股上市后长期市场表现并无显著影响（见表5），说明这些特征的公司只是吸引了短期的投机者。

表7　　　　　　　　　新股上市后短期市场表现的决定因素

变量	(1)	(2)	(3)	(4)	(5)	(6)
	BHAR3mr	*BHAR3mei*	*BHAR3vi*	*BHAR6mr*	*BHAR6mei*	*BHAR6mvi*
TURN3m	3.33*** (8.46)	1.96*** (6.75)	2.17*** (7.20)			
VOL3m	−5.53* (−1.66)	6.64*** (2.94)	4.78** (2.05)			
TURN6m				3.05*** (5.26)	2.42*** (5.20)	2.73*** (5.58)
VOL6m				3.07 (0.63)	4.18 (0.98)	3.18 (0.72)
MV	−0.031 (−1.12)	−0.016 (−0.88)	−0.020 (−1.09)	−0.069*** (−2.60)	−0.057** (−2.39)	−0.052** (−2.13)
FLOATr	−0.032 (−0.69)	0.0067 (0.19)	0.0018 (0.05)	−0.057 (−1.22)	−0.0013 (−0.03)	−0.0019 (−0.04)

市场化改革与中国式 **IPO** 定价

续表

变量	(1) BHAR3mr	(2) BHAR3mei	(3) BHAR3vi	(4) BHAR6mr	(5) BHAR6mei	(6) BHAR6mvi
ANAn	0.078 *** (3.32)	−0.016 (−0.89)	−0.0047 (−0.26)	0.0077 (0.32)	−0.027 (−1.24)	−0.016 (−0.69)
Chinext	0.027 (0.86)	0.052 ** (2.36)	0.045 * (1.96)	0.078 ** (2.40)	0.068 ** (2.39)	0.079 *** (2.71)
Growth	0.065 ** (2.02)	0.023 (0.97)	0.020 (0.83)	0.065 (1.60)	0.063 * (1.78)	0.061 (1.64)
ROE	0.49 ** (2.42)	0.36 *** (2.74)	0.36 *** (2.59)	0.62 *** (3.15)	0.45 *** (2.67)	0.47 *** (2.66)
LEV	0.039 (0.48)	0.030 (0.52)	0.037 (0.62)	0.11 (1.31)	0.034 (0.44)	0.034 (0.43)
_cons	0.090 (0.15)	−0.26 (−0.64)	−0.22 (−0.50)	1.23 ** (2.03)	0.42 (0.77)	0.21 (0.37)
adj. R^2	0.183	0.224	0.232	0.304	0.218	0.259
N	871	871	871	790	790	790

注：BHAR3mr 为上市三个月的买进并持有收益率，BHAR3mei 和 BHAR3mvi 分别是以等权方式计算和价值加权方式计算的行业收益为基准的买进并持有超额收益率，BHAR6m 为上市后六个月的买进并持有收益率。TURN3m 和 VOL3m 分别为上市后三个月的换手率和波动率，TURN6m 和 VOL6m 分别为上市后六个月的换手率和波动率。其他变量的具体定义参见表 2。括号内为 T 检验值，* p < 0.10，** p < 0.05，*** p < 0.01。

上市后流通股的比例越小，新股的估值越高（见表 6）。原因是，不可流通一定程度上代表的是卖空限制。为进一步验证卖空限制的影响，我们考察新股原始股东解禁前后的市场表现。绝大部分公司在上市后一年都有新股解禁，平均而言，解禁股份比例占总股份约 19.4%（样本为 477），约为已流通股份的 83%。图 4 的结果显示，解禁前后六个月，新股的市场表现要跑输市场 15% 左右，解禁前要跑输市场 10% 左右。解禁比例较高的组（High）相比解禁比例较低的组（Low）下降更多，尤其是解禁之后的表现。图 4 的结果进一步证明了新股限售（或称卖空限制）是新股上市定价过高的重要原因。

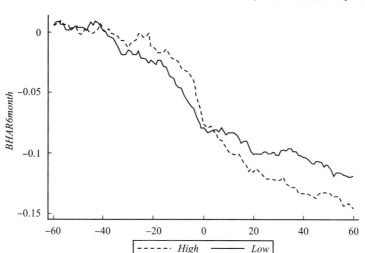

图4　上市一年后原股东解禁前后的市场反应（*BHAR6month*）

2. 同步性问题与新股定价。

现有研究证明，套利者的存在并不一定能够消除股价的非理性因素，因为套利是有风险的，包括噪音交易者风险和基本面风险（Shleifer and Vishny，1997）。阿布鲁和布鲁内尔迈尔（Abreu and Brunnermeier，2002）的文章提出了另一种风险，称之为同步性风险，即套利者不确定其他套利者什么时候行动的风险。股价高估并不意味着可以套利，因为当其他投资者没有行动，而你单独行动时，并不能利用这个套利机会。这时，很多理性投资者面临泡沫的选择是随波逐流、享受泡沫，而不是利用泡沫卖空套利。

因为次新股完全禁止卖空，投资者显然没有办法通过卖空股票套利、消除股价泡沫。但是，同步性问题对 A 股的次新股股值泡沫也有一定的启发。图 5 展示了新股上市后（开板后）的换手率。有趣的是，新股上市后的交易量并不是逐步放大，而是在打开涨停板的当天有一个跳跃，交易量激增，随后逐渐下降。这说明，中签的投资者在等待其他投资者的卖出信号，如果其他投资者不卖出，自己也选择不卖出。在其他投资者不卖出的情况下，自己过早卖出，显然会损失至少一个涨停板的收益。理论上，只要投资者能够合谋，一直不卖出，新股上市后的股价一直可以涨下去，直到没有人愿意购买。

新股开板前后的交易量趋势恰恰能够说明资产泡沫中的投资者行为，不需要任何基本面的利好，只要投资者一致看好股价前景，股票价格的泡沫就能够形成；只要大家不同步卖出股票，资产泡沫就能够维持。

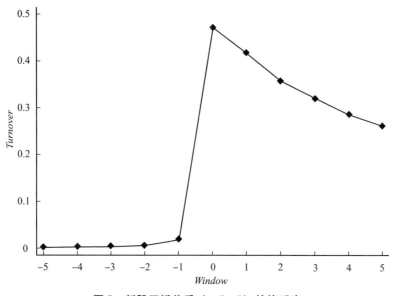

图 5　新股开板前后（-5，5）的换手率

3. 正反馈循环理论与投资者"炒新"。

希勒（2015）用正反馈循环理论（the feedback loop theory）解释美国互联网泡沫的非理性繁荣。正反馈循环理论，简而言之，就是价格上涨与投资者情绪之间的正向循环。价格上涨—人们之间的心理传染、夸大的故事传播—刺激投资者热情、吸引更多人加入。人们为什么会被价格上涨所吸引：媒体传播加上投资者羡慕别人的成功或者喜欢投机的兴奋。虽然次新股泡沫的情况与美国互联网泡沫有所不同，但也有相似之处。部分投资者在次新股投机市场上的成功，会吸引更多的投资者加入次新股"战场"，进一步提升次新股市场的投机性，这与正反馈循环理论的精神是一致的。但是，上述推测很难预测，我们另辟蹊径，借鉴熊和俞（Xiong and Yu，2011）的模型考察新股上市后的一段时间内的股价是否存在正反馈交易行为。表 8 列（1）

的模型中，因变量为当日收益（R），自变量为滞后一期收益（$L.R$）和滞后一期交易量变化（$L.\Delta TURN$）。为了考察滞后一期收益与当期收益的不对称关系，模型还加入了 $L.R\_max$ 变量，$L.R\_max = \max(0, L.R)$，即 $L.R\_max$ 取 0 和 $L.R$ 的最大值。样本为上市后的 120 个交易日（六个月），模型中控制了公司的固定效应。

表 8 列（1）的结果显示，$L.R$ 的回归系数显著为负，说明前一天的收益为负时，并不存在正反馈效应，反而有一点点反转效应（回归系数很小）。$L.R\_max$ 的回归系数显著为正，且远大于 $L.R$ 的回归系数，说明当前一天收益为正时，存在非常明显的正反馈效应，这种正反馈效应在收益为负和收益为正时明显不对称。此外，$L.\Delta TURN$ 的回归系数显著为负，说明前期交易量放大时，当期的股票收益显著更低。列（2）检验了换手率变化（$\Delta TURN$）与滞后一期收益（$L.R$）和与滞后一期交易量变化（$L.\Delta TURN$）的关系。结果显示，$L.R$ 的回归系数显著为正，说明前一天的收益越高，下一期交易量越可能放大。这与收益率回归的结果一致，高收益率吸引了投机者的加入，提高了股票交易量。$L.R\_max$ 的回归系数显著为正，说明存在非对称性，当收益为正时，更高的前期收益更可能导致交易量放大。$L.\Delta TURN$ 的回归系数显著为负，说明交易量变化存在明显的反转效应，前一期的交易量增加会导致后一期的交易量降低。列（3）和列（4）中，回归模型与列（1）和列（2）一致，样本从上市后六个月缩减到上市后三个月内。从回归结果来看，基本结果保持与列（1）和列（2）的结果一致，回归系数的大小略有增加，表明上述效应在上市前的三个月表现得更为明显。

表 8　　新股上市后 3 个或 6 个月的市场回报及交易量变化影响因素

变量	(1)	(2)	(3)	(4)
	R	$\Delta TURN$	R	$\Delta TURN$
$L.R$	-0.0100* (-1.75)	0.32*** (33.89)	-0.036*** (-4.58)	0.34*** (22.89)
$L.R\_max$	0.65*** (76.23)	0.18*** (12.98)	0.81*** (69.60)	0.23*** (10.64)

续表

变量	(1)	(2)	(3)	(4)
	R	$\Delta TURN$	R	$\Delta TURN$
$L.\ \Delta TURN$	$-0.079\ ^{***}$ (-46.16)	$-0.28\ ^{***}$ (-101.00)	$-0.081\ ^{***}$ (-41.12)	$-0.29\ ^{***}$ (-77.00)
$\_cons$	$-0.0074\ ^{***}$ (-36.79)	$-0.0058\ ^{***}$ (-17.49)	$-0.011\ ^{***}$ (-34.87)	$-0.0095\ ^{***}$ (-16.57)
Firm fixed	Yes	Yes	Yes	Yes
adj. R^2	0.178	0.114	0.270	0.118
N	119263	119263	67260	67260

注：R 和 $L.\ R$ 分别为当日收益和滞后一日收益，$\Delta TURN$ 和 $L.\ \Delta TURN$ 分别是当日交易量变化和滞后一日交易量变化，$L.\ R\_max = \max(0,\ L.\ R)$，即 $L.\ R\_max$ 取 0 和 $L.\ R$ 的最大值。列（1）和列（2）样本为上市后的 120 个交易日（六个月）的交易数据，列（3）和列（4）样本为上市后的 60 个交易日（三个月）的交易数据。模型中控制了公司的固定效应，括号内为 T 检验值，$* p < 0.10$，$** p < 0.05$，$*** p < 0.01$。

总的来说，上述结果表明，新股上市后的交易存在明显的正反馈效应，前期股价上涨会导致下期股价上涨、交易量放大，说明次新股的投资者多是追涨杀跌的趋势交易者，而非低买高卖的价值投资者。

4. 累积前景理论与投资者"炒新"。

累积前景理论（cumulative prospect theory）是前景理论的修正版（Kahneman and Tversky，1979）。根据前景理论，收益和亏损对个体的效用影响是不对称的。而根据累积前景理论，除了收益和亏损不对称外，个体倾向于给予小概率事件更高的权重。累积前景理论可以用来解释人们的博彩行为。巴尔贝里斯和黄（Barberis and Huang，2008）将累积前景理论拓展到股票市场，用以解释具体彩票特征的股票的收益率。他们的模型预测，股票预期收益的偏度可以被定价，正偏的股票被高估从而未来的收益率更低。他们认为，该理论一定程度上可以用来解释 IPO 中的长期表现低迷之谜。

投资者喜欢打新，这很容易理解，因为"新股不败"的形象深入人心。但是，相对而言，投资者为什么喜欢炒作次新，就不容易理解，因为经验证据表明次新股的平均回报是负的、新股上市后的长期市场表现欠佳。累积前景理论对此可能有一定解释力。我们对比了新股上市后三个月的收益分布和市场三个月的收益分布，新股三个月的收益率的均值、中位数和偏度分别为 −1.8%、−12% 和 1.8，而市场收益率的均值、中位数和偏度分别是 5%、6% 和 1.5，即相对而言，新股的收益更低，但偏度（正偏）更高。图 6 展示了新股上市后三个月的收益分布，以及其业绩比较基准——市场收益三个月的分布。图 6 显示，新股的收益分布明显要比市场右偏，投资者购买新股的平均收益虽然更低，但有相对更高的概率获得比较高的收益（但仍然是小概率事件）。根据累积前景理论，投资者倾向于高估高收益这种小概率事件的发生。

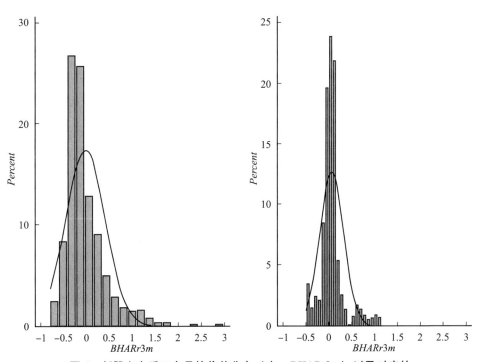

图 6　新股上市后三个月的收益分布（左，BHARr3m）以及对应的市场收益分布（右，BHARe3m），Pecent 为百分比

5. 证监会监管与投资者"炒新"。

正是因为二级市场投资者愿意炒作次新股，才会导致新股上市时能够享受超高的估值。那么，监管层打击二级市场的次新股炒作能够降低新股上市时的高估程度吗？由于监管层并没有颁布打击次新股炒作的正式法规，很难从因果上识别证监会监管对次新股泡沫的影响。我们通过百度搜索证监会和次新炒作两个关键词，发现有两个事件报道比较多，可能具有一定的代表性。一是 2017 年 4 月 14 日，证监会公开通报了 2017 年专项执法行动第二批案件，主要针对炒作次新股和快进快出手法等恶性操纵市场行为；二是 2018 年 1 月，证监会通报了 2017 年度案件办理情况，指出打击次新股炒作是 2017 年的工作重点。我们发现，2017 年相对 2016 年的新股上市时的高估程度确实有显著下降，2017 年 4 月后的几个月相对于 2007 年 4 前的几个月新股的高估程度也显著下降（见图 1）。说明证监会对次新股炒作的打击影响了新股上市时的股价高估程度。但是，证监会的监管似乎并没有对二级市场的换手率和波动率产生实际影响，上市后的换手率甚至还有所放大。原因可能是，证监会对次新股"炒作"的打击降低了投资者对新股回报的预期，导致新股上市后更早打开涨停板、股价高估程度下降，而新股上市时高估程度的降低反而给上市后的投机"炒作"留下了空间。

六、结 论 与 启 示

最近几年，A 股出现了全球之巅的次新股泡沫。本文的主要目的是利用 2014 年 6 月至 2017 年家 936 家 IPO 公司的数据，刻画和系统地解释最近出现的次新股泡沫。主要研究发现总结如下：第一，次新股泡沫呈现"三高一低"的特征，即高估值、高换手率、高波动率以及低长期市场表现。第二，意见分歧与卖空限制、整体市场情绪和次新股情绪、锚定理论以及同步性理论均对新股上市时的高估值有重要解释力。第三，累积前景理论以及正反馈理论可以一定程度上解释新股上市后的投资者的投机动机和交易行为。第四，监管层对投资者"炒新"的打击有利于降低新股上市时的高估程度，但对新股上市后的投机行为效果不佳。

A 股市场历来有"炒新、炒小、炒差、炒短、炒概念"的传统，抑制新股"炒新"是十分艰巨的任务。本文的研究发现对于监管层抑制投资者"炒新"至少有如下几点启示：第一，意见分歧和锚定理论对新股高估有重要影响。意见分歧是指投资者对新股的价格存在很大分歧，而锚定效应产生的基础是投资者不能确定新股的价格范围，两者共同的根源是新股价格的不确定性。如果新股像债券一样，有明确的估值，无论是意见分歧和锚定效应都将无复存在。所以，降低新股"炒作"的关键是降低新股价格的不确定性（价格的不确定性主要取决于价值的不确定性和市场情绪的不确定性）。回顾历史，以往抑制新股炒作的政策都没能起到这个作用，甚至 2014 年 1 月开始执行的首日涨停板制度实际上提高而不是降低了新股价格的不确定性。降低新股价值不确定性的可能措施，包括取消定价管制、提高新股信息披露透明度、承销商披露详细的新股估值报告等。第二，除了市场整体情绪外，次新股的情绪对新股定价有重要影响。监管层遏制新股炒作的举措可能效果不佳，但有一点比较肯定，坚决打击次新股炒作过程中股价操纵行为，应该有助于削弱次新股的投机情绪。此外，监管层对次新股"炒作"的打击应保持持续的严监管力度，以降低次新股情绪的不确定性，从而进一步降低新股价格的不确定性。第三，新股限售也是新股定价过高的重要原因。改变限售政策，如缩短限售的时间，可能会有助于降低新股炒作。并且，理论上，新股限售类似于卖空限制，如果将新股纳入容许卖空的标的，或许能够起到遏制新股炒作的作用。

本文系统地检验了次新股泡沫产生的原因。由于检验的因素较多，限于篇幅，有些因素没有展开讨论，需要后续研究进一步讨论和完善。总的来说，抑制新股"炒新"、提高新股定价效率是当前重要而艰巨的任务，该领域更多优秀的研究是值得期待的。

参考文献

[1] 韩立岩、伍燕然：《投资者情绪与 IPOs 之谜——抑价或者溢价》，

载《管理世界》2007 年第 3 期。

［2］李冬昕、李心丹、俞红海，等：《询价机构报价中的意见分歧与 IPO 定价机制研究》，载《经济研究》2014 年第 7 期。

［3］刘煜辉、沈可挺：《是一级市场抑价，还是二级市场溢价——关于中国新股高抑价的一种检验和一个解释》，载《金融研究》2011 年第 11 期。

［4］邵新建、薛熠、江萍，等：《投资者情绪、承销商定价与 IPO 新股回报率》，载《金融研究》2013 年第 4 期。

［5］宋顺林、唐斯圆：《IPO 定价管制，价值不确定性与投资者 "炒新"》，载《会计研究》2017 年第 1 期。

［6］宋顺林、唐斯圆：《投资者情绪，承销商行为与 IPO 定价——基于网下机构询价数据的实证分析》，载《会计研究》2016 年第 2 期。

［7］宋顺林、王彦超：《投资者情绪如何影响股票定价？——基于 IPO 公司的实证研究》，载《管理科学学报》2016 年第 5 期。

［8］易志高、茅宁：《中国股市投资者情绪测量研究：CICSI 的构建》，载《金融研究》2009 年第 11 期。

［9］俞红海、李心丹、耿子扬：《投资者情绪、意见分歧与中国股市 IPO 之谜》，载《管理科学学报》2015 年第 3 期。

［10］邹高峰、张维、徐晓婉：《中国 IPO 抑价的构成及影响因素研究》，载《管理科学学报》2012 年第 15 期。

［11］Abreu D, Brunnermeier M K, Synchronization risk and delayed arbitrage. Journal of Financial Economics, Vol. 66, No. 2, 2002, pp. 341 – 360.

［12］Baker M, Wurgler J, Investor sentiment and the cross-section of stock returns. The Journal of Finance, Vol. 61, No. 4, 2006, pp. 1645 – 1680.

［13］Barberis N, Huang M, Stocks as lotteries: The implications of probability weighting for security prices. American Economic Review, Vol. 98, No. 5, 2008, pp. 2066 – 2100.

［14］Blankespoor E, Hendricks B E, Miller G S, Perceptions and price: Evidence from CEO presentations at IPO roadshows. Journal of Accounting Research, Vol. 55, No. 2, 2017, pp. 275 – 327.

［15］ Brunnermeier M, Nagel S, Hedge funds and the technology bubble. The Journal of Finance, Vol. 59, No. 5, 2004, pp. 2013 – 2040.

［16］ Chan K, Wang J, Wei K, Underpricing and long-term performance of IPOs in China. Journal of Corporate Finance, Vol. 10, No. 3, 2004, pp. 409 – 430.

［17］ De Long J B, Shleifer A, Summers L H, et al. , Noise trader risk in financial markets. Journal of political Economy, Vol. 98, No. 4, 1990, pp. 703 – 738.

［18］ Diether K B, Malloy C J, Scherbina A, Differences of opinion and the cross section of stock returns. The Journal of Finance, Vol. 57, No. 5, 2002, pp. 2113 – 2141.

［19］ Fama E F, Two pillars of asset pricing. American Economic Review, Vol. 104, No. 6, 2014, pp. 1467 – 1485.

［20］ Greenwood R, Shleifer A, You Y, Bubbles for fama. National Bureau of Economic Research, 2017.

［21］ Harrison J M, Kreps D M, Speculative investor behavior in a stock market with heterogeneous expectations. The Quarterly Journal of Economics, Vol. 92, No. 2, 1978, pp. 323 – 336.

［22］ Hong H, Scheinkman J, Xiong W, Asset float and speculative bubbles. The journal of finance, Vol. 61, No. 3, 2006, pp. 1073 – 1117.

［23］ Houge T, Loughran T, Suchanek G, et al. , Divergence of opinion, uncertainty, and the quality of initial public offerings. Financial management, Vol. 30, No. 4, 2001, pp. 5 – 23.

［24］ Ljungqvist A, Wilhelm W J, IPO pricing in the dot-com bubble. The Journal of Finance, Vol. 58, No. 2, 2003, pp. 723 – 752.

［25］ Loughran T, Ritter J R, Rydqvist K, Initial public offerings: International insights. Pacific – Basin Finance Journal, Vol. 2, No. 2 – 3, 1994, pp. 165 – 199.

［26］ Lowry M, Officer M S, Schwert G W, The variability of IPO initial returns. The Journal of Finance, Vol. 65, No. 2, 2010, pp. 425 – 465.

[27] Malkiel B G, The efficient market hypothesis and its critics. Journal of economic perspectives, Vol. 17, No. 1, 2003, pp. 59 – 82.

[28] Miller E M, Risk, uncertainty, and divergence of opinion. The Journal of finance, Vol. 32, No. 4, 1977, pp. 1151 – 1168.

[29] Ofek E, Richardson M, Dotcom mania: The rise and fall of internet stock prices. The Journal of Finance, Vol. 58, No. 3, 2003, pp. 1113 – 1137.

[30] Purnanandam A K, Swaminathan B, Are IPOs really underpriced? The Review of Financial Studies, Vol. 17, No. 3, 2004, pp. 811 – 848.

[31] Ritter J R, Welch I, A review of IPO activity, pricing, and allocations. The Journal of Finance, Vol. 57, No. 4, 2002, pp. 1795 – 1828.

[32] Ritter J R, The long-run performance of initial public offerings. The journal of finance, Vol. 46, No. 1, 1991, pp. 3 – 27.

[33] Scheinkman J A, Xiong W, Overconfidence and speculative bubbles. Journal of political Economy, Vol. 111, No. 6, 2003, pp. 1183 – 1220.

[34] Shen Z, Chen L, Sun Q, Do Chinese IPOs Really Underperform in the Long Run? Journal of Portfolio Management, Vol. 41, No. 5, 2015, pp. 84.

[35] Shiller R J, Irrational exuberance: Revised and expanded third edition. Princeton university press, 2015.

[36] Shleifer A, Vishny R W, The limits of arbitrage. The Journal of Finance, Vol. 52, No. 1, 1997, pp. 35 – 55.

[37] Song S, Tan J, Yi Y, IPO initial returns in China: Underpricing or overvaluation? China Journal of Accounting Research, Vol. 7, No. 1, 2014, pp. 31 – 49.

[38] Su C, Bangassa K, Brookfield D, Long-Run Performance of Chinese Initial Public Offerings: Further Evidence. Asia – Pacific Journal of Financial Studies, Vol. 40, No. 2, 2011, pp. 285 – 316.

[39] Tversky A, Kahneman D, Judgment under uncertainty: Heuristics and biases. science, Vol. 185, No. 4157, 1974, pp. 1124 – 1131.

［40］ Xiong W, Yu J, The Chinese warrants bubble. American Economic Review, Vol. 101, No. 6, 2011, pp. 2723 - 2753.

［41］ Xiong W, Bubbles, crises, and heterogeneous beliefs. National Bureau of Economic Research, 2013.